丝绸之路通鉴

陕西师范大学"一带一路"智库集成

丝绸之路与文明交往

李永平 著

主编＝甘晖

副主编＝游旭群　周伟洲

陕西师范大学出版总社

图书代号　SK17N0160

图书在版编目(CIP)数据

丝绸之路与文明交往 / 李永平著. —西安：陕西师范大学出版总社有限公司，2017.6
（丝绸之路通鉴 / 甘晖主编）
ISBN 978-7-5613-8656-9

Ⅰ. ①丝… Ⅱ. ①李… Ⅲ. ①丝绸之路—文化交流—文化史—研究—中国、西方国家 Ⅳ. ①K203

中国版本图书馆 CIP 数据核字(2016)第 224785 号

丝绸之路与文明交往
SICHOUZHILU YU WENMING JIAOWANG
李永平　著

出版统筹	刘东风
责任编辑	刘　定
责任校对	王奉文
装帧设计	杨　柯
封面插图	崔　彬　李文炯
出版发行	陕西师范大学出版总社
	（西安市长安南路199号 邮编710062）
网　　址	http://www.snupg.com
印　　刷	中煤地西安地图制印有限公司
开　　本	720mm×1020mm　1/16
印　　张	16.75
插　　页	2
字　　数	220千
版　　次	2017年6月第1版
印　　次	2017年6月第1次印刷
书　　号	ISBN 978-7-5613-8656-9
定　　价	32.00元

读者购书、书店添货或发现印刷装订问题，请与本社营销部联系、调换。
电话：(029)85307864　85251046(传真)

《丝绸之路通鉴》序一

中国古代有一条历时久远的经由中亚通往南亚、西亚以及欧洲、北非的陆上贸易通道,通过此道,产自中国的丝、丝织品、陶瓷等物品运送到了以上地区,由于其运送的货物以丝绸制品影响最大,故称"丝绸之路"。1877年,德国地理学家李希霍芬在其出版的《中国》一书中,把"从公元前114年至公元127年间,连接中国和河间地区(指中亚阿姆河与锡尔河之间地带)、中国与印度以丝绸贸易为媒介的这条西域交通道路"命名为"丝绸之路",简称"丝路"。这一称谓被学术界和民间所接受,并广为沿用。其后,德国历史学家赫尔曼在20世纪初出版的《中国与叙利亚之间的古代丝绸之路》一书中,依据新发现的考古资料,把丝绸之路延伸至地中海西岸和小亚细亚,确定了"丝绸之路"的基本内涵,即中国古代经过中亚通往南亚、西亚以及欧洲、北非的陆上贸易通道。

虽然人们在对商代帝王武丁配偶坟茔的考古中,已发现了产自新疆的软玉,证明至少在公元前13世纪,中原已开始和西域乃至更远的地区有商贸往来,但是严格意义上的丝绸之路奠定于两汉时期。西汉张骞出使西域时开辟的以长安(今陕西西安)为起点,经由甘肃、新疆,到中亚、西亚,并连接地中海沿岸各国的陆上通道已经形成,这条通道被称为"西北丝绸之路"。公元前119年,张骞第二次出使西域,经4年时间先后到达乌孙、大宛、康居、大月氏、大夏、安息、身毒等国,扩大了与西域各国的交往。张骞出使西域,最初主要是出于制御匈奴的考虑,后来则演变为"广地万里,重九译,致殊俗,威德遍于四海",即旨在保护疆域和发展经济。汉武帝曾招募大量商人,到西域各国经商,由此吸引了更多人从事丝路贸易活动,极大地推动了中原与西域之间的物质文化交流。之后,汉宣帝于神爵二年(前60),设立了直接管辖西域的机构——西域都护府,屯田于乌垒城(今新疆轮台东),以保障西域商路的通畅。随着汉朝在西域设立官员,丝绸之路日渐繁荣,大量丝帛锦绣源源不断西运,同时西域各国的珍奇异物也输入中原。到魏晋时,东西方商业往来仍然不断,位于丝路咽喉要地的敦煌,就是当时胡商的重要聚集地之一。到公元5—6世纪时,中国南北朝分立,但东西方沿丝路的交往却一直没有中断。北魏建国后不久就派使者前往西域,以后中亚各国的贡使、商人常聚集于平城(今山西大同东北),从事商业贸易。北魏迁都洛阳后,洛阳又成为各国商人的荟萃之地。至隋时,隋炀帝还曾派黄门侍郎裴矩到张掖招徕西域商人,说明当时丝路依然兴旺。

到7世纪后,唐代社会的繁荣使西北丝绸之路再度兴旺。唐王朝借着击破突厥的时机,一举控制了西域各国,并在伊州、西州、庭州三地设立同于内地的州县,在龟兹、于阗、疏勒、碎叶设立安西四镇,作为唐朝政府控制西域的机构,驻兵设防,并新修了玉门关,再度开放沿途各关隘。唐不仅打通了天山北路的丝路分线,还将西线延伸至中亚,使丝绸之路更为通畅。当时的长安、洛阳有大量商胡出入,已呈现出国际大都会的风貌。丝绸之路不仅是东西方商业贸易之路,也是中国和亚欧各国政治、文化交流的通道。西方的音乐、舞蹈、绘画、雕塑、建筑以及天文、历算、医药等,也通过此路先后传入中国。源于西亚、中亚的祆教、摩尼教、景教、伊斯兰教等宗教以及源于印度的佛教,也通过丝路传入中国,产生了深远影响。而中国的纺织、造纸、印刷、火药、指南针、制瓷、绘画以及儒家、道教等,也通过此路传向西方,产生了较大的影响。

从9世纪末到11世纪,中国政治、经济、文化中心向东南沿海转移,加之阿拉伯世界的兴起,东西方海上往来逐渐频繁起来;又由于中国西北地区各民族政权的分裂、对立,丝路安全难以保障,西北这条陆上通道的重要性逐渐降低,而相对稳定的南方对外贸易则明显增加,遂带动了南方丝绸之路和海上丝绸之路的兴起和繁荣,成都和泉州也因此成为南方的经贸大城。中国人此时开始将他们发明的指南针和其他先进科技运用于航海,海上丝绸之路迅速发展起来。

如果从发展的视角和广泛的意义上说,丝绸之路主要有三条:西北丝绸之路、南方丝绸之路和海上丝绸之路。海上丝绸之路是陆上丝绸之路的延伸,形成于宋元时期。海上丝绸之路不仅运送丝绸,还运送瓷器、糖、五金以及香料、药材、宝石等货物。由于运输货物品种的不同,海上丝路也出现了一些别称,如"陶瓷之路""香料之路"等。海上丝绸之路早已存在,《汉书·地理志》所载海上交通路线,实为早期的海上丝绸之路。当时海船载运的"杂缯",即各种丝绸。海上丝绸之路的起航线可分为东海和南海两支。东海起航线从中国的东南沿海经由朝鲜至日本;南海起航线则从雷州半岛起,途经今越南、泰国、马来西亚、缅甸等国,远航至新加坡、印度等地。到宋代时,泉州、广州和明州成为海上丝绸之路最大的海港,通常将泉州作为海上丝绸之路的起点。南方丝绸之路,起点为四川成都,经"灵关道""朱提道""夜郎道"三路,进入云南,在楚雄汇合后并入"博南古道",跨过澜沧江,再经"永昌道""腾冲道",在德宏进入缅甸、印度等地。丝绸之路的多途打通,让中国通往西方的商路更得以扩展。这就将中原、西域与阿拉伯、波斯湾等地紧密联系在一起,向西延伸到了地中海地区,以至可到达法国、荷兰、意大利、埃及,向东到达韩国、日本。不过,这已不同于原来意义上的丝绸之路了,可视其为广义的丝绸之路。

2000多年前兴起的丝绸之路被誉为全球重要的商贸大动脉,有力地促进了东西方的经济文化交流,所以在一定意义上说,它是经济全球化的早期版本。同时,作为东西方商品交易和文化交流的通道,在交往的过程中也加深了沿线各国人民之间的友谊,所以它也是东西方友好往来的历史记录和象征。

历史翻开了新的一页。当世界步入21世纪,贸易和投资在古丝绸之路上再度活跃。2013年9月7日,习近平主席访问哈萨克斯坦的时候,提出用创新的合作模式,共同建设"丝绸之路经济带",以点带面,从线到片,逐步形成区域的大合作。这是中国领导人在国际场合公开提出共同建设丝绸之路的重大战略构想。到2016年10月,这个重大的战略构想越来越丰富,越来越受到许多国家的欢迎。习近平总书记在2016年9月3日杭州G20峰会的开幕式上有这样一段话,他说:"一带一路倡议旨在同沿线国家分享中国的发展机遇,实现共同繁荣。中国对外开放不是要一家唱独角戏,而是要欢迎各方共同参加……不是要营造自己的后花园,而是要建设各国共享的百花园。"

此外,2014年中国国家主席习近平在阐述中国特色外交理念的时候提出打造人类命运的共同体。2015年9月28日,在纽约第七十届联合国大会的一般性辩论阶段,他对这个理念做了系统的阐述,他说:"在联合国迎来又一个十年之际,让我们更加紧密地团结起来,携手构建合作共赢新伙伴,同心打造人类命运共同体。"2015年10月16日,在世界减贫与发展高层论坛上,习近平主席发表主旨演讲,阐述消除贫困是人类共同的使命。

综上所述，可以看出，习近平主席关于推进"一带一路"建设的思想和论述，是在新的历史条件下，关于实现世界和平、发展、繁荣、公平、正义的完整理论。我们需要深入学习、研究。

陕西师范大学地处丝绸之路的起点西安，具有独特的地缘优势，该校学者积极响应国家建设"丝绸之路经济带"的战略构想，充分发挥学校的学科优势和学者各自的专业特长，撰写了"丝绸之路通鉴"丛书，洋洋数万言，从不同角度阐发了"一带一路"所涉及的许多重大理论和实践问题，这是一件有重大意义的事。正如甘晖书记在《总序》中所说，该丛书之所以取名"通鉴"，"意在借鉴历史，透析现状，着眼未来，贯穿千年时域，探求发展趋势；意在立足中国，深入沿线，胸怀全局，经略万里空间，厘清错综关系；意在研究战略，丰富内涵，解决问题，横跨宏观、中观与微观，打通理论与实践；意在聚焦经贸，关注人文，促进合作，智慧应对世界形势变换，为'一带一路'国家战略的推进提供全领域、全视角、体系化的智力支撑"。我认为，如果这些想法得以贯彻，"通鉴"一定能够对"一带一路"战略在理论上有较大推进，且为"一带一路"的实施提供有价值的智力支持。

专注于研究"一带一路"的"丝绸之路通鉴"丛书的撰写，需要多种学科的通力合作。"通鉴"正是从丝路的历史、政治、经济、文化、社会、生态等多个领域来进行研究，带有鲜明的系统性特点。作者聚焦"一带一路"一些重大理论和现实问题，尤其是"一带一路"建设中的一些突出的矛盾和问题，提出了各自的看法、观点，可供参考。该丛书第一批出版的著作，就很有分量，既有学术性，又有实践性。其中《英雄在线：丝绸之路的开辟者和捍卫者》《丝绸之路与文明交往》《丝绸之路最早的东方起点：西汉长安城》《天山廊道：清代天山道路交通与驿传研究》等，从不同角度探讨了丝绸之路的历史;《西北丝绸之路上的汉字流传史》则属于丝绸之路的专门史研究;还有一些是专门研究丝绸之路经济战略的著作,如《打造丝绸之路经济带上的战略高地——陕西经济发展研究》《丝绸之路经济带产业集群价值网络的演化与重构》《丝绸之路经济带上生物多样性的经济价值识别、展示与捕获研究》;而《文化集聚·文化街区·文化地域:重塑丝绸之路的新起点》《丝绸之路上的遗址美术》《汉唐丝绸之路漆艺文化研究》《丝绸之路上的体育交流与发展》《丝绸之路经济带沿线国家体育文化交流问题研究》,则是关于丝绸之路文化交流、文化交流史的专门性著作。

  相信该丛书的出版,一定能对"一带一路"的理论深化有所推进,一定能对助力"一带一路"国家战略的实施发挥积极而重要的作用。

《丝绸之路通鉴》序二

2000多年前,丝绸之路从长安发端,或从秦岭脚下穿越荒漠、草原,横贯欧亚大陆,或扬帆太平洋、印度洋沿岸众多港口和岛屿并蜿蜒至欧洲,跨越不同文化区域,推动华夏文明、印度文明、伊斯兰文明、欧洲文明的汇通,实现中西方物质特产和精神智慧的大融合。其波澜壮阔与坚韧竞合的画卷,展现了历史的宏伟与多彩。

千百年来,丝路精神薪火相传,成为促进沿线各国繁荣发展的重要纽带,推进了人类文明进步。进入21世纪,世界步入全新阶段,丝绸之路被赋予新的内涵和期望,焕发出新的生机与活力。在这一重要时点,国家提出"一带一路"战略构想,并迅速从规划落地为行动,成为重塑中国未来发展路径与发展空间的战略支点。

经世致用,服务国家,"丝绸之路通鉴"丛书应运而生。

一、古丝绸之路是人类历史最珍贵的遗产之一

1868年,德国地理与地质学家李希霍芬对中国地貌和地理进行了规模宏大的考察,发现在古代中国的北方曾经有过一条横贯亚洲大陆的交通大动脉。1910年,德国历史学家赫尔曼《中国和叙利亚之间的古代丝绸之路》一书,完成了对丝绸之路的学术认证,丝绸之路为世人所熟知。1927年,中瑞西北科学考察团到中国西部地区进行综合考察,第一次实现了对丝绸之路沿线珍贵文物的发掘、搜集、整理与保管,古丝绸之路的面貌得以较全面地复原。

丝绸之路因运输西方视同珍宝的中国丝绸而得名。考古资料证明,

丝绸之路早已存在,商周至战国时期,中国的丝绸就经西北各民族之手少量地辗转贩运到中亚和印度。

建元二年(前139),奉汉武帝之命,由匈奴人甘父做向导,张骞率领一百多人出使西域,打通了汉朝通往西域的南北道路,即丝绸之路。神爵二年(前60),汉置西域都护,屯田于乌垒城,以保西域通道通畅。魏晋时期,东西商业往来不断,位于丝绸之路咽喉重地的敦煌成为往来客商的聚集地之一。5—6世纪时,南北朝分立,但沿丝路的东西交往却进一步繁荣。隋炀帝时曾派黄门侍郎裴矩到张掖招徕西域商人。唐时则在伊州、西州、庭州设州,在龟兹、于阗、疏勒、碎叶等安西四镇驻兵,保证丝绸之路畅通。

9世纪末到11世纪,随着中国政治、经济、文化中心向东南沿海转移,及阿拉伯世界的兴起,东西方的海上往来逐渐增多。同时,中国西北地区政权分立,丝绸之路安全难以保障,陆上通道的重要性大大降低。蒙元时期,蒙古西征和对中亚、西亚广大地区的直接统治,使东西驿路再度通畅,丝绸之路又繁荣一时。明清采取闭关政策,虽出嘉峪关经哈密去中亚的道路未断,但陆上丝绸之路已远不如海上丝绸之路重要了。

虽有诸多争论,但大体来看,古丝绸之路主要包括四条路线。第一条是沙漠绿洲丝绸之路。从中国洛阳或长安出发,经甘肃河西走廊,至敦煌,沿昆仑山北麓和天山南北麓分三道,越葱岭通往中亚、欧洲和非洲,兴盛于汉唐时期。该路核心段因位于干旱缺水的亚洲内陆沙漠绿洲之间,故被中外学者称为"沙漠绿洲丝绸之路"。第二条是海上丝绸之路,分东海丝绸之路和南海丝绸之路。历史上有三大航线:东海航线由中国沿海海港至朝鲜、日本;南海航线由中国沿海海港至东南亚诸国;西洋航线由中国沿海海港至南亚、阿拉伯和东非。海上丝绸之路始于周,兴盛于宋元时期。中国通过海上丝绸之路往外输出的商品主要是丝绸、瓷器、茶叶等,运回国内的主要是香料、花草等,因此,亦称"瓷器之路"

"香丝之路"。第三条是西南丝绸之路。从中国四川成都,向西南到印度,再通往南亚、中亚、欧洲国家。因沿途山道崎岖,又称"高山峡谷之路"。第四条是草原丝绸之路。由中原地区向北越过古阴山(今大青山)、燕山一带的长城,西北穿越蒙古高原、南俄草原、中西亚北部,直达地中海北部的欧洲地区。因途径之地主要为游牧地区,故称"草原丝绸之路",又因往来贸易的主要商品是毛皮、金银和茶叶,又称"金银之路""皮毛之路"。

丝绸之路各线尽管起始时间不同,贸易货品不一,却将不同文明由隔绝孤立推向开放交融,成为东西友好交往的象征。它是人类文明竞合融汇的"搅拌器",是世界多样性发展的"分离机"。西方的音乐、舞蹈、绘画、雕塑、建筑等艺术,天文、历算、医药等科技知识,佛教、祆教、摩尼教、景教、伊斯兰教等宗教,通过此路先后传来中国,并在中国产生了很大影响。中国的纺织、造纸、印刷、火药、指南针、制瓷等工艺,绘画等艺术,儒家、道教等传统思想,也通过此路传向西方,产生了持久影响。

丝绸之路给中国和其他沿线国家留下了丰厚的文化遗产。在中国多年引领和推动下,包含中、哈、吉3国33处遗迹的丝绸之路跨国联合申遗在2014年取得成功,成为世界上第一个以联合申报的形式成功列入世界遗产名录的丝绸之路项目,也是联合国教科文组织确定的丝绸之路54个廊道中第一个成功申遗的项目。国家文物局局长刘玉珠2016年9月20日在甘肃敦煌首届丝绸之路国际文化博览会"丝绸之路文化遗产国际论坛"上介绍,在此前陆上丝绸之路申遗成功的基础上,中国正推动海上丝绸之路申遗。

二、新丝绸之路在21世纪焕发出新的生机

作为经济全球化的早期版本,2000多年前兴起的丝绸之路被誉为全球重要的商贸大动脉。岁月变迁,20世纪末21世纪初,贸易和投资在古丝绸之路上再度活跃。如今,旨在强化东亚和中亚联系的"新丝绸之路"(New Silk Road)概念已经成型,并引起了中、美、印、俄等国的重视。

1990年9月12日,中国北疆铁路与苏联土西铁路胜利接轨。这是继苏联西伯利亚大陆桥之后,第二条连接亚欧大陆的通道,沿途连接40余国,是一条名副其实的国际大通道。新亚欧大陆桥的贯通,成为丝绸之路焕发生机的标志性事件,使传播过古老文明和象征传统友谊的丝绸之路再一次焕发光彩。

2013年9月7日,习近平主席在哈萨克斯坦纳扎尔巴耶夫大学发表重要演讲,首次提出了加强政策沟通、道路联通、贸易畅通、货币流通、民心相通,共同建设"丝绸之路经济带"的战略倡议。2013年10月3日,习近平主席在印度尼西亚国会发表重要演讲,明确提出,中国致力于加强同东盟国家的互联互通建设,愿同东盟国家发展好海洋合作伙伴关系,共建"21世纪海上丝绸之路"。"一带一路"战略赋予了丝绸之路崭新的含义,新丝绸之路概念一经提出,便引起全球高度关注和沿线国家的积极响应,亚太主要地区国家也纷纷提出了各自的新丝绸之路构想。

美国的新丝绸之路战略是对2014年后阿富汗和中亚地区的主要战略规划,继承和沿袭了美国历届政府的中亚战略,背后隐藏着美国在中亚地区巨大的地缘政治目标和利益,即在中亚地区排除俄罗斯、中国和伊朗的影响,将中亚国家引向南亚。2011年7月,时任美国国务卿的希拉里在美国学者弗雷德里克·斯塔尔新丝绸之路构想的基础上,提出了新丝绸之路战略,力图在美国主导下形成以阿富汗为中心的"中亚—阿富汗—南亚"交通经贸合作网络,实现这一区域的商品北上和能源南下。这一战略是美国"亚太再平衡"战略的补充。新丝绸之路战略提出后,美国即着手实施该战略并取得一定进展,但由于阿富汗安全形势不佳以及融资、地区国家间的竞争、美国地区战略本身的矛盾性以及气源等问题,美国新丝绸之路战略仍然充满了不确定性。2014 年,美国常务副国务卿威廉·伯恩斯在一份政策报告中称,美国新丝绸之路战略的一大核心是为中亚建立一个区域能源市场,重点推进"土库曼斯坦—阿富汗—巴基斯坦—印度"天然气管道建设,打造"中亚—阿富汗—南亚"电力网络,打通中亚通往南亚的能源通道。

印度迄今为止还没有清晰的新丝绸之路战略,并在一定程度上有追随美国的意思。印度是美国中亚战略的重要支持者,作为阿富汗重建的第五大援助国,过去 10 年的花费超过 20 亿美元。从印度自身来讲,其新丝绸之路规划相对单纯,主要着眼于能源保障和贸易通道。2012 年,印度经历了人类历史上最大的断电事件,6 亿多人受到影响,却无法利用近在咫尺的中亚能源。印度总理莫迪自 2014 年上任以来,与存在历史恩怨的国家开始了前所未有的合作。印度是亚投行的创始成员之一。2015 年 5 月,印度与孟加拉国签署了已搁置 40 余年的《陆地边界协议》。印度参与新丝绸之路建设的实质动作也越来越多。

2002 年,俄罗斯与印度、伊朗联合推出"南北走廊计划",打算建设起始于印度,途径伊朗、高加索、俄罗斯,最后直达欧洲的铁路、公路和海运等。2010 年 1 月 1 日,俄罗斯、白俄罗斯、哈萨克斯坦三国共同启动建立推动欧亚经济一体化的"俄白哈关税同盟",拟建立统一的关税制度。该同盟对"欧亚联盟"起到了重要的推动作用,一方面有利于欧亚地区经济基础设施的建设,另一方面有利于各地区安全合作框架的构建。2011 年 10 月,俄罗斯总统普京正式提出"欧亚联盟战略",要同独联体国家一同建立关税联盟和欧亚经济共同体,从而推动更高层次的、更广泛内容的一体化组织。这一战略被看作俄罗斯版的新丝绸之路战略。

另外日本、韩国也基于亚欧经济合作提出了丝绸之路构想。主要亚太国家纷纷推进新丝绸之路战略,一方面预示中国的"一带一路"战略将面临全新的博弈与竞争,另一方面也表明新丝绸之路具有巨大的潜力和活力。

三、"一带一路"将重新定义中国未来发展空间

2015年3月,国家发展改革委、外交部、商务部经国务院授权发布《推动共建丝绸之路经济带和21世纪海上丝绸之路的愿景与行动》(以下简称《愿景与行动》),阐述了"一带一路"建设的时代背景、共建原则、框架思路、合作重点、合作机制等,为"一带一路"建设指明了方向。仅仅2年多时间,"丝绸之路经济带"和"21世纪海上丝绸之路"就已经从倡议变成实践,从国家战略落地为国家行动,进入务实合作阶段。从筹建亚投行到成立丝路基金,再到国家开发银行的近千个项目,"一带一路"建设取得明显进展,获得多方积极响应,不仅为各方在投资、贸易、金融、文化和旅游等领域的深化合作奠定了坚实基础,也给沿线各国民众带来了实实在在的好处。

从战略上看,"一带一路"将重新拓展和定义中国未来的发展空间。众多学者对此多有著述,可概括为以下几个方面:

首先,"一带一路"将加速亚洲和亚太经济一体化进程,中国将成为推动世界持续发展的新重心。"一带一路"战略将成为亚洲经济一体化的"两翼",有效连接中亚、西亚、东南亚、南亚、东北亚等地区,显著改善区域内的整体基础设施互联互通状况和营商环境。作为世界经济增长的重要引擎,亚洲已日渐成为经济全球化的中坚力量。"一带一路"战略涵盖亚洲26个国家和地区,拥有44亿人口和20多万亿美元的经济规模。在后国际金融危机时代,作为世界经济增长火车头的中国,将发挥自身的产能优势、技术与资金优势、经验与模式优势、市场与合作优势,通过"一带一路"建设促进亚洲国家分享中国改革发展红利,夯实亚

洲经济一体化的基础,成为推动世界持续发展的新重心。

其次,"一带一路"将打破亚欧大陆长期封闭的状态,中国在推动世界均衡发展的同时将获得新的战略发展空间。亚欧大陆是世界上最大的陆地,面积近5000万平方千米,占全球陆地面积的1/3,东西跨度超过1万公里,是世界上最具潜力的经济带。"一带一路"将通过打破亚欧大陆长期封闭的状态,带动内陆国家加快开发开放,实现均衡发展,改变历史上中亚等丝绸之路沿途地带只是作为东西方贸易、文化交流的过道而成为发展洼地的状况,将超越欧美主导全球化造成的贫富差距、地区发展不平衡,形成推动全球均衡发展的新格局。

再次,"一带一路"将打造利益共享的全球价值链,中国将在共同打造全球价值链的过程中获益。当前,世界经济仍处于深度调整期,低增长、低通胀、低需求同高失业、高债务、高泡沫等风险交织,气候变化、能源安全、粮食安全等全球性挑战不断增多,不仅发展中国家需要实现可持续性的经济转型,发达国家也需要促进经济转型。"一带一路"沿海国家多数精于制造业,而内陆国家资源丰富,能源供给充足,庞大的"中国市场"将为沿线国家经济持续增长提供新动力。随着"一带一路"的发展,沿线会形成发达的经济中心、文化中心,通过全方位的国际合作解决自身的问题,更有效地融入全球经济。

最后,"一带一路"将促进人类建设命运共同体,中国将成为推动世界和平发展的重要力量。"一带一路"继承了古丝绸之路开放兼容的历史传统,同时也吸纳了亚洲国家"开放的区域主义"精神,体现了世界各国谋求发展的现实需求。无论从历史还是现实来看,"一带一路"都为人类命运共同体建设提供了重要的路径和战略支撑。"一带一路"不是单一国家的战略,不是把一国利益凌驾于他国利益之上甚至全球利益之上的战略。"一带一路"坚持共商共建、共创共享原则,不搞封闭机制,有意愿的国家和经济体都可参与,成为"一带一路"的支持者、建设者和受益者。"一带一路"将加速人类命运共同体建设,构建各方融合发展的新格局,为各方带来更大发展机遇,共同建造和平、增长、改革、文明的未来世界。

"一带一路"战略是我党十一届三中全会以来,中国对外开放由点到线、由线到面、由面到系统的和平发展战略方针,它将不仅促进经济要素在全球的有序流动和市场的深度融合,而且推进沿线各国的经济政策协调,实现更为和谐的区域经济合作。更为重要的是,"一带一路"战略打开了中国的经贸合作圈、文化合作圈,将大大拓展中国21世纪的发展空间。

四、"一带一路"机遇与挑战并存

"一带一路"战略勾画出了中国走向综合性全球大国的路线图,在带给中国和沿线国家重大福利和机遇的同时,在实施过程中也面临诸多挑战,同时也充满了政治风险、经济风险、安全风险、企业经营风险、文化冲突风险。

政治风险。首先,政治体制差异大,一些国家政局不稳。"一带一路"战略涉及60多个对象国、40多亿人口,参与国既有社会主义国家,也有资本主义国家,还有君主制的阿拉伯国家,意识形态上的相互理解不一定成为根本性的障碍,但从历史看确实会成为影响国家间关系的重要因素。其次,沿线的东南亚、南亚、中亚、西亚地区政治形势复杂,政局不稳,对政策的连续性有很大影响。此外,一些国家的政治势力出于自身政治目的,有意煽动"中国威胁论",以阻止或延宕中国战略的实施。再次,大国博弈风险。在"一带一路"的战略布局当中,不同国家基于不同诉求都有其各自的国家战略,这其中甚至还涉及"一带一路"以外的一些国家的战略利益问题。美国、印度、俄罗斯、日本、韩国等与"一带一路"都有一定的竞争关系和利益冲突,如何处理好这些关系事关重大。同时,"一带一路"沿线一些国家其国内始终存在着反华势力,如印度尼西亚、越南等国。随着社交媒体的广泛运用,这些国家的政治越来越受底层民众民粹意识的裹挟,其中一些领导人可能会以中国因素来解释经济失败,以排华的方式来谋求个人政治利益。如果地区安全得不到保证,欧亚地区国家相互之间不能理解,"一带一路"建设就可能付之东流。

经济风险。实施"一带一路"战略存在着众多经济风险或潜在经济风险。首先,经济发展水平不平衡,对接耦合难度大。沿线国家中,一些国家法律较为健全,市场经济程度较高;一些国家较为封闭,主要为传统经济;还有一些国家处于两者之间,这在一定程度上加大了合作的难度和力度。其次,债务违约风险。"一带一路"沿线国的投资环境整体上不如中国与欧美发达国家,部分参与"一带一路"计划的国家存在着巨额的经常项目赤字、较差的经济基本面,这使其成为高风险债务人。第三,项目泡沫化风险。据有关研究,2015年中国各省"两会"政府工作报告中关于"一带一路"基建投资项目总规模已超过1万亿元人民币,涉及项目近1000个。如此庞大的投资能否落地,众多项目投资资金从何而来,通过何种方式去融资,如何保证海外投资的安全等,值得警惕。

安全风险。"一带一路"战略面临着巨大的传统安全风险与非传统安全风险。传统安全风险方面,如大国地缘政治的博弈,领土、岛屿争端,区域内个别国家政局动荡,等。非传统安全风险方面,如经济安全、金融安全、恐怖主义威胁、跨国有组织犯罪等。中国"一带一路"战略与美国的全球战略相比,其根本区别在于中国更侧重于经济、文化的交流,而非谋求军事霸权。这也意味着"走出去"的中国企业与公民很多时候缺乏国家直接的强力保护。

企业经营风险。当前,中国在"一带一路"沿线国家的资本输出,基本上是以企业投资海外基础工程建设为主要途径。与高技术含量、高回报率的经济领域相比较,基础建设存在着投入大、周期长、不确定因素较多等问题。在一些比较落后的区域,铁路、港口等基础建设实际上很难在短时期内见到效益,甚至将在很长一段时期内面临亏损运营的局面。另外,由于不熟悉国外商业习惯和法律环境,一些中资企业往往要承担商业风险。大批"走出去"的中小型民营企业既缺乏信贷、保险方面的制度安排,也往往难以得到有关管理部门的政策指引、信息服务,其在"走出去"过程中面临的信息问题、安全问题都十分严峻。

文化冲突风险。"一带一路"沿线文化繁杂多样,民族宗教问题复杂多变。丝路沿线是世界主要宗教基督教、佛教、伊斯兰教、印度教共生共存的地区,历史上的宗教争斗延续至今,使中东、中亚、东南亚等地区的国际恐怖主义、宗教极端主义、民族分裂主义势力和跨国有组织犯罪活动猖獗,地区局势长期动荡不安。同时,宗教问题时常与民族问题交织叠加,既恶化了当地环境,又增加了沿线各国相互合作的难度。

面对"一带一路"的种种风险,我们应树立防范意识,未雨绸缪,做好预案,采取有效措施,积极应对挑战。

五、"丝绸之路通鉴"宗旨与使命

自古以来,我国知识分子就有"为天地立心,为生民立命,为往圣继绝学,为万世开太平"的志向和传统。历史经验告诉我们,知识分子对民族和国家的使命担当,是中华民族实现伟大复兴的希望所在。

2016年5月17日,习近平主席在哲学社会科学工作座谈会上的讲话中指出,当代中国正经历着我国历史上最为广泛而深刻的社会变革,也正在进行着人类历史上最为宏大而独特的实践创新,我们不能辜负了这个时代。习近平主席指出,构建开放型经济新体制,实施总体国家安全观,建设人类命运共同体,推进"一带一路"建设,是党和国家根据新的实践提出的具有原创性、时代性的概念和理论。我国哲学社会科学应该以我们正在做的事情为中心,提炼出有学理性的新理论,概括出有规律性的新实践。

习近平主席的讲话深刻解答了事关我国哲学社会科学长远发展的一系列根本性问题,是指导哲学社会科学工作的纲领性文献,也是发展繁荣哲学社会科学的基本原则和行动指南。围绕国家重大需求,重视应用研究,推进智库建设,着力提升解决重大问题的能力和原创能力,既是陕西师范大学繁荣发展哲学社会科学行动计划(2013—2020年)的核心部分,也是陕西师范大学"十三五"发展规划的重点内容。

近10年来,陕西师范大学在围绕丝绸之路的哲学社会科学研究方面发展迅速,成绩斐然,主要体现在以下几个方面。一是以丝绸之路上的重大理论和现实问题为重点,在不同学科交叉协同的基础上,先后获批并建设了陕西省协同创新研究中心"国际长安学研究院"、陕西省哲学社会科学重点研究基地"一带一路与中亚区域协同创新研究中心"、教育部人文社会科学重点研究基地"西北历史环境变迁和经济社会发展研究院"、陕西省哲学社会科学重点研究基地"中国西部边疆研究院"等一批省部级学术创新平台,已经成为国内外在研究丝绸沿线历史发展与环境变迁、西部国家安全、西部边疆、西北民族与宗教、西夏学、语言学、基础教育发展等重大历史与现实问题的重镇。二是在丝绸之路研究的方面取得了丰硕的成果。早在2006年,陕西师范大学就编纂出版了《丝绸之路大辞典》,收录词目11607条,总字数达230多万,是迄今出版的同类书籍中体系最完整、词目最全面、内容最丰富的一部有关丝绸之路的百科全书,也是一部集学术性、知识性、资料性、实用性为一体的大型工具书。其后,陆续出版了《西北丝绸之路的历史文化研究》《中国丝绸之路经济带生态文明建设评价与路径研究》《丝绸之路经济带建设中的国家形象传播研究》等近百部学术著作,承担国家级、省市级有关丝绸之路的课题30余项,获得资助经费1000余万元。其中《丝绸之路戏剧文化研究》获得教育部第六届高等学校科学研究优秀成果奖,《推进丝绸之路经济带战略实施和区域合作共赢空间发展战略研究》的调研报告获得陕西省第十二次哲学社会科学一等奖等。三是将丝绸之路研究的成果积极服务于国家战略、经济与文化发展。陕西师范大学提交的《推进丝绸之路经济带战略实施和区域合作共赢空间发展战略研究》《关于丝绸之路经济带建设的问题与挑战》《俄美在乌兹别克斯坦的博弈及其影响》《边疆热点地区城市民族关系发展态势与对策研究》《关于喀什"南达经验"的总结报告》《新疆城市居民的社会交往空间:利益机制与民族关系》得到国家领导人及中办、国办和国家有关部委批示和采纳。四是陕西师范大学首次倡导并共同参与成立了"丝绸之路大学联盟"。积极推进阿富汗、乌兹别克斯坦两个国别研究中心的建设,研究与"新丝绸之路经济带"沿线国家的双边、多边人文交流机制,开展民间人文交流活动。其中,2013年9月,在习近平主席和阿富汗时任总统卡尔扎伊的见证下,陕西师范大学与阿富汗喀布尔大学在人民大会堂签署合作谅解备忘录,较好地服务了国家战略层面上的国际合作与交流。

新的历史时期,陕西师范大学积极响应国家建设"丝绸之路经济带"的战略构想,切实推进陕西省"服务国家发展战略,促进互利共赢"的共建思路,以教育合作与文化交流为重点,与"丝绸之路经济带"沿线国家与地区,不断创新合作、扩大开放、共同发展。

"一带一路"战略是一项长期、复杂而艰巨的系统工程,推进过程中必然面临诸多机遇和挑战,其中的许多问题需要学界、政府、企业界、民间、文化界等的高度重视和思考。古代丝绸之路的起点在西安,陕西师范大学具有独特的地缘优势,也给我们发挥智库功能,服务区域社会发展和国家建设,提供了难得的历史机遇。

有鉴于此,陕西师范大学组织一批专家编纂了"丝绸之路通鉴"丛书。本套丛书以丝绸之路为本体对象,聚焦"一带一路"这一重大现实问题和战略问题。取名"通鉴",则意在借鉴历史,透析现状,着眼未来,贯穿千年时域,探求发展趋势;意在立足中国,深入沿线,胸怀全局,经略万里空间,厘清错综关系;意在研究战略,丰富内涵,解决问题,横跨宏观、中观与微观,打通理论与实践;意在聚焦经贸,关注人文,促进合作,智慧应对世界形势变换,为"一带一路"国家战略的推进提供全领域、全视角、体系化的智力支撑。

期望"丝绸之路通鉴"丛书坚持以下标准:

第一,体现继承性、民族性。丝绸之路是人类文明交融互鉴的珍贵遗产,蕴含着取之不竭、用之不尽的物质财富和精神财富。如习近平主席所说:我们要坚持不忘本来、吸收外来、面向未来。既向内看,深入研究关系国计民生的重大课题,又向外看,积极探索关系人类前途命运的重大问题;既向前看,准确判断中国特色社会主义发展趋势,又向后看,善于继承和弘扬中华优秀传统文化精华。期望本套丛书的出版,能更好地传承丝路文明,促进全新历史条件下丝绸之路的政治与经济、民族与宗教、文化与生活、自然与文脉等等的发展。

第二,体现原创性、时代性。理论的生命力在于创新,理论思维的起点决定着理论创新的结果。本书的课题确定与编撰,均应专注"一带一路"建设的突出矛盾和问题,突出主体性、原创性、时代性,不追随他人亦步亦趋,不迷信权威人云亦云,力争形成一系列原创性成果,解决丝路建设的重大现实问题。

第三,体现系统性、专业性。希望本套书能全方位、全领域、全要素地研究丝路历史、政治、经济、文化、社会、生态等领域,打通传统学科、新兴学科、前沿学科、交叉学科等诸多学科,构建"丝绸之路学"基本蓝图、学理逻辑、主要架构与核心内容,推进具有中国特色的丝路研究学科体系、学术体系、话语体系建设,助力"一带一路"国家战略的实施。

出版本套丛书是一项巨大的系统工程。第一批陆续出版的著作涉及丝绸之路历史、丝绸之路专门史、丝绸之路经济、丝绸之路文化交流等，大致勾勒出了本套丛书的面貌，包括《英雄在线：丝绸之路的开辟者和捍卫者》（朱鸿）、《丝绸之路与文明交往》（李永平）、《丝绸之路最早的东方起点：西汉长安城》（肖爱玲）、《西北丝绸之路上的汉字流传史》（冯雪俊）、《打造丝绸之路经济带上的战略高地》（王琴梅）、《丝绸之路经济带产业集群价值网络的演化与重构》（雷宏振、贾妮莎、兰娟丽等）、《丝绸之路经济带上生物多样性的经济价值识别、展示与捕获研究》（裴辉儒、宋伟）、《文化集聚·文化街区·文化地域：重塑丝绸之路的新起点》（薛东前、马蓓蓓）、《丝绸之路上的遗址美术》（高明、王晓玲、程玉萍、朱生云、李慧国）、《汉唐丝绸之路漆艺文化研究》（胡玉康、潘天波）、《丝绸之路上的体育交流与发展》（黄聪）、《丝绸之路经济带沿线国家体育文化交流问题研究》（史兵、崔乐泉、李重申等）、《天山廊道：清代天山道路交通与驿传研究》（王启明）等。

限于编著者能力与水平，书中难免有疏漏不足之处，恳请各位方家与读者批评指正。

学术研究的意义不仅在于解释现实与反映现实，更在于改造现实与塑造未来。希望本套丛书所有编撰者筚路蓝缕、创榛辟莽，有淡泊名利、耐得住寂寞的定力，有敢立潮头、勇于创新的勇气，有忧国忧民、为民鞠躬的情怀，积极努力，为实现"两个一百年"奋斗目标与实现中华民族伟大复兴的中国梦做出新的贡献！

是为序。

2016年9月28日

目 录

全球史观：突破"中心—边疆"二元观念 ……………………… 1
　一、全球史观：中国是连续性的独立文明 ……………………… 1
　二、"丝绸之路"还是"玉石之路"？ ……………………………… 5
　三、纪念碑性玉器的编码想象 …………………………………… 12
　四、纪念碑性玉器编码及其空间象征 …………………………… 22

上编　丝绸之路与物质技术 …………………………………… 33
　一、文明交往："化干戈为玉帛"，讲好中国故事 ……………… 33
　　（一）永生信仰与青金石神话 ………………………………… 33
　　（二）青金石与丝绸之路上的颜料贸易 ……………………… 38
　　（三）"玉教"与华夏文明大传统 ……………………………… 42
　二、中国河西走廊：世界小麦早期培植区域之一 ……………… 46
　　（一）世界早期小麦种植的区域：兼论丝绸之路
　　　　　在小麦培植史上的地位 ………………………………… 46
　　（二）考古发现的小麦加工制作工艺 ………………………… 50
　　（三）天下第一碗面 …………………………………………… 54
　三、面条之路：周原与面食的成熟与传播 ……………………… 57
　　（一）小麦的食用传统与"臊子面" …………………………… 57
　　（二）祭祀仪式与小麦食用传统的确立：以臊子面为例 …… 64
　　（三）圣餐仪式与岐周臊子面祭祖传统，兼论中西饮食
　　　　　传统的分野 ……………………………………………… 71

中编　丝绸之路与宗教幻术

一、祆教与陕西"血社火" ··· 88
（一）祆教与中国古代幻术技艺 ································· 88
（二）陕西的祆教孑遗与陕西"血社火" ························ 91
（三）波斯粟特人"七圣刀"法术源流 ························· 106

二、中国早期的魔术师：左慈幻术的西域源流 ·················· 115
（一）西域的幻术 ·· 115
（二）《三国演义》中的左慈及其幻术的种类 ················· 119
（三）左慈幻术的源流与"七圣刀"法 ·························· 130

下编　丝绸之路与文学艺术

一、李贺诗歌风物与西域文明 ······································ 142
（一）李贺诗歌中的唐代西域外来日常消费品 ··············· 144
（二）李贺诗歌中的唐代外来奢侈性消费品 ·················· 149
（三）李贺追捧外来文明的原因 ································· 157

二、《张四姐大闹东京宝卷》与"大闹"题材的演变 ············ 161
（一）《五鼠闹东京》与《大闹天宫》："大闹"题材的来源与流变 ···································· 161
（二）三种《张四姐大闹东京宝卷》的表述变异 ············· 173
（三）三种《张四姐大闹东京宝卷》叙事方式的比较 ······· 181

三、河西走廊与《包公错断颜查散》宝卷 ························ 186
（一）河西走廊与民间故事宝卷 ································· 187
（二）佛教与绘图叙事艺术的东渐 ······························ 192
（三）三种"包公错断颜查散"故事变异 ······················· 203

总　论 ·· 231

参考文献 ·· 233

后　记 ·· 240

全球史观：突破"中心—边疆"二元观念

一、全球史观：中国是连续性的独立文明

伴随着全球化进程的加剧，人口、民族、物质资源、宗教信仰、病毒和灾害全球范围内的流动与扩散都已经成为无法改变的趋势。全球化过程中，尽管出现了各种形式的本土化返动，但是，综观人类文明发展进程，全球化与本土化双向互动将是人类在很长的时间里面对的新命题。

近代以来我们按照西方海权和海疆中心和观念来思考世界，治理民族国家的疆界。河西走廊与天山南北，新疆等内陆地区被看作落后、边缘区域，被视为"西部"和"边疆"。但是，就是这样一个在近代观念中被边缘化了的区域，在距今2000年以前，就存在过光辉灿烂的楼兰文明。遗憾的是，在中国西部边疆，这些"失落的文明"的发现者竟然就是西方"探险家"。他们在那里发现了无数令人叹为观止的文书、精美的雕刻、佛像、经卷、钱币、金器。谁又曾想，就像2000年前我们的祖先在"华夷秩序"观念的影响下，把边疆异族书写进"蛮夷传""诸蕃志"一样。一百多年前，"探险家"把这些田野作业的成果，写进他们的"民族志"，[1] 不仅如此，他们还开创了研究东方的专门学问"东方学"。

观念落后就会被动落伍，胸襟狭窄会矮化气量。面对西方近代以海洋为中心"构筑"的世界秩序，近代爱国志士，以"国家兴亡，匹夫有

责"为己任,视野开阔,总览全球,突破"中心—边缘"观念,思考国际体系。1906年5月,流放新疆的广东原南海知县裴景福认为:

> 欧亚大局系于地中海,而新疆形势与之争雄。我国欲提挈全球之纲,惟开阔中西之门户,当撮合国力,急成伊犁、迪化、喀什噶尔、吐鲁番南北两路,以与俄安集延路接。而以哈密为之总汇,即英人之苏彝斯河也。从此五大洲商务战事路政,惟我新疆能执牛耳。而俄西伯利亚轨道利权可安坐而夺之。[2]

在晚清的内忧外患中,这位来自海边的前知县以过人的眼力看到了新疆可以通达"地中海"的区位优势,提出以新疆为核心区建立第二个欧亚大陆桥,把它作为世界性的新的战略平台,完成对俄国西伯利亚铁路替换的构想。这一远见卓识来自一位远离"中心",发配"边疆"的流犯,也许离开疆域治理的"中心",有了边疆巡署的宏大感受之后,才能有如此的襟怀。可见胸襟和担当对一个人的视野和观念的影响真的是难以估量啊。

丝绸之路这条人类有史以来最重要的文明大通道是汇聚多元文化和共识的大动脉,它的精神气质是包罗万象而又含蓄浑厚的。丝绸之路的研究涉及整个世界史,不仅仅局限在"路"的地理概念上。丝绸之路是一个网络系统,包括了从东到西的东西方横向交流,也包含了北方草原与南方的许多纵向交流,同时也包含了海上交流。在这里,世界不同历史时期,许多被禁止失传的宗教,失落的文明,找到了他们最后的归宿。中华文明包举宇内、海纳百川的精神气质在这条人类文明的大通道的核心区新疆得到了充分的印证。前辈学者费孝通先生指出,我们先是发现自身之美,然后是发现、欣赏他人之美,再到相互欣赏、赞美,最后达到一致和融合。这就是费先生主张的"各美其美,美人之美,美美与共,天下大同"。

在历史长河里,受技术水平、自然生态、地理空间和经济形态的影响,适合人类合作发展的区域空间相当有限。季羡林先生在《敦煌学、

全球史观：突破"中心—边疆"二元观念

吐鲁番学在中国文化史中的地位和作用》一文中指出："世界上历史悠久、地域广阔、自成体系、影响深远的文化体系只有四个：中国、印度、希腊、伊斯兰，而这四个文化体系汇流的地方只有一个，就是敦煌和新疆地区。"[3] 这句话被视为论证或说明敦煌在丝绸之路交通、中西文化交流重要地位的绝佳论断，从这样的文化体系出发，新疆—河西走廊区域将作为国家战略布局中的经济贸易、国家安全、文明交往的核心区（图一）。

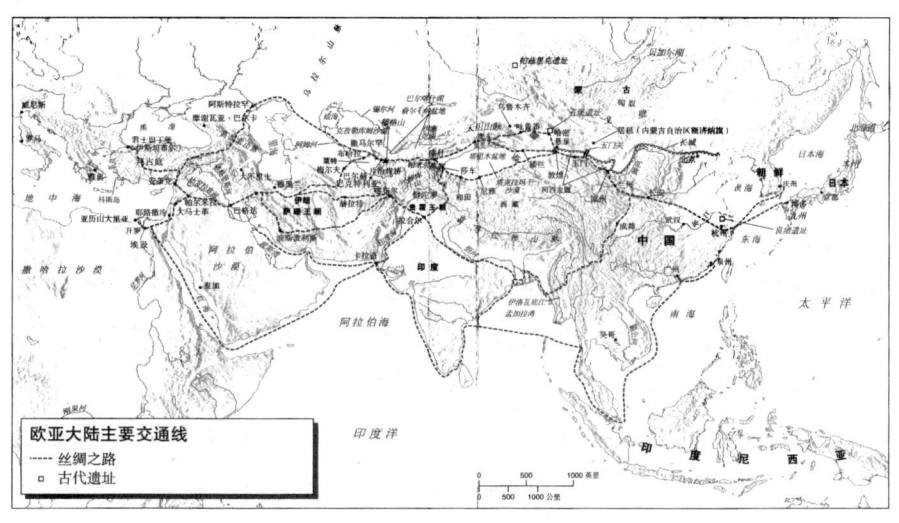

图一 欧亚大陆主要交通线 引自《丝绸之路新史》第 6—7 页

全球化时代，要实现对全球区域发展战略的掌控，全球史和全球区域观念就显得尤为重要。目前，有全球史观和全球区域观念的美国学者杜兰，耗尽毕生心血撰写经典巨著《世界文明史》，皇皇 1500 万言，分 11 巨卷，上起《文明的建立》，下迄《历史的教训》，范围古今，牢笼百家，涵盖各代，每一国家的政治、经济、军事、科技、宗教、文化、哲学、历史、教育、艺术、音乐等领域。类似的还有杰里·本特利、赫伯特·齐格勒《新全球史：文明的传承与交流，(上下)》威廉·麦克尼尔《世界史：从史前到 21 世纪全球文明的互动》、斯塔夫里阿诺斯《全球通史:从史前史到21世纪》(第7版)等等。我们要加强对全球史观和全球区域关系的研究,寻找建构中国的全球观念,为国家全球战略布局奠基。

在"全球区域关系史"视域下,"丝绸之路"内部的生态、社会形态和文明要素的多样性及与周遭文明的互动关系将被更好地呈现:"丝绸之路"诸文明的互动过程,及其在互动中所形成的融合内部丰富性与外部多元性为一体的"复合式"文明也将得到更为直接的认知。显然,"全球区域关系史"视域有助将"丝绸之路"的历史叙述与世界史关联起来。由此,这种空间关联要以世界眼光、更要以本地眼光观察自身文明,以免陷入"海洋—内陆""我族中心""中心—边缘"的格局当中。

如果说全球史观对当代国家的全球区域治理至关重要,那么对人类文明史的认识,则让全球的区域治理获得足够的历史纵深。检索对比了全球五大洲的人类文明起源之后,哈佛大学张光直教授给出了振聋发聩的论断:中华文明是"连续性的文明"。

> 对中国,马雅和苏美尔文明的一个初步的比较研究显示出来,中国的形态很可能是全世界向文明转进的主要形态,而西方的形态实在是个例外,因此社会科学里面自西方经验而来的一般法则不能有普遍的应用性。我将中国的形态叫做"连续性"的形态,而将西方的叫做"破裂性"的形态。……中国古代文明是一个连续性的文明。[4]

经过思考和反复揣摩,笔者认为,所谓的连续性,应该有两方面的含义。一方面,中华文明自古及今,一脉相承,不曾中断。因之,张光直先生将中华文明的起源和发展厘定为世界文明的典型样态,欧洲文明是断裂式的"突破"样态。中华文明的连续性,让许多西方学者雾里看花、盲人摸象,如痴如醉,百思百解却终究难窥得其堂奥。另一方面,在中华文明系统内部信仰—仪式、政治—经济与社会治理结构相互关联,形成网状社会结构,盘根错节相互扶持,全息式呈现,连续性布排。杜维明用"存有的连续性"概念对后者做出描述。[5]

二、"丝绸之路"还是"玉石之路"?

在人类近万年的文明史历程中,仅仅19世纪到20世纪,短短100年的判断失误,竟然让华夏文明在世界文明对话中的话语权丧失殆尽,至今我们依然要活在西方话语权力建构的语词里。真的像西方人命名的那样,这条举世闻名的人类早期文明"大动脉"仅仅开始于公元前114年汉帝国的"凿空"? 它仅仅是一条西方人眼中的"丝绸之路"?

按中国史书记载,在张骞凿空之前,希腊人已经获得了东方的丝织品。《后汉书·和帝本纪》永元十二年(100)载:"冬十一月,西域蒙奇、兜勒遣使内附,赐其王金印紫绶。"[6]《后汉书·西域传》又载:"六年,班超复击焉耆,于是,五十余国悉纳质内属,其条支、安息诸国,致于海濒,四万里外,皆重译贡献。(永元)九年,班超遣掾甘英穷临西海而还……于是,远国蒙奇、兜勒,皆来归服,遣使贡献。"[7]张星烺、莫任南、林梅村、王欣等人先后对此进行了研究。张星烺在其所著《中西交通史料汇编》(1930)(第1册)《古代中国与欧洲之交通》第18节的注解里说,"蒙奇"为马其顿之译音,而"兜勒则为吐火罗(Tocharians)之译音"。[8]虽然各位学者的研究结论并不统一,但是现代田野考古调查证明,比上述事件发生的年代更早,整个大西域与中国的丝绸文化已经发生关联。

翻检欧洲和中亚的考古资料,在公元前1000多年的一些墓穴中已经出土了许多用中国蚕丝制成的绣品,其图案和技法都是东方式的。在欧亚大陆腹地发现了许多古墓,其中,最壮观的应数1929年在阿尔泰山山间谷地发现的巴泽雷克古墓群。根据苏联考古学界对古墓群的发掘研究,此墓是公元前5—前4世纪的遗址,墓中出土了来自中国的丝绸。同样,在雅典西北陶工区的墓葬内,有一座雅典富豪阿尔西比亚斯(Alcibiades)家族的墓葬,出土有6件丝织物和1束可分成3股的丝线,经鉴定,这些丝织品是中国家蚕丝所织,属于公元前430—前400年。由此可见,中国与西方的交往在张骞通西域以前早已经发生。

那么,这些东方的丝绸又是怎样运往西方的呢?在墨西哥奥梅尔发掘出的16个玉雕和6个玉圭上,考古专家们破译出了"妣辛""十二示社"等汉字。在遥远的彼岸,怎么会有和殷商历史有着如此紧密联系的文字呢?

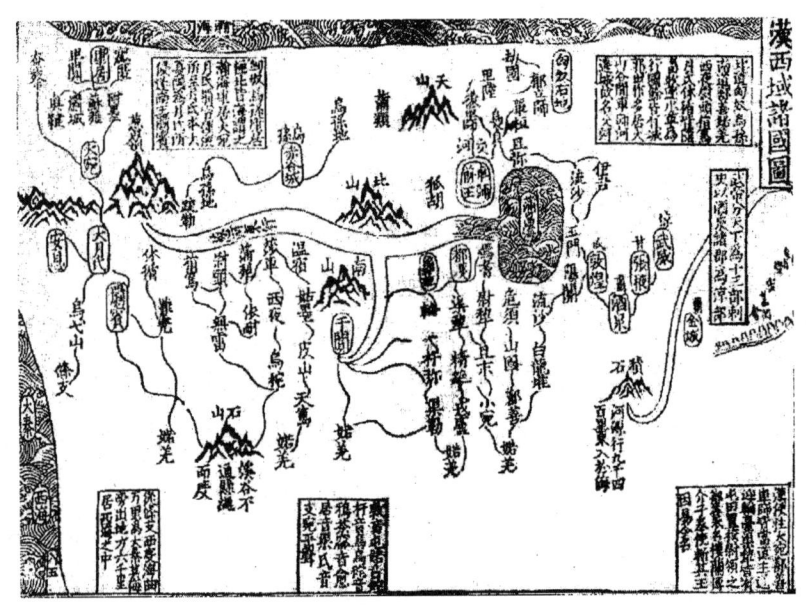

图二　南宋雕版墨印《汉代西域诸国图》　　国家图书馆藏

从文字记载来看,西晋太康二年从汲冢出土的竹简《竹书纪年》,把西周第五位国君西行的时间一直推到了公元前9世纪,得赤骥、盗骊、白义、逾轮(突厥语音译)、山子、渠黄、骅骝和绿耳8匹骏马的周穆王,让造父御车,让伯夭做向导,长途跋涉,开始了西征昆仑山的壮举。

他从陕西西安出发,经河南,过滹沱之阳到犬戎之地,西行至黄河。再沿黄河去河套一带拜会"河宗氏"部落,经宁夏到甘肃,过青海入新疆,经昆仑瑶池之会,越葱岭到达了今日中亚的吉尔吉斯斯坦,然后逆向返回王都(图二《汉代西域诸国图》)。一路上,他与沿途各民族进行频繁的物资交流,将那些"中原制造"的珍贵物品馈赠给了沿途的邦国。"攻其玉石,取玉版三乘,玉器服物,载玉万只。"周穆王送出的多是帛,带回来的是玉。难道周穆王早于汉朝张骞的"凿空",其目的是获取美玉?在我国古文献《管子》《山海经》《穆天子传》中,玉取之于于阗、昆仑之地。《穆天子传》提到,西周时穆天子曾经西行,至"昆仑丘"和"舂山",并称"舂山是唯天下之高山也"。后来穆天子又至"群玉之山"。虽然有研究者认为,"舂山"应当指帕米尔高原[9],但有人对此则疑信参半。

"文革"后期的1976年,中国科学院考古研究所在河南安阳发掘了一座商代中后期王墓,考古学家确定为商王武丁的配偶"妇好"墓,距今已有3200多年。妇好墓随葬的1928件器物中,有玉器及残片756件,占随葬品总数39.2%。考古工作者曾取标本300余件,分送北京市玉雕厂和中国科学院地质研究所等单位鉴定,结论除3件标本之外,"大部分均系软玉,其中大部分属青玉,白玉较少,青白玉、黄玉、墨玉、糖玉更少。这几种玉料大体上都是新疆玉"。只有当妇好墓的玉被鉴定为新疆玉之后,上述史籍中的记载才有了物证。

自从史托利茨格1874年在英国《地质学报》第13卷上发表文章,认为要等张骞通西域,中原才有和阗玉;法国汉学家沙畹、美国芝加哥的东方学家劳费尔,甚至后来的英国科学史家李约瑟对此都深信不疑。然而科学鉴定,却重新证实了中国古史记录的真实可靠。

早在1966年,日本宝石学家近山晶通过研究物质资料的交换贸易就提醒世界：在中国古代，可能存在一条与"丝绸之路"重合的通道，那就是"玉石之路"。"丝绸之路"的形成和发展只有2000多年的历史，而"玉石之路"却有8000多年的历史。也就是说，"丝绸之路"这一世界闻名的东西方文明交往的大动脉，它的功能可以说是陆路交通线、商品贸易线、宗教传播线、民族融合线、政治变迁线、文明对话线，这条文明交往的大动脉正是早期的"玉石之路""彩陶之路""青铜之路""黄金之路""小麦之路""医药之路""香料之路""面条之路"，古老的物质和技术通过这些通道的文明交往，逐渐发展起来。据学者估算，从中国西安，经陕西、甘肃、新疆、中亚、西亚诸国至欧洲意大利、威尼斯的"丝绸之路"直线距离为7000余公里，而在中国境内的距离有4000余公里，占总路程一半以上。

1877年费迪南·冯·李希霍芬男爵（Baron Ferdinand von Richthofen, 1833—1905）对"丝绸之路"的命名，[10]一方面局限于文字小传统书写的"凿空"西域的历史文献；另一方面源于西方人对东方民族"赛里斯人"（Seres）的想象，想象就难摆脱西方立场和区位优越感。历史悠久而又如此众多的贸易线路岂能是"丝绸之路"的简单表述包容得了的？

1869—1872年德国地质学家李希霍芬在中国工作，调查煤矿和港口，并绘制了一套5卷本的地图集，在著作《中国》中以"丝路"指称汉代张骞出使西域后所开通的东西陆上商贸通道，"从公元前114年到公元127年间，连接中国与河中（指中亚阿姆河与锡尔河之间）以及中国与印度，以丝绸贸易为媒介的西域交通路线"。该定义虽获得部分学人认同，但并未通用。1987—1997年间，联合国教科文组织进行了一个为期10年的"丝绸之路：对话之路综合考察"项目之后，"丝绸之路"的提法方始流行。实际上，西方学界也一直有质询"丝绸之路"名实的声音,2004年大英图书馆举办"丝绸之路:贸易、旅行、战争与信仰"特展,纪念探险家、考古学家斯坦因。有意思的是,参观者不停地追问何以名为"丝绸之路",负责人不得不重新界定丝绸之路:"'丝绸之路'并非单指丝绸贸易之路,其他珍稀物品,如象牙、宝石、玻璃、玉石、大麻、铁、铜犬、马等等也是常见的交易物[11]。"

回到语词本身,"丝绸之路"一词主要凸显语言表达、对史实的再现以及历时性影射三个方面:从语言表述看,"丝绸之路"有多种表达方式,英语的"the Silk Road"或"the Silk Route"、法语的"la Route de la Soie"、日语的"シルクロード"、俄语的"Шелковый путь",瑞典语的"Sidenvägen"等等。在汉语中,"丝绸之路"曾被称作"西域中道""西域南道""河西道""新北道"等等[12]。在特定的历史时期,"丝绸之路"还从空间划分为"北方丝路"与"南方丝路";从交通方式上分为"陆上丝路"与"海上丝路";从地理景观上分为"草原森林丝路""高山峡谷丝路""沙漠绿洲丝路"等。从史实上张骞奉命出使的"西域"远比我们今天所说的西域面积广阔,它泛指古玉门关和古阳关以西至地中海沿岸的广大地区。如今,我们所说的丝绸之路,是"古代以中国为始发点,向亚洲中部、西部及非洲、欧洲等地运送丝绸等物的交通道之总称"[13]。

超越文字局限,考古发现从公元前3000年以来,欧亚商贸往来的不仅有丝绸、瓷器、茶叶,更有青金石、绿松石、黄金、青铜等战略物资,小麦、大麦、大麻等农作物,犬、马等家畜。从考古材料知道,"玉石之路"比"丝绸之路"更为古老也更为清晰。在新疆、中亚和两亚的考古遗址中,迟至战国时期才有来自中原的丝织品,但早在《穆天子传》中,西巡昆仑的周穆王赠送给西域诸国的礼物就是丝织品和玉璧玉佩,而获得的回赠则是美玉原料和良马。[14]

更重要的是，玉石在政治、经济、宗教和文化上均具有重要意义。李希霍芬，那个希腊城邦治理模式走出来的学者，仅仅从自己贸易获取物的视角出发，怎么能精准理解这条远古以来人类文明交往的大动脉的全部内涵？

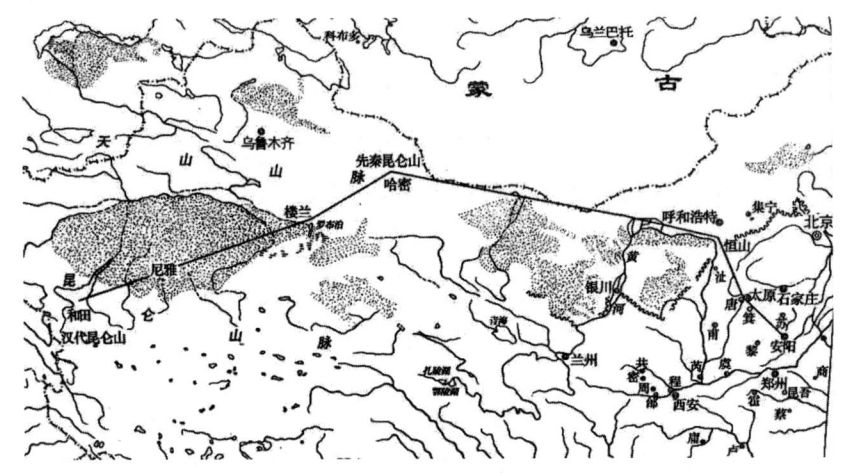

图三　先秦时"昆山之玉"贸易路线（前13－前4世纪）

1989年，杨伯达初步勾勒出了距今3300年前自新疆和阗至安阳的"玉石之路"（图三）[15]。从中国的立场出发，在那条东西方交流的通道上，先于"丝绸之路"者，是"玉石之路"，按照叶舒宪考证，

从大传统的视野看，在距今8000多年到4000年间，"玉石之路"呈现出三大波的运动：北玉南传、东玉西传和西玉东输。东玉西传，传播的重在信仰、技术和器物；而西玉东输，输的是玉资源。叶舒宪从东亚大陆新石器时代满天星斗般的玉文化遗存间发现，从辽河流域的兴隆洼、查海——红山文化，沿海而下到黄河下游的海岱大汶口——龙山文化，逆黄河而上，山西襄汾陶寺遗址，陕西神木石峁遗址，甘青地区的齐家文化[16]，东南长江下游河姆渡、马家浜、崧泽、凌家滩、良渚文化，以及溯长江而上的安徽薛家岗、

屈家岭文化、巫山大溪文化等,或多或少、或精或粗都有玉器出土,且显示出不同程度的交流、传播和影响。而最重要的是,各个玉文化遗址年代排列显示出沿海早于内陆、东部早于西部的物证。他认为,在新疆玉石资源东输之前,存在着一种由东向西的隐形的"玉石"信仰、技术和器物器形的传播。在比喻意义上,可将之视为玉石神话信仰、崇拜观念、玉器加工技术和器物样式先"南传"后"西传"的"玉石之路"。

玉石是中国文化的原型编码。《说文解字》中的124个从玉旁的汉字,其中有不少源于天南地北的地方玉石种类专名,这种情况对应着《山海经》中记录的140座产玉之山。在原始宗教的世界里,玉之用是"巫玉","玉之事神者谓之巫",玉是沟通人神的法器,其中"玉璧礼天,玉琮礼地"。从语词上看,"玉皇大帝"以降,中国历史上最令人遗憾的一件大事——卞和献璧与"传国玉玺"失踪之谜。早在春秋时期,"夜光之璧"和氏璧就与"随侯之珠"一起并列为当时中国的两大奇珍了。

和玉石信仰相关的语词,除了"传国玉玺",还有"玉皇大帝""金枝玉叶""金口玉言""金科玉律""锦衣玉食""化干戈为玉帛""金玉良缘"等等。语词的范围虽然包罗万象,但无论是"玉皇大帝"这样对至上神的称呼,还是"冰清玉洁""玉树临风"这样的对人精神气质的描绘,或者"切磋琢磨""砥砺德行"这样隐喻德行品质的,都是用玉比拟最高贵、最美好的所在,每一个语词背后都有共同神话观念。难怪国内著名学者叶舒宪教授要把早期中国认同的神话信物认定为"玉",因为它上面"凝聚"着神话观念——"玉教信仰"。[17]

处于中原核心地区的山西芮城清凉寺一坡头墓地,其第2至第4期墓葬(属于庙底沟二期晚段和龙山文化时期,距今约4300—1900年)出土200余件玉器,是迄今所见中原出土玉器群组最集中最早的遗存。其中圆璧、方璧、牙璧、联璜璧、琮、环、多孔玉石刀、钺、梳形玉饰、虎头玉饰、玉管以及镶嵌绿松石玉璧等器类器形,表明其已经颇具汇聚红山文化、良渚文化、石家河文化、山东龙山文化玉器类型与技术于一体的特征,而且与齐家文化、陶寺文化关系匪浅。诸多器类如玉琮、联璜璧、牙璧、虎头玉饰等都是首次在中原地区出现,这是中原玉器文明开始形成的重要标志。[18] 而稍晚的龙山文化晚期(公元前2300—前2000年间)的陶寺遗址、石峁遗址出土的璧、琮、圭、璋、璜、环、戈、多孔刀、牙璧、联璜璧、虎头玉饰、玉神人像、玉鹰等器形及其玉料来源均呈现出"四方汇聚、多元一体""玉教国家"雏形的到来。[19]

中国自近代以来已经习惯了以他人的观念为观念,以他人的眼光为眼光,天经地义地接受"丝绸之路"的命名。但有一点我们要清楚,这一命名遮蔽和淹没了昔日奔波于这条欧亚古道上,为玉石崇拜发狂,甘愿九死一生的信徒们的光荣与梦想!如今,本土文化获得重估,以中国立场重构世界话语体系已经时不我待。基于上述原因,多位学者,从不同学科出发,共同呼吁:从中国立场出发,"玉帛之路"的命名,更符合这条东西早期文化资源大通道的真相,同时这一命名还包含了连续而又独立的中国文明祈愿世界和平的美好愿景——"化干戈为玉帛"。

三、纪念碑性玉器的编码想象

是信仰的力量,让4000年来这条横贯东西的人类文明大通道在风谲云诡中风雨兼程。在信仰的世界里,青金石、和田玉石、黄金曾经被东西不同文明视为"圣物",直到新石器时代,美玉才真正从美石中脱颖而出,成为东亚大陆先民的珍宝与圣物。据不完全统计,中国版图内已发现新石器时代文化遗址7000余处,集中分布于辽河流域(兴隆洼、查海—赵宝沟—红山—小河沿—夏家店下层等)、黄河下游(后李—北辛—大汶口—龙山等)、黄河中上游(仰韶—庙底沟二期—豫陕晋龙山文化,甘青马家窑—齐家文化)、江淮地区(北阴阳营—薛家岗—凌家滩)、长江下游(河姆渡—马家浜—崧泽—良渚)、长江中游(大溪—屈家岭—石家河文化)、珠江流域(石峡文化)。这些文化都发现或多或少玉器。而中原文明核心文化区玉礼器体系与玉德观,实为东方系(含南方系)玉教信仰和技术与西北玉料共同铸就的。

有神话信仰的支撑,对这些战略资源加工、生产技术和原料产地的垄断和控制,极易造就一个政教合一的统治性族群。该族群的"族徽"往往就镌刻在用垄断技术生产的战略性产品上(良渚文明的图徽 图四)。从这个意义上,良渚玉琮上的"族徽"不仅是展示了一种神圣观念,更是垄断性加工技术和神圣材料的三位一体。

图四　反山良渚玉琮王(M12:98)上镌刻的"巫骑兽傩舞事神图徽"

各式各样的饕餮纹样及以它为主体的整个青铜器其他纹饰和造型,特征都在突出这种指向一种无限深渊的原始力量,突出在这种神秘威吓面前的畏怖、恐惧、残酷和凶狠……它们之所以具有威吓神秘的力量。不在于这些怪异动物形象本身有如何的威力,而在于以这些怪异形象为象征符号,指向了某种似乎是超世间的权威神力的观念(图五)。[20]

图五　15世纪羽蛇神死而复生的转化过程图 Codex Borgia

玉器作为连续性中国文明大传统的原型编码，它的形成经过了漫长的文化认同和迁转过程。欧洲早期的伊比利亚半岛遗址就可以看到硬玉和黑曜石的身影，当时只不过和黄金、象牙、绿松石等被看作是尊贵和等级的象征。[21]也许是石头能让死者的灵魂寄居并抗拒死亡的神话信仰，欧洲早有墓地使用巨石和巨石纪念碑的传统。[22]北欧13世纪的《沃尔松格传奇》和同时期的日耳曼诗作《尼伯龙根之歌》，19世纪冰岛瓦格纳指环系列歌剧《尼伯龙根的指环》中，都把珠宝和武器等金属物品看作是神奇法力的代表，它的制作需要熔炼、铸造、锻制等特殊技巧。人们认为，金工匠师拥有随意让物质变化外形的能力，也像洛奇和欧特一样，有能力改变自己的外形。当统治者将佩剑或戒指赠送给某位下属时，这些东西被视为意义重大的礼物。拥有这类物品的人暗自相信它们具有的力量，这些力量能增进他们的勇气、力量与坚忍的耐力，而这些特质都是战争中重要的制胜要素。在冶金时代，古埃及人用黄金加青金石这些最匮乏的材料来铸造图坦卡蒙法老像，其表达宗教信条即是如此。

不是人种血统或生产方式，而是文化观念维系了古老的华夏传统。在世界四大文明体系之中，几大文明古国都曾以"美丽石头"如黑曜石、青金石、绿松石、玉石为神圣象征物。詹·乔·弗雷泽认为，"神或其他威力无比的神灵寄居在石头之中，这种观念并非古代希伯来人独有，许多地方的许多民族都有这种观念。古代阿拉伯人就崇拜石头，甚至在伊斯兰教的影响下。麦加的黑色石继续在其宗教的中心圣地的祈祷中占据重要地位"[23]。"对这些未经雕琢的巨大石头的崇拜，人们可以在一些人工建造的史前墓石牌坊和环形列石上找到解释。世界上没有哪种迷信比它更为长久。我们发现，公元前452年的亚尔会议，声讨那些'崇拜树木、井以及石头的人'，查理曼大帝（Charlemagne 742—814）也同样开展过这种声讨活动。"[24]如通常理解的那样，先知以赛亚或后来以他的名义行世的作者，都指责喜欢偶

全球史观：突破"中心—边疆"二元观念

像崇拜的希伯来人，因为他们崇拜干燥的石沟里被水侵蚀过的平滑砾石，在上面泼上奠酒并献上牺牲物。

随着文明的步伐，其他几大古文明如古埃及、古巴比伦、古印度和古希腊都转而以黄金为至高价值符号象征物和意识形态基础，唯有中国这一"连续性"文明，在形成玉石崇拜之后，以玉石为至高价值象征物和意识形态基础的思维延续至今。具体地说，信仰时代的中国，从公元前8000年开始，随着玉神观的跨文化认同的形成，对这种自然矿物质的跋险涉难的追寻和群落间争夺，便演变成为对社会控制力和意识形态掌控权的争夺，华夏神话之根是玉石神话及由此而形成的玉教信仰，于是在广袤的地理空间均出土了大量的类型相似、材质相近的玉器。这在世界文明史上也是非常独特的现象。叶舒宪教授在著作《金枝玉叶》中这样写道：

> 玉石神话所铸就的意识形态包括以玉为神、以玉为天体象征、以玉为生命永生的象征等概念要素，以玉祭祀神明和祖灵的巫教仪式行为；崇玉礼玉的传说故事；由玉石引申出的人格理想（玉德说）和教育学习范式（切磋琢磨）；以佩玉为尚的社会规则（君子必佩玉）；……以上方方面面通过文化传播和互动的作用，不仅建构成中原王权国家的生活现实，而且也成为中原以外诸多方国和族群的认同标的。[25]

国内目前最大的史前遗址，石峁遗址被认为是西玉东输的重要中转站，遗址出土了形制多样，色彩绚丽的大量玉器，有黑、青黄、红、深绿、碧绿、紫、灰、白诸色，玉质温润缜密，光泽灿然，晶莹可爱。石峁玉器器形大、种类多，工艺精、形制规范、边缘整齐，制作水平高，学者认为，显示出高水平的"开料"技术。[26]可以毫不夸张地说，4300年前，中国人对玉器这种象征性资产和编码符号的精微加工工艺，绝不亚于埃及金字塔建筑工程难度。

张光直、孙作云等著名学者不约而同地认为，中国古代文明是所谓萨满式(shamanistic)的文明,该信仰曾经是遍布亚洲北部和中部乃至欧洲北部、北美、南美和非洲最主要的世界性信仰。这也是中国古代文明最主要的一个特征,其表现特征如下:

A. 信仰万物有灵的观念。

B. 把世界分为天地人神等层级。

C. 在古史发展的不同阶段,沟通神祇要巫觋依靠三种灵媒来完成:

一是动植物及神山(高山、树木、龟策、各种动物);

二是人造物:通天塔、鼎、玉璧、玉琮等礼器;

三是图画、文字等。[27]

一般认为,复杂社会的政治经济体系被划分为两个基本类型:以控制财富为主的财政结构和以控制基本物品生产为主的财政结构。前者指贵族控制贵重物品的开发和生产,用其交换日用品,并将其作为等级象征物进行再分配这样的经济体系,目的在于加强不同集团领导之间的联盟,吸引并建立和众多弱小集团领导之间的个人依附关系。后者则指控制一般经济生产的剩余产品的流动以便供养贵族集团。[28]

中国史前文明中出土的人造物——"玉器"是史前巫教的杠杆和巫术的物化,均属于"巫玉神器"。作为象征性资产,玉器是萨满通神活动的媒介,其制作流程是邦国王权掌控的"绝密档案",早期复杂社会通过控制战略资产的原料开采和加工工艺,使之构成文化大传统的核心编码,它影响了中华民族的精神气质和价值观念。《竹书纪年》卷上也讲到夏启举行礼仪活动的一个特殊场所是玉石装饰的高台:"帝启,元年癸亥,帝即位于夏邑。……大飨诸侯于璿台。""璿台"亦作"璇台"或"琁台"。不论是璿字,还是璇字,本义皆为美玉。《文选》王元长《曲水诗序》云:"至如夏后二龙,载驱璿台之上。"李善注引《易·归藏》曰:"昔者夏后启筮享神于晋之墟,作为璿台于水之阳。"[29]

经过反复分析,笔者大胆设想,从大、小传统划分,巫玉信仰造就的玉石之路上的纪念碑性玉器的象征物,[30] 其编码大致经过了前仰韶时代以"玉璜"(玉玦)为代表,仰韶时代以"玉钺、玉璧"为代表,龙山时代玉琮(玉璋、玉圭)为代表三个阶段,三种核心类型。[31]

玉璜是玉教信仰中通天虹桥、天桥的象征物。玉璜,其祖型或许源自兴隆洼文化的玉弯条形器(勾玉)。浙江萧山跨湖桥遗址第三期文化遗存(距今约7200—7000年)出土迄今最早的南方玉璜,余姚河姆渡文化遗址(距今约7000—5300年)出土较多的玉璜,其中第一、二期数量最多。[32] 此后的2500余年里,长江下游三角洲区域始终是玉璜出土数量最多、分布范围最集中和形制最多样的区域。其中南京北阴阳营遗址(距今约6000—5500年)、含山凌家滩遗址(距今约5300—5200年)、余姚良渚遗址(距今约5300—4300年)又是其中三大极盛之地。距今6500年左右,长江中游的大溪文化圈(湖南澧县城头山、洪江高庙、湖北宜昌杨家湾、松滋桂花树、中堡岛、清水滩、四川巫山大溪)始现玉璜,距今约5100年后开始式微。

参照《山海经·大荒西经》的叙事,可知玉环玉璜皆为沟通天人之际的神圣媒介物,与龙的功能类似。甲骨卜辞中也有"虹饮于河"的记录。甲骨学家于省吾进一步指出:虹与古玉璜形亦相似。[33] 在于省吾做出虹、龙、璜三者相似的判断时,其主要的实物依据出自考古学在中国文明诞生以前的文物图录。此后的考古发现表明,玉璜制作和使用的历史悠久,绝非仅限于商周时代。

《山海经·海外西经》云:大乐之野,夏后启于此儛九代,乘两龙,云盖三层。左手操翳,右手操环,佩玉璜(郭璞注:"半璧曰璜")。在大运山北。一曰大遗之野。[34] 从8000年的玉文化大传统看,玉璜出现最早。2007年在安徽含山县凌家滩发掘出土的第23号墓(M23),呈现了5300年前一位部落领袖佩玉实况:左右手各10个玉镯,身体上有大量玉璜,共计300多件玉器。4000年前玉环玉璜皆为邦国首

领沟通天人之际的神圣媒介,与龙的功能类似。《尚书·金縢》一篇讲到周公用玉礼器祭告祖神的情形,可作为当时的仪礼素描图看:

> 既克商二年,王有疾,弗豫。二公曰:"我其为王穆卜。"周公曰:"未可以戚我先王。"公乃自以为功,为三坛同墠。为坛于南方、北面,周公立焉。执璧秉珪,乃告太王、王季、文王。史乃册,祝曰:"惟尔元孙某,遘厉虐疾。若尔三王,是有丕子责于天,以旦代某之身。予仁若考,能多材多艺,能事鬼神。乃元孙不若旦多材多艺,不能事鬼神。乃命于帝庭,敷佑四方,用能定尔子孙于地下,四方之民罔不祇畏。呜呼!无坠天之降宝命,我先王亦永有依归。今我即命于元龟。尔之许我,我其以璧与珪,归俟尔命;尔不许我,我乃屏璧与珪。"乃卜三龟,一习吉。启籥见书,乃并是吉。[35]

3000年后的人们还能从中看到姜太公从天赐玉璜中得知天意与天命的淡定和从容。

国之大事,在祀在戎,玉钺是酋邦武装力量的替代物。人类精神文化的生产是以暴力和边缘控制为支撑的,从历时性上,和玉琮和玉璧相比,玉钺在行政权力的有效性方面,其价值更具根本性。玉钺来自石斧,并很快从武器演变为礼器,成为权力和威严的替代物,因之成为早期武装力量的编码象征物(图六)。[36]玉钺大约在距今约6000—5500年间,西辽河流域、黄河中下游、长江下游地区出现制作精细的玉石钺。距今5000—4000年间,黄河中游、长江中游、东南地区相继出现

图六 河南荥阳王村乡苌村东汉墓壁画

精细玉石钺。尤以长江下游地区良渚文化遗址出土数量多而精;黄河下游次之,黄河中游地区主要集中于陶寺、石峁、灵宝西坡等少数遗址,但却量多质优。[37]

董仲舒在《春秋繁露》中认为"王"的古义就是参通天地的"圣者":"古之造文者,三画而连其中,谓之王。三画者,天地与人也,而连其中者,通其道也。取天地与人之中以为贯而参通之,非王者当是?"[38]"王"字的甲骨文本义意见颇杂,或认为"王"字意为"盛""大";或认为"王"为"往"文;或认为"王"字像男性生殖器之形;或认为"王"字像冠之形;或认为"王"字端坐之形;或认为"王"字像斧钺之形。[39]"王"字像斧钺之形之说有更多的考古遗存做支持。藏于上海博物馆的一件二里头青铜钺用绿松石排列了两个同心圆,外圈布列的12枚绿松石象征12个月,内圈6枚绿松石有阴阳历月之意。[40]这件青铜钺象征王者垄断天文历法,垄断地天之通,这也是王者的权力之源。

那些手握大权的氏族显贵们将钺等某些器形神化,他们持豪华玉钺做"权杖",显示自己的权势,或许他们就是部落联盟的首长,这些特权者往往集军、政、巫权于一身,每逢部落或是"方国"之间遇有外事活动,玉钺便被用来做仪杖的礼器,在祭祀祖先或进行某项重大活动时,以示庄重威严或其神秘性,并以此用来降神、驱邪、赐福。在讲述特洛伊遗址二期的青铜文化层时,柴尔德提到与铜器同时出土的有精致的石器和玉器情况:"最精致的石制武器是产自珍宝 L 期的磨制与装饰精美的绿玉斧,斧柄末端装有水晶球。它们一定是权威的象征。"[41]

玉璧是"六器"中逐渐统一的礼天标准器,又是国家之于社会的人格德操的象征物。4000多年以前的墓葬中大量陪葬玉璧,在浙江余杭的良渚文化遗址中,环形玉璧已经成为最有代表性的玉器形制。[42]仅反山墓地的11座墓葬中就出土了玉璧125件。而反山第23号,或许是埋葬着当时的部落领袖,堆放着54件玉璧。如此集中地使用玉璧,已经超出了任何文献的记载。其所用的玉材以青玉居多,有少量黄玉。一般10余件堆放成一叠,分布在墓主的头或脚边上。

四川巫山、简阳等地出土的石棺可了解玉璧的祭祀功能。在这些出土的石棺与铜牌上,刻着祥云瑞雾环绕的双阙,阙的正中赫然刻着一个玉璧,在玉璧的上方刻着汉隶"天门"二字。天门之中端坐着西王母,天门双阙的四周,环绕着苍龙、白虎、朱雀等瑞兽,其形制、其排场与温庭筠《元日》诗所谓"威凤跄瑶虡,升龙护璧门"的意境相同。甲骨卜辞"王乍(作)邑,帝若(诺)? 王乍(作)邑,帝弗若(诺)?"记录了殷商王朝修筑宫殿前的祭祀仪式上的占辞,而殷墟商王建筑——安阳小屯宫殿基础下瘗埋的玉璧说明,动工前的祭仪上,确有"植璧秉圭"一类的祭祀程序。祭祀完毕,卜筮为吉,即确定了上帝的允诺。此后,殷人即把玉璧一类礼器献给天帝——埋在了选中的王宫基址之下。

《周礼·春宫·大宗伯》说:"玉作六器以礼天地四方。以苍璧礼天,以黄琮礼地,以青圭礼东方,以赤璋礼南方,以白琥礼西方,以玄璜礼北方。"[43]可见璧是与天神对话的瑞信之首。《尚书·金滕》记载,周公与天通话的媒介主要有二,一是璧,二是圭,叫作"植璧秉圭。"也就是把璧树立在祭坛上,手执着上圆下方的玉圭与天神对话。在祝辞结尾前周公说:"尔之许我,我其以璧与圭,归俟尔命;尔不许我,我乃屏璧与圭。"[44]

中国古文献明确记载,天门与玉璧之间有象征性对应关系。《楚辞·九歌·大司命》的大司命居于天门之中:"广开兮天门,纷吾乘兮玄云。"天帝的宫廷常被称为"紫微宫",天门则为"紫微宫门",如高诱注《淮南子·原道训》:"天门,上帝所居紫微宫门也。"古籍中"天门"可与"璧门"互相置换,可见其已成为天门之象征。这就是玉璧在祭祀中如此神圣的文化观念基础。当人们在祭坛上树起玉璧的时候,在观念上即已把它视为天门的象征。在追求升仙的古人眼中,穿过玉璧高悬的璧门,才算达到天国的境界,这就是古墓葬中随葬玉璧的真正目的之所在(重庆巫山县出土东汉鎏金铜牌饰标本 A3 门阙,图七[45])。

列维斯特劳斯认为,文化象征来源于极古老的文化传统,远古的巫术、神话、宗教、民俗、信仰,往往是文化象征的源头。古代生活在一个活的宇宙中的人,是活的仪式宇宙的一部分,人与宇宙是一体的,不是分裂的分化的和异化的,世界的结构就是一个巨大的象征体,是有生命的,有神性的存在物。上古祭祀时立璧于坛是一种象征,旨在以此为媒介,建立与天的联系。祭祀之后,玉璧既是对天的贡物,同时,又是天与天意的神话象征物,代表天的意志。殷商人以之为天的允诺,埋于宫殿下以作对天的回报等等。这些都说明,玉璧通天、象天的意义在三代民俗中是显见的。联系到红山文化、良渚文化等原始文化在墓葬中大量随葬玉璧,其风俗作为观念、寄托的意义与汉以后完全一脉相承(河北定州中山王刘焉墓玉衣,图八)。

玉琮和九鼎一样是早期王权意识支配下祭祀用象征性法器,[46]《周礼》有"以苍璧礼天,以黄琮礼地"的记载。玉琮可以说是华夏王权"六器"中最神秘难解的玉器,它最早出现在距今 5300 年左右的长江下游地区,集中见于良渚文化遗存中。大体而言,玉琮于长江下游发源,向东溯江而上至长江中游的两

图七 重庆巫山县出土东汉鎏金铜牌饰标本(A3 门阙中央玉璧上书"天门"二字)

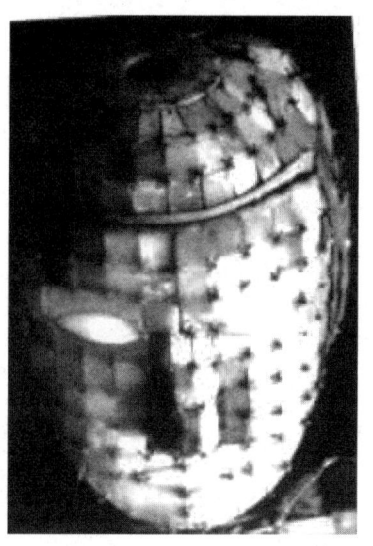

图八 河北定州中山王刘焉墓玉衣(头顶为玉璧)

湖平原和长江上游的成都平原；向北穿越黄淮一带，逆黄河而上至中原和西北的齐家文化。其中晋南的清凉寺、陶寺与陕北石峁充当着重要的中转站作用。就玉文化四渐的最远端齐家文化玉器体系而言，有学者认为存在着重璧轻琮的取向。

从器形上看，玉琮兼具天圆（玉琮的内孔）和地方（玉琮的外截面）两种特点，应该理解为继玉斧之后的又一个时代的元编码。而这种编码背后是早期王权的政治控制意识，通过对集财富、资源和技术三位一体的纪念碑性器物及其制作工艺的控制，从而控制整个意识形态话语权力。玉琮和玉璧、玉圭、玉璋、玉璜、玉琥合称为"六器"，在良渚文化、陶寺文化、石峁文化、齐家文化中形制虽异，但都不可或缺，是统治阶级祭祀苍茫大地的礼器，也是巫师通神的法器。良渚文化大墓出土的玉琮、玉璧，主要存在于反山墓地、瑶山墓地和寺墩墓地。反山墓地共出土玉琮21件，其中M12出土最多，达6件。死者生前双手秉握玉琮进行奉祭，说明玉琮具有祈祷神灵保佑的功能，应是一种法器。而死者入葬时仍作双手秉握玉琮进行虔诚奉祭的姿势，这在"灵魂不死"的史前时代，显然也是在祈求神灵保佑，具有禳灾祈福、镇墓压胜的功能。后来逐渐转化成"权力与财富占有者象征性编码"。[47]

四、纪念碑性玉器编码及其空间象征

玉教信仰认为玉石中蕴藏着神秘的灵力，可起到辟邪、禳敌的功能，这是其作为象征性资产的观念基础。陕北石峁遗址的发现，在一定程度上进一步坐实了有别于希腊的中国文明起源的纪念碑性编码：文字；象征性器物及法器的艺术品；土地、食物、劳动力；城市。[48]更为重要的是，在古人的宇宙观念中，作为象征性资产的玉器又和部族政治空间相表里。结合公元前2000年各地古城、古国大面积崛起的背景，玉兵器和玉礼器相当于一种空间象征的神话性功能可浮出水面。

世界上不同民族信仰存在许多相似之处，这并非都来自于交往和继承,而源于人类心理结构上。在史前人的观念中,天圆地方,中心是一个神圣的区域,不少民族都宣称自己的圣城为"居下之中"。考古学已经证明,墓穴是一个微缩的宇宙空间,它形象地再现先民信仰中的"天圆地方"宇宙模式。回溯至遥远的古代,新石器时代红山文化的圆丘与方丘、良渚文化的玉琮,安徽含山凌家滩出土的公元前3000年新石器时代的洛书玉版都是天圆地方的象征。对于中世纪的教会来说,各各他(Golgotha)是天下之中;对于希伯来人来说,耶路撒冷圣殿是天下之中;对于穆斯林来说,麦加是天下之中。世界之中可以认为是天地之轴,上下天庭之梯,占据天下之中即是离神圣距离最近,离上帝最近。因为这样,我们有了一系列宗教思想和宇宙生成论的"世界体系"。[49]

在欧洲早期,石柱就是世界的中心,就像麦加的克尔白和西奈山,又像一切仪式祝圣的神庙、王宫和"中心"。它成为一架连接天地的梯子,乃是起源于那个地方所发生的一次神显;神向枕在石头上的雅各显现自己,也表示神可以在那个地方降临到大地,进而无所不在。……"世界的中心"可以通过仪式在地球上的无数地方得以祝圣,不需要以一个地方的真实性而排斥其余的地方。[50]

中国早期城市、象征性资产等都是神话宇宙观的反映。在实物证据方面,商代的礼器玉琮和玉璧可以作为天地之轴早期神话主题出现的证据,而良渚文化的墓葬壁刻、濮阳西水坡的蚌塑青龙白虎、凌家滩的玉版都证明了中国宇宙观的基本特征;商代青铜器的龙纹主题,淮式青铜器和长江流域的木器上的龙蛇文饰与中国神话中描写有鳞、一足或蛇身的神或神话人物同时存在并行发展。

宗教学家伊利亚德研究后认为,从神话的地理空间观念也可以知道,对未知土地的宇宙化总是一种圣化行为,对一个地方的组织化即是对诸神的范式性工作的重复。

　　　　纳巴库拉神用一个橡胶树的树干,做成一个叫考瓦奥瓦(kauwa‑auwa）的神圣木杆，涂之以血，沿着它爬上去，然后消失于蓝天之中。这个木杆代表着宇宙的轴心，因为这根神圣木杆的周围，土地成了可居住的，因此这块土地就被转换成了一个世界。……这根神奇的木杆使他们在不断的迁移过程中，总能在"自己的世界"中漫游。同时借助于这个木杆，他们也能与那纳巴库拉神消失其中的冥冥苍穹保持着联系。[51]

在天圆地方，中心是一个神圣的区域的观念的推动下，象征性资产沿着丝绸之路，这条日后日渐显赫的通道，千里迢迢，从边缘输送到中心。商朝占卜的甲骨约一半为牛和水牛的肩胛骨，另一半为产自华南的龟腹甲，为了弄到龟腹甲，商王动员人力物力源源不断地运送到殷墟。使用前甲骨还要经过刮削平整，浸泡风干等细致处理。中亚阿富汗出产的青金石，经过土耳其的特洛伊传入迈锡尼和希腊，运往消费地苏美尔、埃及、巴比伦、中国新疆等最早文明城市，运送青金石的数千公里路线乃是欧亚大陆最早出现的玉石之路[52]。柴尔德讨论世界最早的城市文明之发生——"美索不达米亚的城市革命"，注意到早期城市兴起以神庙建筑的奢侈品为中心形象。还特别提示建造神庙所用的珍贵材料及所需的大量劳动力。

> 矗立纪念性神庙和人工塔山、生产砖块和高脚杯状陶钉、（从叙利亚或伊朗山区）进口松木，以及用天青石（即青金石——引者注）、银、铅和铜装饰神龛，表明存在可观的劳动力——巨大的人口。就其规模而言，社群已经从村落扩大为城市。同时，它也变得越来越富裕。[53]

和欧洲早期的城市不同，中国城市并非仅仅是商贸中心，同时也是国家的政权和信仰空间。张光直先生认为夏商周三代，都有圣都与俗都。三代虽都在立国前后屡次迁都，其中圣都不变，一直保持着祭仪上的崇高地位，圣都是先祖宗庙的永恒基地，而俗都虽也是举行日常祭仪之所在，却主要是王的政治、经济、军队的领导中心。它们迁徙不定,因地制宜,一来出于战争需要,二来也为追随战略性资源铜锡矿床。如果把那最早的都城比喻作恒星太阳,则后来迁徙往来的都城便好像是行星或卫星那样围绕着恒星运行。[54]

迄今为止,国内规模最大的龙山至夏阶段的石峁遗址,陕西考古研究院孙周勇称,此次调查发现的城墙越沟现象将石峁城址基本闭合,形成一个相对封闭的独立空间。"皇城台"位于内城偏西的中心部位,为一座四面包砌护坡石墙的台城,大致呈方形,石墙转角处为圆形,台顶面积8万余平方米。内城将"皇城台"包围其中,依山势而建,形状大致呈东北—西南向的椭圆。另外,在"皇城台"和内、外两城城墙上均发现城门,内、外城城墙上发现了形似墩台的方形石砌建筑,外城城墙上还发现疑似"马面"的建筑,似乎有圣都与俗都之分。[55]

如前文所述,中国上古宇宙观是萨满式世界观,当天盖与地舆分离,天地之间的联系则靠巫觋样萨满通过"宇宙树"来完成。在《国语·楚语下》和《山海经》等古籍中有群巫通天的事,这是古代中国空间观念最主要的一个特征。人死后的世界是人生前宇宙的模拟,人的灵魂藉灵物而升天,生前人靠通天权的独享而获得政治地位,死后也需住在宇宙的中央。中国自商周以来即有"制器尚象"的传统。所谓"制器尚象",就是依照天地的形象来制造各种器具或建筑物,体现"一种宇宙象征主义"的文化观念。

古代礼制中的神圣空间"明堂","享上帝、礼鬼神""顺四时、行月令,祀先王、祭五帝",它形状是"上圆下方",仿照宇宙的样子设计,是宇宙象征型仪式性建筑的典型。[56]《周礼·地官·大司徒》对国都的选址要求是"地中":"日至之景尺有五寸,谓之地中:天地之所合也,四时之所交也,风雨之所会也,阴阳之所和也。然则百物阜安,乃建王国焉。"[57]中原龙山文化城址主要有陶寺城址、后岗城址、王城岗等7座。中原龙山文化城址已明显脱离了西山仰韶城址继承的聚落环濠特征,平面已不再呈圆形,或为方形或为长方形,比较规整。龙山文化伊洛区聚落、临汾区聚落、颍河区聚落、弘涧区聚落4处聚落群已存在"向心式"布局。二里头城址被认为是夏文化的城址,二里头都邑规划的特点包括:择中立宫、工城居前、坛埠在后、显贵拱卫、居址墓葬混杂,而"择中立宫"还可见于偃师商城、垣曲商城、垣北商城、安阳殷墟等遗址。值得一提的是,杜金鹏认为二里头城址的4号宫殿可能是"明堂"。在二里头城址中还可发现二经二纬4条干道的交通网络,形成"八门",虽然无法断定这是否含有"象天法地""以象八风"的寓意,但显然必有某种特殊政治、宗教含义。偃师二里头城址处洛阳平原,自然位置适中。在人文地理上,二里头处在华夏文化共同体中心。杜金鹏认为二里头夏都体现的是"王者必居天下之中"思想。

在漫长的历史演进中,玉器作为一种象征性资产,其纪念碑性成为文化大传统的符号编码中的元编码之一,[58]其加工技术和长途采集、运输,在华夏民族的民族的族群认同和道德观念的形成中有着无可比拟的地位。在历时性的演进中,战略性资产玉器在历史性上大致可以分为玉璜、玉钺—玉璧、玉琮三种类型,三个阶段,它们既是世俗财富的象征性资产,又是仪式性的纪念碑性玉器,同时也是先民在俗都祭祀时,圣都神圣地理空间的替代物。[59]典籍记载中以"河出昆仑"、"玉出昆冈"、尧舜班瑞神话、夏禹玄圭神话、商纣王天智玉神话、姜太公钓玉璜神话、周穆王昆仑访玉神话、楚王得和氏璧神话、秦昭王求和氏璧神话、秦始皇传国玉玺历史神话叙事,包含了"玉石之路"战略性资产转变为纪念碑性玉器,拜玉教信仰的扩散和神圣地理空间之间的互动关系。

智库建议

建议1. 汤因比、张光直都不约而同地认为,中国是真正的连续性的"文明体国家",中国代表世界文明发展的典型形态,相对于断裂的西方文明,是个例外。西方在经济和技术上影响和征服了全球,但却留下了政治上民族国家林立世界的超级难题,这个政治真空将由中华文明来补足。一个历史上一直以和平主义和世界主义为取向的"天下文明"也将在21世纪成为全人类的共同精神财富。

建议2. 在西方话语权力依然占主导的背景下,我们对"一带一路"战略中的"丝绸之路"要有清醒的认识:贯穿东西方文明交往的大动脉、大通道,有着更为悠久的历史文化传统。不能仅仅停留在现代性为代表的西方话语体系中,在历史事实的基础上,进行文明对话和经济发展战略谋划,有利于调动更多、更深层的文化资源。

建议3. 中国文化距离狭隘的民族主义最远,在其漫长的历史发展中,中国人都保持着人类社会中可贵的天下主义的精神。老子说的"修之于天下,其德乃普";儒学突破性地扭转了"天下"系于"天子"或"天"的传统格局,赋予"天下"以超验正义的内涵。大力弘扬华夏自古以来留存下来的最为宝贵的"天下"主义观念及其文化遗产,树立以天下为己任的全球政治理念和责任担当,弘扬殷周以来的"天下"观念中的至高无上的神圣价值,突破极易引发民族主义的世俗的"全球"观念,以中国思维引领重建普世价值,避免不必要的观念冲突。

注　释

[1](瑞典)贝格曼:西域探险考察大系《新疆考古记》,新疆人民出版社,1997年。

[2]裴景福:《河海昆仑录》,卷4。

[3]季羡林:《敦煌学、吐鲁番学在中国文化史中的地位和作用》,《人民日报》海外版,文艺副刊,2000年0904期。

[4]张光直:《美术、神话与祭祀》,生活·读书·新知三联书店,2013年,第130—131页。

[5]杜维明:《存有的连续性:中国人的自然观》《试论中国哲学中的三个基调》,《中国哲学史研究》,1981年第1期。

[6] 范晔:《后汉书》,中华书局,1965年,第188页。

[7] 范晔:《后汉书·西域传》,中华书局,1965年,第2910页。

[8] 张星烺:《中西交通史料汇编》第1册,中华书局,2003年,第126页。"西域"一词,有狭义和广义2种。狭义的西域一般即指天山以南,昆仑山以北,葱岭(帕米尔高原)以东,玉门以西的地域;广义的西域,则指当时中原王朝西部边界以西的所有地域,除包含狭义的西域外,还包括南亚、西亚,甚至北非和欧洲地区。可见,狭义的西域是"新疆"的核心部分,而广义的西域所指,大多数也在新疆的地理范围内。

[9] 顾实:《〈穆天子传〉西征讲疏》,商务印书馆,1934年,第82页。

[10] 1877年,普鲁士(今德国)地理学家、东方学家李希霍芬(Ferdinand von Richthofen,1833—1905)在其陆续出版的五卷本著作《中国亲程旅行记》(1877—1912)中,首次将张骞最初开辟行走的这条东西大道称为"丝绸之路"(Seidentrassen,直译为"绢之道")。不过他所指的"Seidentrassen",是"自公元前114年到公元127年间连接中国与河中以及印度的丝绸贸易的西域道路"。其后,德国历史学家赫尔曼(A. Herrmann)在1910年出版的《中国和叙利亚之间的古代丝绸之路》一书中,根据当时新发现的考古资料和文献资料,确定了丝绸之路的基本内涵,即它是"中国古代经由中亚通往南亚、西亚以及欧洲、北非的陆上贸易交往的通道",因为大量的中国丝和丝织品经由此路西传,故此称作"丝绸之路",简称"丝路"。不仅如此,法国汉学家沙畹、德国考古学家格伦威德尔、瑞典地理学家斯文·赫定、日本学者长泽和俊等等,都对"丝绸之路"在世界范围内的传播和影响做出了重要贡献。唐宋之后,随着南方各地的开发和经济重心的转移,从广州、泉州、杭州等地开始的海上丝绸之路日趋发达,不仅到达南洋、阿拉伯海,甚至远涉非洲东海岸。

[11] Nick Smith, *Silk Road "What's in a Name?"* Geographical, No. 5, 2004, p.6; Susan Whitfield ed., *The Silk Road: Trade, Travel, War and Faith*, London: Serindia Publication Inc, 2004.

[12] 李明伟:《丝绸之路研究百年历史回顾》,《西北民族研究》,2005年第2期。

[13] 《辞海》(缩印本),上海辞书出版社,1999年版,第63页。

[14] 叶舒宪、唐启翠:《玉石之路》,《人文杂志》,2015年第8期。

[15] 图片引自林梅村:《丝绸之路考古十五讲》,北京大学出版社,2006年,第59页。

[16]齐家文化主要分布于于黄河上游地区的甘肃、青海、宁夏、内蒙古,正好是青藏高原、蒙古高原、黄土高原之间或过渡地带,兼具三大高原的特征。齐家文化的遗址主要分布在青海乐都柳湾、民和喇家,甘肃永靖大何庄、秦魏家、临潭磨沟遗址均位于黄河及其支流两岸,沿黄河到宁夏、陕北由青藏高原向黄土高原的过渡地带亦有齐家文化分布。专家认为广河齐家坪或西山坪、积石山县的新庄坪、青海民和的喇家可能是齐家文化的统治中心。齐家文化晚于仰韶或马家窑文化,早于四坝、卡约、辛店文化,绝对年代距今约为4100—3600年。从考古学角度看,齐家文化是新石器时代到青铜时代的过渡文化,有人称之为铜石并用文化。有学者根据镶嵌绿松石铜牌等文物,认为从齐家文化到二里头文化之间有明显的传播和影响关系。当前的研究表明,齐家文化在未来可能成为解决中国文明起源问题的一个重要突破口。

[17]叶舒宪:《玉石神话与中华认同的形成——文化大传统视角的探索发现》,《文学评论》,2013年第2期。

[18]杨晶、蒋卫东主编:《玉魂国魂——中国古代玉器与传统文化学术讨论会文集》(4),浙江古籍出版社,2010年,第321—330页。

[19]叶舒宪:《玉文化先统一中国说——石峁玉器新发现及其文明史意义》,《民族艺术》,2013年第4期。

[20]李泽厚:《美的历程》,文物出版社,1981年,第36—37页。

[21](英)戈登·柴尔德:《欧洲文明的曙光》,陈淳等译,上海三联书店,2008年,第110、116页。

[22](美)伊利亚德:《神圣的存在——比较宗教的范型》,晏可佳、姚蓓琴译,广西师范大学出版社,2008年,第208页。

[23]詹·乔·弗雷泽:《旧约中的民俗——宗教、民俗和法律的比较研究》,户晓辉译,陕西师范大学出版总社有限公司,2012年,第247页。

[24][爱尔兰]托马斯·威廉·黑曾·罗尔斯顿:《凯尔特神话传说》,西安外国语大学神话学翻译小组译,陕西师范大学出版总社有限公司,2013年3月第1版,第36—37页。

[25]叶舒宪著:《金枝玉叶——比较神话学的中国视角》,复旦大学出版社,2012年,第29页。

[26] 也许长期的冶金治玉的技术都积淀在"金科玉律"四个字之中了。

[27] 张光直:《美术、神话与祭祀》,生活·读书·新知三联书店,2013年,第135页。

[28] 刘莉:《中国新石器时代:迈向早期国家之路》,陈星灿等译,文物出版社,2007年,第227页。

[29]《今本竹书纪年疏证》卷上,方诗铭《古本竹书纪年辑证》修订本,上海古籍出版社,2005年,第213页。

[30] 古方参照考古资料与和田玉矿分布,修正了杨伯达的路线,他重构的"玉石之路"路线为:和田向东,沿塔里木盆地南缘和东南缘到达今敦煌玉门关,再沿祁连山至甘肃中部向东经宁夏、内蒙古南部、陕西北部进入山西。沿途的起中转作用的是自西而东依次衔接的齐家文化(距今约4200—3800年)、新华文化(距今约4150—3900年)和陶寺文化(距今约4600—4000年)。雁门关是从公元前20世纪前后至战国时期,玉石之路的必经之地,而陶寺是进入中原的第一站,夏王权的建立是和田玉进入中原的动力。古方:《对玉石之路形成时间和路线的一些认识》,《考古与文物》,2004年增刊。

[31] 笔者认为玉璧和后代出现的玉璜等玉佩形器都是人佩戴的辟邪和比德玉器,故做此分类。

[32] 浙江省文物考古研究所:《河姆渡——新石器时代遗址考古报告》,文物出版社,2003年版。

[33] 于省吾:《甲骨文字释林》,中华书局,1979年,第5—6页。

[34] 袁珂:《山海经校注》,上海古籍出版社,1980年,第209页。

[35] 阮元:《十三经注疏·尚书正义》,中华书局,1980年,第196页。

[36] 高蒙河:《史前玉器中所见祭坛状遗存》,参见杨建芳《玉文化论丛》,文物出版社,2009年,第169页。

[37] 杨晶:《中国史前玉器的考古学探索》,社会科学文献出版社,2011年,第185—192页。

[38] 苏舆:《春秋繁露义证》,中华书局,1992年,第328—329页。

[39] 朱彦民:《从甲骨文"王"字看帝王观念的起源》,《中国社会科学院院报》2008年1月31日第3版。

[40]冯时:《〈尧典〉历法体系的考古学研究》,《文物世界》,1999年第4期,第48—52页。

[41][英]戈登·柴尔德《欧洲文明的曙光》,陈淳等译,上海三联书店,2008年,第52页。

[42]参看周膺、吴晶:《中国5000年文明第一证:良渚文化与良渚古国》,浙江大学出版社,2004年。

[43]李学勤:《十三经注疏·周礼注疏》,北京大学出版社,1999年版,第478页。

[44]屈万里:《尚书今注今译》,商务印书馆,1969年版,第85页。清华简《金滕》作:尔之许我,我则璧与珪。尔不我许,我乃以璧与珪归。(5号)

[45]重庆巫山县文物管理所、中国社会科学院考古研究所三峡工作队:《重庆巫山县东汉鎏金铜牌饰的发现与研究》,《考古》,1998年12期,第78页。

[46]笔者认为,九鼎神话的产生是周代用鼎制度形成后建构出来的,这时候玉石神话的意识形态垄断地位已经被青铜器及其冶炼技艺所摇撼。

[47]段渝:《良渚文化玉琮的功能和象征系统》,《考古》,2007年第12期。

[48]张光直:《论"中国文明的起源"》,《考古》,2004第1期。

[49](美)米尔恰·伊利亚德:《神圣与世俗》,华夏出版社,王建光译,2002年,第12页。

[50](美)伊利亚德:《神圣的存在:比较宗教的范型》,晏可佳、姚蓓琴译,广西师范大学出版社,2008年,第219页。

[51]伊利亚德:《神圣与世俗》,华夏出版社,王建光译,2002年,第9页。

[52]参看叶舒宪:《苏美尔青金石神话研究》,《中南民族大学学报》,2011年,第4期。《金枝玉叶——比较神话学的中国视角》,复旦大学出版社,2012年,第164—182页。

[53]柴尔德:《历史发生了什么》,李宁利译,上海三联书店,2008年,第77—78页。

[54]张光直:《考古学专题六讲》增订本,生活·读书·新知三联书店,2010年,第107—123页。

[55]《2012年神木石峁遗址考古工作主要收获》,http://www.wenwu.gov.cn/

sitefiles/services/cms/page.aspx？s＝1&n＝519&c＝26672。石峁遗址的发现为研究中国文明起源形成的多元性和发展过程提供了全新的研究资料，对进一步理解"古文化、古城、古国"框架下的中国早期文明格局具有重要意义。参见2013年6月14—16日"中国玉石之路与玉兵文化研讨会"上孙周勇的发言。

[56]明堂是"享上帝、礼鬼神""顺四时、行月令、祀先王、祭五帝"的神圣空间，它的形状是"上圆下方"的，它是仿照宇宙的样子设计的，是那种神圣空间的典型代表。汉代李尤《明堂铭》云："布政之室，上圆下方。体则天地，在国正阳。窗达四设，流水洋洋，顺节行化，各居其房。春恤幼孤，夏进贤良，秋厉武人，冬谨关梁。"《大戴礼记》："明堂者古有之也。凡九室，一室而有四户八牖，三十六户，七十二牖。以茅盖屋，上圆下方。明堂者，所以明诸侯尊卑。外水曰辟雍。"《淮南子·主术训》："明堂之制，有盖而无四方，风雨不能袭，寒暑不能伤。迁延而入之，养民以公。"

[57]郑玄注，贾公彦疏：《周礼注疏》，北京大学出版社，1999年版，第252—253页。

[58]叶舒宪等主编：《文化符号学：大小传统新视野》，陕西师范大学出版总社有限公司，2013年，第302页。

[59]在古代中国，财富的攫取需主要凭借政治权力，而财富又是获得和保持这种权力的条件。统治者首先树立政治权威，而后才能行使政治权力。张光直：《美术、神话与祭祀》，生活·读书·新知三联书店，2013年，第118页。

上编　丝绸之路与物质技术

一、文明交往："化干戈为玉帛"，讲好中国故事

（一）永生信仰与青金石神话

苏美尔史诗《恩美卡与阿拉塔之王》和中国的《穆天子传》一样，都描述一位权力在万人之上的国王，不远万里到遥远的异国他乡去求取一种本土所无的玉石的故事。四五千年前的苏美尔国王希望得到的外贸产品是阿富汗出产的青金石，3000年前的西周帝王周穆王希望得到的是新疆昆仑山特产的美玉和田玉。不管两者有多大差异，玉石神话信仰成为跨地区贸易往来的推动力，它触发了对战略物资的控制和争夺，间接促成了疆界和区域的产生。由于青金石神话的主要制造者和建构者苏美尔文明的主体在历史上绝传了，因此古老的国际性的玉石之路被彻底尘封在历史深处而不为人知。若不是19世纪后期到20世纪的近东考古大发现，让人类最早的苏美尔文明城邦重见天日，地中海文明共同体的由来和演变情况将永远处于失落和被遗忘状态。

希腊文 λαζουριτης（kuanos），既指"深蓝色彩釉"，又指世界最古老的宝石青金石（lapislazuli）。青金石也叫天青石，成分复杂，其中含有硫酸锶，化学名称为 $Na_3CaAl_3Si_3O_{12}S$。使用青金石的历史可追溯到距今7000年前。至少公元前3000多年起，受苏美尔人的感染，古埃及人便对这种湛蓝色的石头着了迷，用作护身符和装饰品，出土的埃

及法老图坦赫曼（Tutankhamim）面罩（前1325年）上的蓝色眉毛被鉴定为青金石，古埃及的妇女甚至把粉末状的青金石作为眼影膏。古亚述人和巴比伦人用青金石作图章，古罗马人认为青金石可以作为强身健体的圣药。此外，从中世纪的彩色手稿到文艺复兴时期的镶嵌画，上面所采用的蓝色颜料也大多来自青金石。由于青金石资源的奇缺，古埃及人不得不很早就发明了青金石的替代品——蓝色釉（或称"珐琅"），后来这一发现传播到爱琴海地区。为什么古埃及人要发明能够替代青金石的深蓝色彩釉？要回答这个问题，必须弄明白苏美尔人5000年前的"青金石神话"。

　　从考古遗存看，新石器时代末期，全世界范围内普遍存在玉石神话观念。早期人类的信仰、思想和行为，驱动着跨国、跨地区的远距离贸易和文化交流传播，直接推动着人类从史前聚落进入文明城市的发展进化的脚步。从公元前8000年的黑曜石神话，到公元前3000年的苏美尔文明和埃及文明的青金石和绿松石神话。从考古发现来看，苏美尔人由青金石的蓝色联想到夜空的颜色，引申为整个天和天神，"青金石的天空"。这一神话想象的观念中，催生出了青金石的神圣价值，转而用于各种神圣场合：神庙建筑、神的居所、神的标志性配饰、神恩赐的礼物、天命的象征物等。为了获得修筑神庙所需要的青金石，苏美尔人甚至不惜用基本生活资料小麦，长途跋涉到遥远的中亚阿富汗地区交换青金石。苏美尔人此种神话观念，与玉石在华夏文明发生期的神圣化现象可谓异曲同工。

　　苏美尔的青金石神话影响非常广泛。至少在埃及、阿卡德、巴比伦、波斯、赫梯、腓尼基、克里特和希腊等环地中海文化圈都得到推广和普及，并向东传播到伊兰和印度，成为连接除中国以外的欧亚非三大洲主要古文明的一条神话观念纽带。1. 约公元前7000年的萨约吕遗址（今土耳其境内），已知最早使用金属，即锻打的自然铜小饰件。2. 约公元前6000年的古兰土丘（今伊朗境内），第一次出现黑曜石以及大理石磨制的容器。3. 约公元前 4000 年的高拉遗址欧贝德晚期（今伊拉克境内），80 座贵族墓中，第一次出现金玉组合的装饰品：金片饰品和青金石珠等。珠子的数量和所用材料之多都十分惊人，每座墓葬有 25 000 颗珠子。这表明奢侈品生产的规模相当大。4. 公元前 3250 年—前 3000 年的乌鲁克遗址第 5 层和第 4 层，发现了最早用青金石材料制作的圆筒形印章。5. 公元前 3000 年—前 2400 年的苏美尔早王朝时期（今伊拉克境内），在神庙、宫殿遗址和高等级墓葬中出土大量的青金石文物；金玉组合的特殊形式即黄金加青金石，成为苏美尔文明中最高档的宗教艺术品。[1]

希伯来人《圣经·旧约·以西结书》第 28 章第 13 节云：

> 你曾在伊甸上帝的园中，佩戴各样宝石，就是红宝石、红璧玺、金刚石、水苍玉、红玛瑙、碧玉、蓝宝石、绿宝石、红玉和黄金。又有精美的鼓笛在你那里，都是在你受造之日预备齐全的。[2]

希伯来人之所以要不厌其烦地枚举琳琅满目的宝石，不是为了炫富，是向世人呈现"仙凡殊异"。只要"你曾在伊甸上帝的园中"你就有资格佩戴象征神圣和永生不死的玉石。作为象征性编码，10 种宝石对应着伊甸园中央的生命树。

在苏美尔—巴比伦和赫梯史诗、神话中，常常可以看到青金石的身影。巴比伦史诗第 6、7、8、9、11 块泥版上都有青金石神话。其中印南娜下冥府一章，诗句多次重复书写女神印南娜的青金石装扮："颈部佩戴天蓝色的项链。胸前佩双重垂饰。"女神的项链很显然是青金石制作，因为，苏美尔出土的许多项链都是青金石质地。当她离开阳界后，宁舒布拉要去往各神庙，为她的安危祷告众神。在印南娜嘱托的话里，有对大神恩利勒的颂词，颂词多次重复说："你那美好的天青石，冥世的玉匠无法分割！你那黄杨之木，冥世的木匠无法破碎！"在《吉尔伽美什》第 7 块泥版中，恩启都曾说"……给你琉璃天青石和黄金，让他赠你精致的耳环……"这里的琉璃天青石很有可能就是人造青金石。[3]

第8块泥版末尾的第216—218行,讲到主人公吉尔伽美什在黎明之光里向他的守护神太阳神舍马什献祭的场景:

> 在红宝石的盘子里盛满了蜜,
> 在青金石的盘子里盛满了奶油,
> 他将这些加以装饰,献给舍马什神。[4]

第9块泥版讲述主人公穿越马什山和黑暗通道到达神话乐园,这里由两块玉石构成的生命树不仅果实累累,而且熠熠生辉:

> A carnelian tree was in fruit, lung with bunches of grapes, lovely to look on. A lapis lazuli tree bore foliage, in full fruit and gorgeous to gaze on.[5]

两棵树中,前一棵树的质料是 carnelian,指"红玉髓",汉学家谢弗认为英文 carnelian 在现代汉语中通常译作玛瑙[6]。后一棵树的质料是 lapis lazuli,其汉语标准学名是"青金石",也常常译为"天青石"。[7]

第11块泥版第165行讲到女神 Beletili 降临:

> 她举起天神安努为求爱而给她制作的青金石项链,(发誓)说:
> "哦,诸神们,我这项链上的伟大珠子使我记住这些日子,永不忘记!"[8]

古巴比伦和古埃及,青金石还用来治疗忧郁症和"间三日疟",以后也作为名贵的宝石相互聘送,藏于埃及国家博物馆的著名的埃及法老图坦卡蒙(图1-1-1,Tutankhamun,公元前1325年)金面罩的蓝眉,在英国伦敦大英博物馆里还陈列乌尔王陵的青金石印章、镶嵌物等。[9]

印度佛教同样有象征永生不灭的金刚石神话,这一神话在普罗大众的头脑中具象化为一种植物"金刚树"。印度神话及佛教信仰中还有"如意宝"和"如意树"意象,二者均属神界圣物。从如意树造型可知，其构成成分又和伊甸园的 10 种宝玉形成基本的对应。"该树被画成长有黄金根、白银树干、青金石枝条、珊瑚叶、珍珠花、宝石花蕾和钻石果的样子。"[10] 印度神话中还有九珠宝为九曜的传说，包括红宝石和蓝宝石等各种美玉在内，和伊甸园的 10 种宝玉石大体相当。众多的佛教神灵都手持珠宝。其中最有名的故事是摩尼宝珠。敦煌莫高窟 154 窟唐代壁画中有表现善友太子入龙宫取摩尼宝珠，供奉

图 1-1-1　埃及法老图坦上卡蒙（公元前 1325 年）

于柱台之上加以拜祈，普施众生的故事。画面描绘的摩尼珠为深青色。[11] 这和上文讲到的佛教艺术表现佛陀发色所用青色颜料一致。

中国至今未发现青金石矿，古代青金石主要从阿富汗传来，时至今日，中国市场上的青金石还是来自阿富汗。青金石经帕米尔高原传至昆仑山下的于阗，走的就是"玉石之路"。所以古代青金石作为颜料，称为"回青"的是来自回纥，称为大青的则来自印度。公元前 2000 年左右，印欧人中的赫梯人（Hittite）进入小亚细亚（Asia Minor），公元前 1500 年，建立赫梯帝国。以后印欧人中的加色人（Kassite）和胡里安人（Hurrian）进入中亚，并与美索不达米亚的亚述（Assyria）帝国和埃及帝国同时称霸，这时中国处于殷商王朝。在公元前 1500 年印欧人中的雅利安（Aryan）人向东南迁移，进入印度河，印欧人中的胡里安人（Hurrian）在公元前 1500 至 2000 年间可能向东迁移至我国西北地区。斯基泰（Scythian，又称西徐亚人）是波斯化的胡里安人，希腊语 Skythaio，来自中亚和小亚细亚（Minor Asia）地区，公元前 9 世纪已在伊

犁和阿尔泰地区生活,中国历史上称为塞族人(Sakka)。月氏人(Yeh Chin)古希腊也称 Indo – Scyths,即印度化的斯基泰人,也为印欧人,公元前2000年进入塔里木盆地,以后再向东移。胡里安人和斯基泰人在西亚时知道金属(青铜、铁)制作技术、玻璃制造技术、玉石镶嵌技术和玉石材料,将这些技术和材料传至中亚,公元前1500至公元前500年传至中国西北的主要部落,以后由塞族人和月氏人传至中国内地(500 B. C. —1000 A. D.)。[12]

(二)青金石与丝绸之路上的颜料贸易

考古学家在距今5000年的中亚古代遗址中发现了青金石(Lazurite),这种产自阿富汗东北部巴达克山(Badakshan,玄奘翻译为钵铎创那国)及其南部的俾路支斯坦的查加伊山的名贵宝石,在4000—5000年前已经从西亚商路,长途贸易至中亚阿姆河流域,[13]并在那里进行切片、清洗,加工成纯净成品后,再运送到两河流域。大约创作于公元前2700年的苏美尔文学作品《恩美卡尔和阿拉塔之主》载,乌鲁克之王恩美卡尔用两河流域的粮食交换耐拉塔(今伊朗东南部克尔曼省吉罗夫)的青金石和金银,为女神伊南娜建造神庙。

青金石在中国虽然没有像和田玉那样被视为文明的玉石信物,但也获得了获得"金精""金膏"等各种神话美名,并且与华夏本土的不死仙药想象关联;另一方面又因为标志佛祖释迦牟尼发髻之色而获得"帝青色"的高贵名分,在中古以后中国精英阶层文化传统中时隐时现。

在荷马史诗所描写的希腊英雄的盾牌和铠甲上,模仿青金石的深蓝色彩釉被当作神物,镶嵌在金属上。距今大约2500多年,青金石就通过丝绸之路输往中国。因"色相如天",青金石被看作天神的象征,用在圣王的葬具或画像颜料之中。

在中国汉代五行说中"金精"指西方之气。《后汉书·郎顗传》:"凡金气为变,发在秋节……金精之变,责归上司。"《文选·祢衡〈鹦鹉赋〉》:"体金精之妙质兮,合火德之明辉。"李善注:"西方为金,毛有白者,故曰金精。"引申指西方之神及其领地内的秦国。汉以后"金精"又指太白星和水晶,并和道教传说的不死仙药相认同。玄奘《大唐西域记·屈浪拏国》记述该国山岩中"多出金精",这和阿富汗特产青金石的现象吻合、对应。《新唐书·西域传下·俱兰》:"出金精,琢石取之。"晋人郭璞《江赋》将金精与玉英相提并论:"金精玉英瑱其里,瑶珠怪石琗其表。"李善注引《穆天子传》"河伯曰:示汝黄金之膏"句郭璞注:"金膏,其精沟也。"今核对《穆天子传》卷1郭璞注文,其词曰:"金膏,亦犹玉膏,皆其精沟也。"作为神话想象的仙药,外来的"金膏"或"金精"与本土的玉膏、水碧相提并论,成为文人写作的惯用对仗之例。[14]《山海经·东山经》:"耿山无草木,多水碧。"郭璞注:"亦水玉类。"李贺的名诗《老夫采玉歌》云:"采玉采玉须水碧,琢作步摇徒好色。"青金石因为其同样的稀见性,会显得比本土想象的不死仙药更加神秘。

  目前,中国考古发掘的最古老的青金石制品是春秋时期曾侯乙墓出土的。该墓还出了大量青铜器、黄金、铝锡、丝麻、皮革和玉石制品。墓中的玉石制品大都为佩饰物或葬玉,数量多达528件,其质地除了青金石,还有玉、宝石、水晶、紫晶、琉璃等,其中不少为稀世精品。此外,我国还出土过一把春秋时期的越王剑,宝石学家鉴定发现,这把越王剑的剑格所镶玉石一侧为青金石。1969年,考古工作者在徐州东汉彭城靖王刘恭墓出土一件鎏金镶嵌兽形铜盒砚,高10厘米,长25厘米,重3.85千克。砚盒作怪兽伏地状,通体鎏金,并镶嵌有红珊瑚、绿松石和青金石。《汉书·西域传上·罽宾国》记述罽宾国为塞族人活跃的地区,其物产除了金银铜锡以外,还有"珠玑、珊瑚、虎魄、璧流离"。流离只有青色,当专指青金石。《后汉书·西域传·大秦》所列举的金银珠宝也是10种:"土多金银奇宝,有夜光璧、明月珠、骇鸡犀、珊瑚、虎魄、琉璃、琅玕、朱丹、青碧、刺金缕绣等。"迄今为止,我国没有发现青金石玉石的矿床,所以,无论是《后汉书》所称"琉璃"还是

《汉书》所称"璧流离",都是指汉以前经西域传入的青金石。

在史籍记载中,唐贞观十七年(643),东罗马帝国(古称拂菻、大秦,又称拜占庭帝国)遣使来唐,带来了赤玻璃、石绿、金精等物。从史料分析,"金精"应该是青金石。在《古今图书集成》中记载说:"唐开元二十九年(741)拔汗那国王子遣使来唐,贡品有红玻璃、碧玻璃、石绿、生金精及质汗药等物"。拔汗那国位于今阿姆河流域,正是出产青金石地区。此外,在《宋史》中有"于阗国贡金星石"的记载。《格古要论》中有:"金星石出金坑,色青如豆靛,无金星不夹石者好,有金星褐色者不中,皆不甚值钱"。这与现代青金石的特征基本相同。中国古代所称金星石也是青金石。在中国,青金石还有璆琳、琉璃、碧琉璃、金螭、点黛、青碧、金碧、金精、金星、蓝赤等称呼。

由于青金石象征天神的神秘颜色,汉代以来,中国接受了印度传入的青金石颜料绘制佛教壁画的观念。新疆的克孜尔壁画把青金石作为颜料,其中包含着祈祷保佑壁画人物灵魂上入天堂,永享幸福平安的原始信仰。美、英等国科研人员分析了壁画的颜料成分,断定就是青金石。经过对55个颜料样品的分析,可知青金石颜料在新疆和敦煌的石窟壁画中都有使用。这一结果和王进玉研究结果完全一致:敦煌石窟,特别是莫高窟的北魏、西魏、北周、隋、唐(初唐、盛唐、中唐、晚唐)、五代、北宋、西夏、元历代彩绘艺术品,都应用了青金石颜料,而且大部分彩绘中都是单独使用。研究人员应用现代仪器手段对比了敦煌石窟壁画青金石颜料和阿富汗青金石颜料,认为壁画中使用的蓝色颜料来源于阿富汗,可上溯到两晋时期(265—420年)[15]。尤其是北朝至隋代青金石用量较多,颜料质纯色艳,唐代以来用量则较少,并与铅颜料等调和使用。[16]经X射线衍射分析可知敦煌莫高窟、敦煌西千佛洞自北朝到清代壁画、彩塑都用青金石作颜料。青金石颜料不仅在敦煌石窟壁画中广泛使用,据分析可知甘肃天水麦积山石窟壁画、甘肃永靖炳灵寺石窟、青海乐都瞿昙寺彩绘、新疆克孜尔千佛洞壁画等均使用了青金石颜料。[17]由此可见青金石颜料使用的宗教象征意义。

早期的壁画艺术中都应用了青金石颜料。随着年代的推移,石青和群青颜料逐渐代替了这种昂贵的天然颜料。明代海上丝绸之路的开辟,产自波斯的苏麻离青将我国青花瓷带入辉煌发展时期。到16世纪后,随着欧洲工业技术水平的不断提高,合成颜料Smalt和群青逐渐取代天然矿物颜料,清朝以后受西方影响,国内也开始大量使用合成颜料。

由于昂贵的青金石颜料的需求,在距今四五千年前,美索不达米亚和中亚阿姆河流域之间已存在贸易联系,这条漫长的贸易线路人们形象地叫它"青金石之路"(图1-1-2)。这条贸易线路以帕米尔高原为中心,从帕米尔的西麓向西直到地中海,它和帕米尔高原东麓的昆仑山下的于阗往东的"玉石之路"贯穿,就是日后李希霍芬命名的"丝绸之路"。

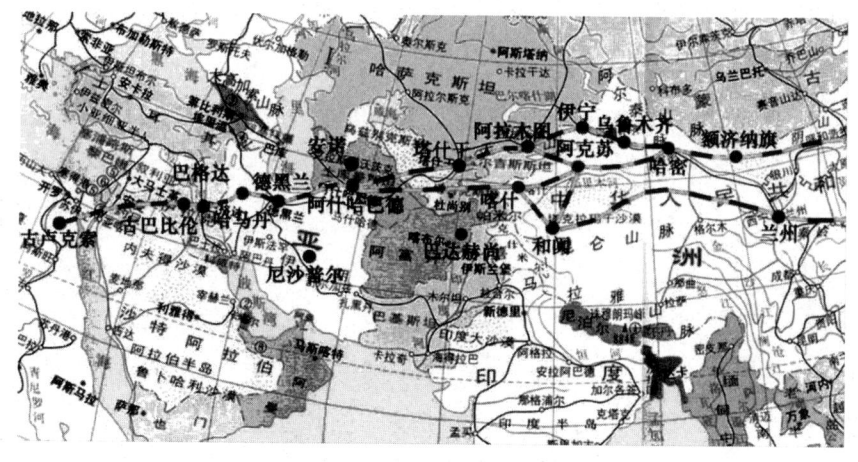

图1-1-2　青金石之路

(三)"玉教"与华夏文明大传统

由于人类早期文明的共性,世界八大文明中有七大文明所崇拜的玉石种类相同或相近,以青金石为主,兼及绿松石、玛瑙和水晶等,唯有华夏文明与众不同。

叶舒宪研究认为,华夏文明从中原周边的地方性玉石崇拜开始,演化为夏商周中原以来,中原王朝对来自新疆昆仑山的和田美玉的崇拜热潮。在中国连续性独立文明形成过程中,"玉教"在其中的凝聚和引领作用难以估量!联通欧亚两洲的人类文明交通大动脉,在西玉东输中就扮演了非常重要的角色,"玉帛之路"促成了玉石信仰,"玉石信仰"催生了华夏认同。[18]

古代中国的连续性文明,其文明演进是建立在对一项或几项战略性资源及其空间的控制基础上的。从编码理论角度,早期中国文明把玉器作为王权观念的象征性编码,纪念碑性编码由玉璜—玉钺玉璧—玉琮来完成,它们既是世俗财富的象征性资产,又是大传统编码中的纪念碑性玉器,同时也是先民祭祀时,圣都神圣地理空间的替代物。典籍中零碎的玉石神话叙事蕴含了"玉石之路"战略性资产转变为纪念碑性玉器,以及拜玉教信仰的扩散和神圣地理空间之间的互动生发关系。

1976年发掘的商王武丁配偶妇好墓中,出土玉器756件(少量残片未计)。中国社会科学院考古研究所研究人员曾取其中约300件玉器标本进行材质分析,结论"大部分均系软玉,其中大部分属青玉,白玉较少,青白玉、黄玉、墨玉、糖玉更少。这几种玉料大体上都是新疆玉"[19]。特别是其中3件小型玉雕,经鉴定都是新疆和田羊脂玉,尤其是其中的2件白玉羊、鸟,更具有典型的和田羊脂玉特征。这批玉器,无可辩驳地证明,新疆尤其是新疆和田地区玉石已经远销殷商王国的历史史实。还必须说明的是,殷商王室对玉器的需求量是相当大的。据不完全统计,1949年以后,只在安阳殷墟一地,出土玉器即达

1200件以上。为什么一个中原的殷商王权,把那么大的人力、物力、财力投入到对玉石的狂热和偏好上去呢?

远古时代,华夏早期邦国就形成了玉能通神、祭祀用玉的神话观念。对玉的攫取和占有成为王权身份、地位和财富的象征。正像20世纪60年代的原子弹、氢弹和航空母舰,如今的航天飞机和空军预警机,一个时代必然有集新观念、新材料、新规范为一身的象征性资产,他在文化编码中具有原初特点,我们把它称之为"纪念碑性编码"。作为"纪念碑性"的编码的这些"物"都是人类历史上的象征性资产。远古时代这些象征性资产的所有者,在祭祀仪式上获得与祖先、天地沟通的身份,所以政权对资源的有效控制意味着特殊身份的确立和对政治权力的垄断。[20]

文献记载,在华夏早期,大禹和他的儿子启铸造九鼎,象征正统王朝权力更替的事情。公元前605年,楚王挥师至东周都城洛阳附近,周王派大臣王孙满前去劳师,而楚王则张口就问"鼎之大小、轻重"。这一看似漫不经心的提问引发了王孙满一段非常著名的回答。《左传·宣公三年》这样写道:

> 在德,不在鼎。昔夏之方有德也,远方图物,贡金九牧,铸鼎象物,百物而为之备,使民之知神、奸。故民入川泽山林,不逢不若,魑魅魍魉,莫能逢之。用能协于上下,以承天休。桀有昏德,鼎迁于商,载祀六百。商纣暴虐,鼎迁于周。德之休明,虽小,重也。其奸回昏乱,虽大,轻也。天祚明德,有所厎止。成王定鼎于郏鄏,卜世三十,卜年七百,天所命也。周德虽衰,天命未改,鼎之轻重,未可问也。[21]

方国时期如此,在酋邦时代更是如此。张光直认为,古代中国的连续性文明,其文明演进是建立在对一项或几项战略性资源及其空间的控制基础上的,以此为契机集聚纪念碑性无形资产和象征性装备,获得认同性凝聚,"以集聚手段的方式来达到占有手段的目的"。[22]秦始皇统一中国后,曾令玉工雕琢过一枚皇帝玉玺,称之为"天子玺"。据史书记载,此玺用陕西蓝田白玉雕琢而成,螭虎钮,一说龙鱼凤鸟钮,玉玺上刻文是丞相李斯以大篆书写的"受命于天,既寿永昌"8字。传国玉玺流传失踪的神秘叙事,背后是玉能通神,能暗示政治合法性的华夏巫玉政治及谶纬神学。

理性时代,国家为了能够形成族群认同,必须动用族徽等象征物来凝聚人民,通过保护本族群英雄的史迹、文物遗产、战争的战场、名人故居等纪念碑性遗产,让民众耳濡目染,认同其精神和生活方式。美国学者杰克逊说,对于国家的象征性,有纪念碑意义的东西可以是高耸矗立的建筑,"它可以是一块未加工的粗糙石头,可以是诸如耶路撒冷断墙的残块,可以是一棵树,或是一个十字架"[23]。

观念决定了人的活动。研究表明,世界远古信仰曾经都是萨满文化信仰。而中国这个连续性的文明体,在长期的理性化和世俗化过程中没有根除萨满思维的影响。它体现为中国浓厚的神秘文化传统。民间信仰中的采生、折割巫术、符咒、扶乩、神谕、谶谣、天命等不一而足,这些文化传统像梦魇一样吸附在中国文化传统的母体上。近现代西学东渐运动中,留学西洋的知识分子,在西方哲学强势话语的洗礼中,抱着学术爱国救国的宏大抱负,为中国建构和发现了"哲学",他的积极意义是迎合了后殖民时代国家教育和发展思潮,但是它掩盖的问题也与日俱增。

首先,它从根本上阻隔了中国思想枝叶和根脉的联系,使中国思想成为像西方理性哲学一样的封闭逻辑体系,或者更像攀缘在西方乔木上的枯藤,丧失了养分,没有了源头。正因为如此,对中国哲学孜孜以求的学者,千方百计地论述中国哲学的理性,切断中国哲学与中国文化大传统的根本联系,对此李泽厚先生给出了最清醒的回答,指出中国文化的"巫史传统"。

回到元典,中国先秦的典籍中,最使人莫衷一是的《山海经》,书中提及玉山多达140处,其中16处白玉山,为什么这样一部典籍如此关心玉石生产?为什么我们典籍里有"化干戈为玉帛"的表述?为什么说黄帝食白玉膏?

要彻底地而不是在一个封闭逻辑体系中解答这些问题,必须回到观念产生的源头上,追问这些神话观念的来龙去脉。基于这样的问题和解决方略,30年前,以追寻神话背后的思维结构及其文化大传统原型为己任的文学人类学学科诞生了。在和世界对话比较中,我们发现在距今20000年,世界文化源呈现出极高的相似性,而在距今5000—8000年的人类文明产生的时代,世界不同民族风云际会,逐渐产生了这样那样的文明分岔,演化直至今日。

大量的考古发现,在这个分岔的时间和空间里,不同的神话观念是不同民族本土文化传统的基因库。在中国,从距今8000年以来全国范围内加工生产一种既不是生活资料也不全是玉兵器的器物——玉器。这种生产背后的支配性观念恰恰是萨满的"登天入地,进行宇宙飞行"和"通天"观念。对具有天地沟通功用的战略性资产"白玉"的掌控观念和意识,转变为祭政合一的王权神授的神话观念,再转化为文明时代的原始拜物教。在这个过程中,中华文明积淀形成了玉教观念,促成玉石的跨地域争夺控制、运输,最终产生了族群疆界和中心的观念,奠定了早期"中华文明"的格局。

二、中国河西走廊：世界小麦早期培植区域之一

(一)世界早期小麦种植的区域：兼论丝绸之路在小麦培植史上的地位

毫无疑问,小麦是人类目前最主要粮食作物之一。然而在最初,小麦可能只是禾本科的一种或几种野草。由荒野到田间、从只结单粒种子、穗轴易折断、种子与颖壳不易分离到田间广泛种植的裸粒六倍体普通小麦,小麦走过了几百万年的历史,经过漫长的自然杂交和自然选择到人为杂交和定向选择。

追溯世界小麦栽培历史,从新石器时代至今,已有10000年以上的历史。在叙利亚北部的人类遗迹中,发现了最早的碳化二倍体麦粒,经鉴定为公元前8000年的遗存。但专家分析认为这并不是人类栽培的小麦,而是采集的。公元前7000年末期,在巴尔干地区的南部最早出现了栽培一粒小麦,标志着人类种植小麦的开始。以色列小麦遗传学家Feldman教授的研究认为,大约在公元前7000年左右,穗轴不易折断的栽培二粒小麦就已经成为近东地区人类栽培的重要谷物了。到公元前6000年时,栽培二粒小麦从"新月沃地"的山区传播到美索不达米亚的平原地区,在公元前5000年传播到埃及、地中海盆地、欧洲和中国新疆。考古发现,中亚广大地区在史前原始社会聚落上还残留着野生与栽培小麦的碳化颗粒。15—17世纪,小麦传入南、北美洲。18世纪传入大洋洲。至今,小麦分布在全球五大洲大部分温带地区,成为栽培面积和总产量均位居第一的农作物。

我国小麦的栽培历史情况,主要是由考古发现的碳化麦粒来分析掌握的。目前中国境内,有麦粒遗存的历史遗迹达10余处。1955年从安徽省亳县的钓鱼台遗址出土了900克碳化麦粒,出土时,麦粒装在一个陶鬲中,呈青黑色,颗粒完整,属小麦栽培种。据碳-14测定为3000年前的西周遗物。洛阳关林皂角树二里头文化遗址也发现了小

麦遗存。1979年,在新疆塔里木盆地东端的罗布泊西北约70公里的孔雀河下游北岸的古墓中,在墓主头侧的草编小篓中,出土了10多颗至100多颗不等小麦,经鉴定为普通小麦和圆锥小麦,其年代为距今约4000年左右。[24]张掖民乐东灰山遗址、山西省襄汾县陶寺遗址、陕西龙山遗址等都有炭化大、小麦或小麦杆的遗迹的发现。最让人称奇的是张掖民乐东灰山遗址的炭化小麦(图1-2-1)。

图1-2-1 东灰山遗址的炭化小麦

夏、商、周时期,丝绸之路沿线的张掖为西戎地,古乌孙、月氏人相继在此生活。1958年,在张掖市祁连山北麓的民乐县六坝乡圆通塔东面、国道227线旁边的一片荒原上,考古学家发现了东灰山遗址。1985年7月28日,中国科学院遗传研究所研究员李璠在遗址灰层找到炭化麦粒和一些石器、陶片。1986年7月,李璠先生再次调查,在遗址剖面文化层内采集到石器、陶器及牛、羊、猪等家养动物牙齿的碎骨、青砾石磨制的石祖等。特别值得一提的是,李璠采集到数百粒小麦、大麦、黑麦、高粱、粟和稷等等炭化籽粒遗存。

考古资料证明,东灰山文化应从新石器时代末期开始,属早于青铜器的砷铜时期,具体年代为距今近5000年,超出了夏纪年。与其他遗址不同的是,这里出土的小麦粒完整饱满,数量很多。农作物品种如此之多,小麦年代如此之早,折射出当年张掖农业的发达与繁盛。北京大学考古学系对东灰山炭化小麦标本进行了碳-14测定,断定年代距今4230±250年(实验室编号为BA92101)。

西北民族大学教授多识先生坚持小麦引进说,他认为小麦、大麦、高粱、粟和稷等5种农作物遗存在灰东山一个遗址中发现,在全国还是第一次,世界上也属罕见,意义重大。"羌""戎"都是古羌语的汉译音,两者古音相同。"羌"意为"放羊的人","戎"意为"种庄稼的人"。西戎所居之地,以农业为主。应该是西戎人将黄河流域、两河流域的农作物引种到史前张掖土地上。

我国的小麦源于何处一直没有形成共识。学界主要有两种观点。一是西亚传入说;一是本土起源说。

西亚传入说认为:小麦种植最早出现在公元前6000年的美索不达米亚平原,即今日的以色列、巴勒斯坦约旦河西岸地区、黎巴嫩、约旦部分地区、叙利亚,以及伊拉克和土耳其的东南部、埃及东北部。由于这一地区地图上好像一弯新月,美国芝加哥大学的考古学家詹姆士·布雷斯特德(James Henry Breasted)把这一大片肥美的土地称为"新月沃土"。小麦培植成功后,由高加索游牧—农耕混合民族从西亚、中亚沿着丝绸之路引种到新疆,林梅村认为是吐火罗人承担了这一角色。[25]此后小麦再进入黄河流域,时间大致为新石器时代的晚期。

小麦最早在新疆的什么地方开始引种,又从哪里传到内地去的呢?考古人员曾在新疆塔里木盆地小河墓地发现了距今4000年的小麦,瑞典考古学家沃尔克·贝格曼在探险笔记中详细的描述了看到的一幕:"尸体咽喉部置有几块羊耳朵,胸前撒满麦粒和麻黄枝。"[26]但遗憾的是,这批小麦颜色呈深褐色,已呈碳化趋势。吐鲁番地区发现的小麦比小河晚1000年,也就是说,大约距今3000年,小麦已在吐鲁番地区广泛种植了。由此推测,小河居民的经济产业形式是农、牧并重,而小麦是小河居民种植的主要农作物之一。

目前张掖黑水国遗址出土的碳化小麦、大麦在河西地区数量最多。[27]发现于民乐县的西灰山遗址的砷铜制品给了我们答案:几千年前,这一区域也许和西亚、南欧、北非有过某一种形式的联系、交流或者沟通。原产于新月沃地的小麦已进入新疆并逐渐进入中原,这给我们一个有力的提示:早在丝绸之路开通前,东西方之间已存在一条"小麦之路"。公元前第3个千年,西亚驯化的大麦和小麦到达中国,而中国驯化的黍和荞麦西传到了欧洲。[28]

笔者坚持小麦本土起源说,即小麦起源于中国!我国拥有非常丰富的小麦变种。史书亦有"麦居东方""东方多麦""东方青色,其谷麦"的记载。虽然目前的证据表明,我国的小麦栽培史晚于西亚约2000年,史书的"麦"是大麦还是小麦也难以澄清,并且,在我国尚没有发现四倍体的野生型小麦。所以本土起源说一直没能得到有力的证据支持。

如果小麦起源于中国,必须找到当地野生小麦作为依据,由于从我国特有的普通小麦亚种——云南小麦、西藏半野生小麦和新疆小麦中不难发现普通小麦由野生型演变成栽培型的类似自然及进化的系谱,相信有一天我们能发现证据。"东灰山遗址小麦粒的发现,至少可以说明,民乐河西走廊一带是中国种植小麦最早的地区之一。"[29]

古代中国人的主粮有五谷、六谷、九谷等成说。甲骨文记载,麦有小麦、大麦两种。小麦当时就属于"五谷"之一。《周礼·夏官·职方氏》云"谷宜五种",汉郑玄注:"五种:黍、稷、菽、麦、稻也。"又《孟子·滕文公上》云"树艺五谷",汉赵岐注:"五谷谓稻、黍、稷、麦、菽也。"这是汉代以前的五谷说。黍即今黄米之黏者,稷指小米,菽是大豆,麦指小麦,稻为水稻。传世的西周期前后典籍文献中,有很多有关小麦的记载。如成书于战国的《穆天子传》记述周穆王西游时,新疆、青海一带部落馈赠的食品中就有麦。《诗经》《周颂》《鲁颂》《魏风·硕鼠》《豳风·七月》《鄘风·载驰》《鄘风·桑中》《大雅·生民》《王风·丘中有麻》等诗篇中都可以发现,当时中国北方许多地方有麦子的种植。位置大致分布在京师丰镐、王城洛邑附近及豳、魏、鄘、鲁等地。《诗经·豳风·七月》就有"九月筑场圃,十月纳禾稼。黍稷重穋,禾麻菽麦"。这与周先祖引进种植小麦的年代基本吻合。

由于小麦传入内地较晚,种植面积小,产量低,因此极为珍贵,被视为"周所受瑞麦来麰"[30]。《诗经·周·思文》篇有"贻我来牟(麰),帝命率育。无此疆尔界,陈常于时夏"[31],周人认为大、小麦是上天所赐,所以就以"来"命名(图1-2-2)。[32]

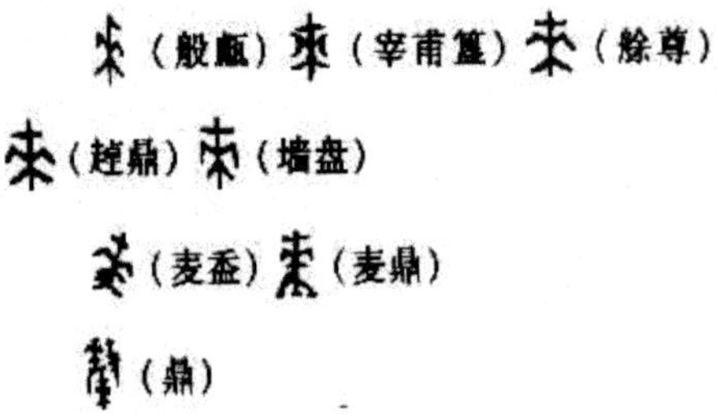

图1-2-2 小麦命名"来"字图

汉代以前麦的主产区在黄河下游地区。自战国开始,主产区开始由黄河下游向中游扩展,汉代又进一步向西、向南扩展。汉武帝时,董仲舒建议在关中地区广泛种植冬小麦。西汉时期两个著名的农学家赵过和氾胜之都曾在关中地区教人种麦。湖南长沙马王堆汉墓中也出土了麦粒。

从技术演进传播上讲,有没有小麦,是面食及其制作工艺起源的重要前提。从文献和考古两方面的材料看,面食的制作原料小麦和小麦的加工工艺在周代之前就已经具备,并开始走向成熟。

(二)考古发现的小麦加工制作工艺

小麦进入中国以后,部分学者认为,由于加工手段的限制,面食传统起源较晚,可能到汉代才开始普及。在此之前,应该有一个粒食阶段,加工方法主要是蒸煮。甚至有人认为,周王的饭桌上摆放的依然是麦仁饭,不见饼和面。但是通过对考古出土的粮食加工工具的分析,小麦传入的时代,石磨具等加工工具早已具备,周王室饮食的丰富多样远超出了文献记载。[33]

早期小麦面粉加工主要靠石磨盘和石磨棒,这种石制的谷物脱壳、磨碎器具,最早可能产生于旧石器时代晚期。以磨盘-磨棒、杵臼为组合的碾磨工具是中国北方的传统,流行于新石器早、中期的许多文化中。[34]考古工作者在山西沁水下川文化遗址中就发现一件17000

年前的石磨盘残片,这是我国目前已发现的最古老的谷物(野生的)加工工具。最原始的石磨盘、石磨棒可能是两块天然石块,以后人们逐渐将下面的石块加工成扁平状,将碾磨用的石块加工成圆柱形的磨棒。

全国各地出土了数量相当丰富的新石器时代的石磨盘和石磨棒。辽河地区的兴隆洼、赵宝沟和红山文化、部分夏家店下层文化遗址,山东泰沂山脉周围的后李、北辛文化及某些大汶口文化遗址(如兖州王因、枣庄新建)及辽东半岛的新石器时代文化遗址及胶东半岛贝丘遗址,长白山周围从新石器到汉代时期的遗址,黄淮地区两苗的贾湖和裴李岗文化及嵩山附近极少的仰韶和龙山遗址,华北平原太行山东麓的磁山及一些仰韶和龙山文化遗址,渭水下游靠近骊山的自家、零口及姜寨的新石器时期遗存,均有碾磨工具出土。据不完全统计,发现石磨盘、石磨棒共150余处,其中发现石磨盘者60余处,盘、棒同时发现者也有50余处。在各地出土实物中,以河北省武安磁山遗址和河南省新郑裴李岗遗址出土的石磨盘和石磨棒制作最为精细、结构也最复杂。可以说,这一时期是使用和制作石磨盘和石磨棒的顶峰时期,在其后的仰韶文化和龙山文化等时期的石磨盘和石磨棒,制作反而较为粗糙,结构也较为简单。这可能是由于仰韶文化时期的农业比裴李岗文化时期的农业进步很多,收割量空前增加,粮食加工也更加繁重,石磨盘和石磨棒已经不能满足粮食加工的需要,新式的粮食加工工具——杵臼已经出现,并开始得到大范围的应用。到了春秋战国时期,中原地区已经很难见到石磨盘、石磨棒的踪影了。

距今8000年左右的"磁山·裴李岗文化",1972年首先发现于河北省武安县的磁山遗址和1977年首先发现于河南省新郑县的裴李岗遗址,因考古学文化的年代和内涵基本一致,即都属于我国新石器时代早期黄河流域的旱作(粟、黍)农业文化遗存,而被命名为"磁山·裴李岗文化"的。[35]以磁山遗址为代表的磁山文化是华北地区新石器时代早期重要考古学文化,碳-14 测定年代为公元前 5400 年左右。

"磁山·裴李岗文化"遗址出土有不少的"石碾盘"和"石碾棒"。这些造型像尖头(磁山,图1-2-3)和圆头(裴李岗,图1-2-4)鞋底样子的"石碾盘"和

图 1-2-3　磁山文化的石磨盘石磨棒

"石碾棒",是当时我们中华先民们加工粟(小米)和黍(黍子)的粮食脱壳工具。这些石碾盘,用整块硬度极高的砂岩琢磨而成——不仅结实耐用,而且这种细部粗糙寓于表面平整之中的制作,特别利于粟、黍皮壳高效率地脱去。张永辉对裴李岗文化的新郑裴李岗遗址、沙窝李遗址、岗时遗址、密县莪沟遗址、长葛石固遗址的 15 个石磨盘中发现的1800 多颗淀粉粒,包括橡子、小麦族、山药(*Dioscorea opposita*)、粟黍或薏苡属、根茎类等进行了取样分析认为,裴李岗文化遗址的石磨盘表面检测

图 1-2-4　河南新郑裴李岗遗址
出土的圆头石磨盘石磨棒
(长 52.5 厘米、棒长 28.5 厘米)

出种类多样、数量丰富的淀粉粒残留,反映了当时石磨盘使用功能具有多样性。在经济形态上,这说明了裴李岗时期的先民们已经开始从原始的采集狩猎向种植农业转型。[36]

山西省武乡县石门乡牛鼻子湾也出土了一组磁山文化的石磨盘、磨棒。分析结果表明,这两件工具可能用来加工多种植物,包括栎属橡子、小麦族的籽粒、黍族的籽粒、豆子及栝楼根。其中黍族的粟、黍可能为驯化类型,而栎属橡子和小麦族植物显然为野生。如果磨盘、磨棒上的淀粉粒残留物可以在一定程度上反映人类的食谱,那么采集

多种野生植物仍是居住在太行山西侧的磁山文化先民食物的主要来源。[37]

考古学发现的证据表明,中国新石器时代的粮食作物有粟、黍、稻、麦、高粱、薏苡,另外还有20多种植物遗存,如油菜、葫芦、甜瓜、大豆等,有的可能也属于栽培作物。有了石磨等加工工具,史前人们制作烤饼或者烙饼就不是什么难事。[38]中国用鏊子的历史有5000年,考古工作者在河南荥阳点军台和青台两处新石器时代仰韶文化遗址发现过陶土制成的"陶饼鏊",说明当时的居民就是用小米面做的烙饼。

新石器时代有了烙饼的陶制和石制鏊子,说明成熟的面食制作技术已经出现。虽然那时应该还没有旋转的石磨,但是由于之前已经有了平板石磨盘和石磨棒,这样的工具,既可以为谷物脱粒,也可以把小麦、粟和稷等作物的籽粒磨成面粉,有了面粉,面食阶段就开始了。

中国古代把面食统称为饼食,其中包括面条、烧饼、混沌、包子和馒头。杨雄的《方言》提到了"饼",就是对面食的通称。后来刘熙《释名》更明确说"饼,并也,溲面使合并也",同时提到了胡饼、蒸饼、汤饼、索饼等面食名称,而汤饼与索饼便是地道的面片与面条之类。

《东京梦华录》提到北宋汴京食肆上的面食馆,就有包子、馒头、肉饼、油饼、胡饼店,分茶店经营生软羊面、桐皮面、冷淘、棋子面等。《梦粱录》记南宋临安的面食店,也称为分茶店,经营各种各样的面条：

  丝鸡面 三鲜面 三鲜棋子面 素骨头面
  鱼桐皮面 盐煎面 大熬面 虾臊棋子
  笋泼肉面 炒鸡面 丝鸡淘 虾鱼棋子
  子料浇虾臊面 银丝冷淘 耍鱼面 七宝棋子
  大片铺羊面 炒鳝面 卷鱼面 笋拨刀
  百花棋子面 笋辣面 笋斋面 笋斋淘
  笋菜淘 血脏面 蝴蝶面 斋肉菜面

很多学者依照文献的记载,把中国面条的历史推迟至西汉,拿考古出土的实物证据去检验,会发现文献给出的答案其局限性显而易见。

(三)天下第一碗面

贯通东西文明的面条,至今仍能出现在全世界的餐桌上,并不是一个巧合。但面条的发源地,却一直是个有争议的话题,中国、意大利、阿拉伯等国家都主张过面条的发明权。在所有国家有关面条的文献记录中,中国的文献记录最早,可以追溯到距今约2000年前后的汉代。但在没有文献记录的史前时期,古代人类是什么时间开始制作面条的,用什么材料和方法,一直是个谜,这主要是由于面条极难长期保存,缺少可兹考证的材料。

青海和甘肃的交界处的青海民和县有一个被称呼为东方的"庞贝古城"的喇家遗址[39],那里分布着许多史前时期与青铜时代的古文化遗址,该遗址出土齐家文化大型玉璧和目前国内最大的玉刀而闻名于考古界。但最让人震惊的是2002年在这一史前灾难遗址20号房址中出土了迄今为止最为古

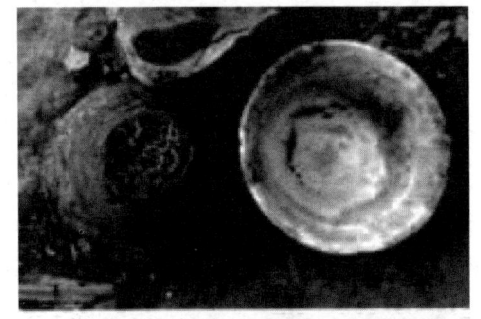

图1-2-5　2002年出土的
喇家遗址中的面条

老的面条——4000年前的面条遗存(图1-2-5)。这和小麦碳化颗粒在河西走廊出土的历史年代极相啮合,这里的面条是什么谷物制作成的?

由于青海省喇家遗址是由地震和洪水泥石流摧毁的聚落灾难遗址，考古发掘出大量灾难环境下被埋藏的人体骨骼、陶器、玉石和动物骨骼等。灾害性事件造成的泥沙快速堆积、掩埋、密封得以保存了喇家遗址中一个盛有面条的陶碗。这不仅提供了世界上最早的面条实物证据，也为利用近年来发展起来的植硅体分析、淀粉粒分析、分子标志物分析等方法研究古代面条成分，以及利用传统方法重现古代面条的制作工艺等提供了难得的机会。吕厚远等学者根据淀粉粒和植硅体分析认为，该面条是由未脱壳粟和黍面粉制成面团经反复拉伸而成，[40]均匀细长，工艺娴熟。

由于面条极难保存，长期以来缺乏早期面条的直接证据，古人何时何地发明了面条，是用什么方法制作的，一直是悬而未决。小米面团粗糙易碎，拉伸性差，无法用制作拉面的方法做成面条。有鉴于此，研究者多次模拟实验，在吸取民间锤砸、烫面增加黏性的知识基础上，利用传统饸饹面制作工具，借鉴挤压糊化凝胶成型方法，在没有添加任何增黏剂的情况下，成功模拟制作出长度达1米长以上的小米面条，从而证明小米也可以制作面条。小米面条是中华饮食文化的创新成果，为世界饮食文化做出了独特的贡献。

喇家面条是真实存在的罕见的古代食物遗存，这一研究结果为深入认识史前人类饮食文化特点，以及探索粟类淀粉面条制作工艺等提供了新证据和新视角。

这一发现和分析表明我国新石器时期的先民，在4000年前已经用小米做成了世界上最早的面条，与目前一般用小麦做面条的原料是不同的。

前文所述，新疆到河西走廊（武威、酒泉、安西、敦煌）都出土了许多新石器时代的石磨器。综合各种因素，考古学专家王仁湘认为，"由喇家遗址的发现来看，麦子与磨存在与否，并不是面条产生必备的前提条件"。

在喇家遗址的面条出土前,中国制作面条的文字记录出现在东汉时期。面条是意大利人还是中国人的发明,已经争论好久,如今因为考古学家在中国青海省喇家遗址的发现,争论终于有答案:中国在4000年前就有面条,比迄今可考的年代还早了2000年。苏贝希遗址位于新疆吐鲁番地区鄯善县吐峪沟乡苏贝希村南3公里的火焰山腹地,吐峪沟河的西岸。1980年5月,新疆维吾尔自治区博物馆、吐鲁番地区文管所清理了这里的8座墓葬。1985年1月,50多座墓葬被盗后,吐鲁番地区文管所多次对文物进行采集整理,之后通过调查发现了苏贝希遗址1、2号墓地,并在1号墓地出土了面条等食物。新疆苏贝希遗址出土的面条进一步证实了中国面条的历史要比文献的记载早得多,而且面条已呈长条形而非面片之类的形态。由此可见,文献考证有其明显的局限性。

从研究结果来看,苏贝希遗址出土的面条原料仅为黍一种,而喇家遗址出土的面条原料为小米。喇家遗址和苏贝希遗址面条食物的出土为农业考古和古代食品文化研究,提供了新的线索,也改写了面条起源时间的历史。黍、粟均起源于中国北方地区,小麦、大麦则最先在西亚栽培,这些农作物在新疆吐鲁番许多墓地都有发现,表明该地区应是当时东西方文化交流的中心之一,它对推动东西方农作物的传播功不可没。

多数学者认为夏商时代,甚至周代,河南、陕西等华夏中心地带的居民对黍、稷(禾)、稻处于粒食状态。喇家遗址的发现和研究,无可辩驳地展示了史前时期人们利用面粉制作面条的历史。由此表明,史前人们的食谱,比我们仅依靠文献来推断想象要丰富得多,他们不仅有面条,而且还是荤面,可见当事人面食种类还相当丰富。

三、面条之路：周原与面食的成熟与传播

（一）小麦的食用传统与"臊子面"

臊子面是丝绸之路沿线周原一带流行的文化内涵极为丰富的面食，和全国各地的面食相比，臊子面制作及食用有几处与众不同。第一，只有周人的发祥地周原周边的人食用臊子面，第一碗臊子面先不上席，由小字辈端出门外泼两次汤，把剩下称为"福把子"的汤端回家中祭祀主家祖灵牌位，而后众宾客才开席（俗称"泼撒"）。第二，臊子面的传统吃法是，只吃面不喝汤，臊子剩汤回锅循环使用。第三，臊子面的做法是臊子单独制作，长期保存，然后添加进做好的面食中。

为什么传统习俗，只有周原周边人食用臊子面，第一碗面不上席，而由小字辈端出门外泼两次汤，俗称"泼撒"？为什么臊子要单独炸制，长期保存，加入面食中食用？为什么臊子面传统吃法是只吃面不喝汤，汤回锅后要循环使用？

按照《岐山县志》，臊子面起源何时"史志无载"。民间关于臊子面得名，概括起来有"长寿面""嫂子面""文王斩蛟龙制作臊子面""竣余"仪式等四种。笔者从文献和田野两个方面的考察认为，臊子面起源于周代，前两种说法属后人讹传。"斩蛟龙""竣余"仪式两种说法分别揭示了臊子面真相的一个方面。"竣余"仪式只解释了食用臊子面的民俗礼仪，没有解释食用臊子意味着什么。"斩蛟龙制作臊子"说出了臊子面的核心——臊子来源背后的秘密。《岐山县志》载，周原一带人把臊子面叫"蛟（浇）汤面"。在县志中其内容记录在"蛟龙面"条目中，原文如下：

> 臊子面又叫"蛟（浇）汤面"，吃法是只吃面，不喝汤。吃完把汤倒回锅里，吃第二碗又将原汤浇在碗里。
>
> 传说在西周初年，周部族在岐山定居，有一次，周文王带领族人出外狩猎，行至渭河畔，见一条蛟龙从水中腾空而起，张牙舞

爪，遮天蔽日。原来这条蛟龙经常兴妖作怪，残害庶民，有时，卷起阵阵狂风，吹得飞砂走石，墙倒房塌，吹得牛羊杳无踪影；有时，掀起漫天乌云，大雨倾盆，河水泛滥，淹没良田和村舍，夺去许多人的性命，周文王和族人们早对这条吃人的大蛟恨之入骨，今天又见它出来兴风作浪，不禁怒起心头，一个个剑拔弩张，只见蛟龙在空中翻滚三圈，张开血盆大口，正要发威，这时，周文王一声令下，大伙儿一齐张弓放箭，霎时空中响起"锵锵"的箭鸣声，大蛟的两眼被射瞎，咽喉被射穿，挣扎一会，就从空中跌落下来，周文王走近一看，见这条大蛟足有五丈多长，几千斤重，族人们高兴地围住蛟龙唱起来："蛟龙作恶兮，伤害庶民；渭河泛滥兮，不得安宁；文王积德兮；为民除害；普天同庆兮，其乐无穷！"

据说蛟肉味道鲜美，人们吃了可以驱恶除邪，延年益寿，周文王命部下把蛟龙抬回去，剁成很小的肉块，做成臊子，放在几十口大锅里调成蛟肉汤。部族中所有的人都将面条捞在碗里，周文王亲自掌勺舀汤。人们吃完面，又将汤倒回锅里，这样，万余人都尝到了蛟龙肉。从此，周部族在岐山繁衍生息，力量越来越强盛。[42]

由于民间传说和神话表述在深层意识结构上的同一性，所以，这一传说揭示了"杀龙"神话与共享仪式之间的"食物"联系。由于书写者的缺位、扭曲和层累性遮掩，神话历史已经面目漫漶，今人往往难解其中堂奥。笔者不揣谫陋，借助文化人类学的比较视野，结合田野调查，解析作为"神话文本"的臊子面文化与远古孑遗的"杀龙"祭祀禳灾的文化传统之间的关联。

很多人对文王斩杀蛟龙的民间口述传统不以为然。殊不知，这一口述叙事背后隐含着早期英雄圣王的历史信息。在世界范围内，英雄屠龙是流传最广、影响最深远的母题之一。从最早出现的神话到后代流传的民间传说，英雄的标志行为往往就是杀死"蛟龙""黑龙""巨龙"。《淮南子·览冥篇》讲述女娲"炼五色石以补苍天，断鳌足以立四极,杀黑龙以济冀州,积芦灰以止淫水"的伟大功绩。[43]佛教高僧也不自觉地通过"斩龙""咒龙"等行为,展示神秘莫测的佛教法力。在云南白族、彝族人中盛传高僧阿吒力制服滇池蛟怪的事迹。

  元成宗大德元年(1297),滇池有蛟,化少妇淫人。神僧赵伽罗命黑胡擒至,嘌水见形,斩之。黑胡,土主也。元丁亥年,晋宁建盘龙寺。先是僧觉照,段氏族人,号莲峰,游东山,见龙潭胜景,可建寺,咒龙迁徙。次日龙去,水涸,建寺。至元八月,僧入塔中,至今远近进香。[44]

  僧人阿吒力则是令宗教咒术显圣的使者,神僧能咒龙使之迁徙。丁乃通《中国民间故事类型索引》专门有"屠龙者"一项,给出25例世界各国的"屠龙"故事。[45]在《世界民间故事类型索引》的AT分类体系中,"屠龙者"的编号为300。据不完全统计,"如今'屠龙者'已知的例子达到了1100个左右,还有些新的例子在不断汇集"。[46]

  早在公元前3000年,屠龙就是苏美尔神话的重要母题。水神兼智慧神恩基、战神尼努尔塔、丰饶与爱情女神印南娜3位英雄都有杀死巨龙的壮举(图1-3-1)。

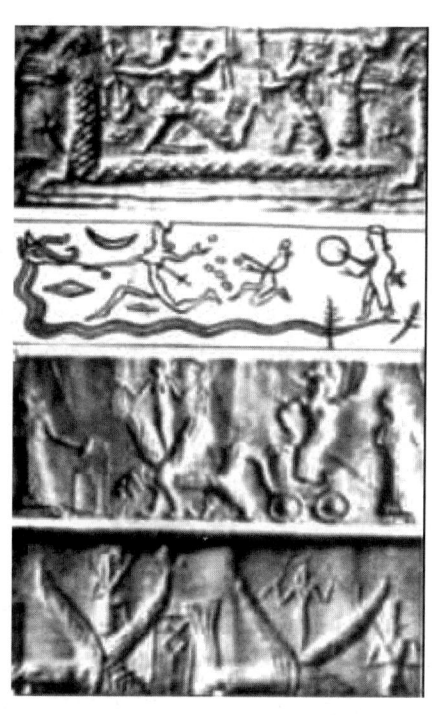

图1-3-1 苏美尔诸神屠龙
(引自《苏美尔神话》第100页)

尼努尔塔屠龙故事收在创世史诗《尼努尔塔的功绩与英雄伟业》中,面对"饥馑遍地,寸草不生。小河之水不再洁净,污染之水无法取用。田地中无水可以浇灌,除了杂草之外,土地上不生长任何庄稼"的困境,为阻止地下恶水继续流出,尼努尔塔用石块堆积在被杀死的巨龙库尔身上,形成一堵阻挡恶水的巨大长城,切断了泛滥之源头。战神尼努尔塔杀死巨龙并处理尸体,田地重新得到净水浇灌,五谷丰登,果实累累。[47]这意味着生命和世界秩序重新恢复,诸神也欢欣鼓舞。从中可见,苏美尔诸英雄屠龙的母题发生在灾难与禳灾的矛盾情境中。

屠龙母题并不限于美索不达米亚神话,美国神话学家克拉莫尔断言:世界上几乎所有民族在不同时代都有着他们的龙的故事。尤其在古希腊,斩杀蛟龙的诸神与英雄都不胜枚举:"赫拉克勒斯与珀修斯可能是最著名的屠龙者,几乎没有一位古希腊英雄不杀掉龙。随着基督教的兴起,英雄的功绩转向了圣徒,圣乔治与龙的故事即为明证,还有无数而又无处不在的变体。"[48]

世界范围内,神话与民间故事广泛流传的英雄屠龙母题叙事的信仰背景是什么?"龙"到底是什么动物?它在这一叙述中到底承担了什么样的角色?

毋庸赘言,生存问题几乎是所有神话、民俗、仪式活动的出发点和归宿。面临极度干旱、地震、瘟疫等令人恐惧的自然灾害,陷入疾病、贫困、意外创伤的特殊困境,经历恐怖、暴力等意外伤害,深陷阴谋、诈骗、诅咒、构陷等境地,这些都就像躲在边远(边缘)地区的盗猎者那样,从陌生阈域发出的现实的或想象的威胁和恐惧,使人类从远古以来就形成受迫害的集体想象和深层焦虑,它孕育了通过仪式、禁忌、禳灾、献祭等一系列仪式活动及潜意识等象征性编码体系。

擅长分析人类意识深层欲望的法国人类学家基拉尔,分析了特欧体瓦坎神话、阿兹神话、克里特神话、提坦神话、《约伯记》等以后给出了答案:"这些文本中存在的集体迫害现象"。当一个社群遭遇"瘟疫"或者其他灾祸打击之时,替罪羊机制就会启动(scapegoat mechanism),责成献祭牺牲。人们往往会在内部寻找那些被"污染"了的存在,或者搜索外部邪恶势力的代理人,驱逐它们,或至少从分类上使之边缘化,由此维系社区或体系内部的"净化"状态。[49]简而言之,作为社会重大灾害(瘟疫、战争)等,一个无辜者总会被找出来作为全部灾难的承担者,民众普遍认为对他们的处决能够平复灾难本身的继续,而这个受害者的共同点则是无辜、与众不同,比如跛足、弃儿、外来者等等。当然,替罪羊无法真正地解决掉诸如瘟疫、干旱和水灾之类的大型灾难。这是因为,"每一种危机的主要方面,是影响人际关系的方式。[50]"

在人类早期,存在以临时国王、王子或寻找其他动物作为"替罪羊"献祭牺牲的风俗。郑振铎在《汤祷篇》中说,世界早期的替罪羊就是祭司王或酋长自己或长子。"昔者,汤克夏而正天下,天大旱,五年不收,汤乃以身祷于桑林……用祈福于上帝,民乃甚说,雨乃大至"[51]弗雷泽《金枝》中专门有"以王子献祭"部分:大饥荒发生后,禳灾祭祀信仰使国王或他孩子成为牺牲献祭。在原始信仰中,国王要对气候或年成负责,他理所当然地要为天气失调和庄稼歉收而付出他的生命。亚洲西部的闪米特人,国王在国家危难的时候,有时让自己的儿子为全体人民献祭而死去。比布勒斯的菲罗在他关于犹太人的著作中说道:"有一个古老的习俗,在大难临头时,一座城池或一个国家的统治者得把他心爱的儿子交出来献祭给报仇的魔鬼,为全民赎身。这个献出的孩子在神秘的仪式中被杀死。如克罗纳斯(腓尼基人称之为以色列)是腓尼基的国王,只有一个独生儿子叫作杰乌德(在腓尼基语言中,杰乌德意为'独生')。在一次战争中,国家受到了敌人极大危害,人们给他穿上王袍,把他献上祭坛。"[52]在尼日尔河的奥尼沙城,为了消除当地的罪过,过去每年总是献出两个活人来祭祀。这两个人牲是大家出钱购买的。凡在过去一年中犯过纵火、盗窃、奸淫、巫蛊等大罪的人都要捐献 28 恩古卡,即两英镑略多一点。把收集起来的这些钱拿到本国内地购置两个有病的人来献祭,"承担所有这些可怕的罪行。一个承担陆地上的罪行,一个承担水上的罪行"。由一个从附近镇上雇来的人将他们处死。[53]这种集体迫害的范式能以最小的代价获得群体最大的整合。[54]

　　动物常常被用作带走或转移灾祸的替罪羊。在南非的卡福人中，当别的疗法无效时，土人有时就采用这种习惯做法：牵一只山羊到病人面前，把屋里的罪过都向羊忏悔，有时让病人的血滴几滴在羊头上，把羊赶到草原上没有人住的地方。人们认为这样就把病转到羊身上，丢弃在荒野里。在阿拉伯，遇到瘟疫盛行的时候，人们有的牵一只骆驼，走遍城里各个地区，使骆驼把瘟疫驮在自己身上，然后，他们在一个圣地把它勒死。认为他们此举去掉了骆驼，也去掉了瘟疫。在世界各地的诸多神话及仪式中，要么是瘟疫受害者全体死亡，要么仅仅是几个甚至只是一个选中的受害者（替罪羊）死亡。[55]基拉尔引用了原始文化中的仪式为例证，列举尼罗河上游流域丁卡人（Dinka）的动物献祭仪式、非洲部落国王的王权仪式以及巴西西北部印第安人的食人仪式，认为这些在禳解仪式中的替罪羊，是"和平、力量和繁殖力之源"，吃了他们的肉会获得神力。[56]

　　早期民间故事、神话中，人类"受迫害的想象"把各种危害自身生存的动物形象，汇聚为一种想象的怪物"龙"，并作为禳解各种灾异的"公共的替罪羊"（I will be a public Tophet）[57]。想象的替罪"龙"的牺牲，挽救了整个社会危机。按照人类学家吉拉尔的说法，在某种信仰的阈限之外，受害者和加害者的角色就会翻转，实际上被动地位的受害者，将成为集体中的全能神。在疾病和瘟疫导致的社会秩序重建以后，受到一致迫害的群体因为替罪羊的治疗效果和功能是唯一的、万能的观念而受到一致尊崇。瘟疫解除后，社会意识由恐惧转变为庆幸与劫后余生的庆贺，人们庆祝瘟疫、疾病的结束，甚至设立节日，曾经受迫害的替罪羊成为群体赓续的大功臣，在神话表述中逐渐重构为民族的英雄祖先、圣人和各路神灵被顶礼膜拜，其内部的机制就是这样启动的。[58]回到华夏民族，曾经的"替罪之龙"就被当作具有咒灵的动物,成为沟通神人的祖先神。今天所谓"龙的传人",只不过是远古文化大传统的集体记忆性表述。

汉字编码中,龙有被置于神庙中的形象,如"宠""庞"和双手捧着的形象"龔"(图1-3-2)。[59]从这个意义上说,"龙"可以理解为史前人类对危害自身生存和农业丰产的各种水生动物的"祭坛想象集合体"。圣王或者英雄杀死这些动物,按照巫术的接触律,英雄的灵力就会转化到这些动物身上,食用这些动物就会获得圣王的神力护佑。在狩猎时代的初民心中,一切动物都是神灵,为了生存,捕杀和吃食这些神灵成为无可奈何的行为。通过集体分享食用,这样可以共同承担罪过。为了缓解人类食用神灵的罪过,人类的普遍做法是把这些为人类生存而"牺牲"的动物奉为图腾,猎杀后举行隆重仪式来祭祀,沟通神灵,请求它们饶恕自己。正如R.斯密斯所说的,祭坛的祭祀活动,最初是由氏族杀死并吃掉其图腾动物,并把图腾动物看作是氏族的庇护神,因而在平时是严格禁止伤害的。

宙斯之子英雄赫拉克勒斯一生中共有12项辉煌业绩,其中之一便是斩杀九头巨龙许德拉。在中国历代的叙事中,斩杀蛟龙的周文王可以说是民间话

图1-3-2 甲文中的 宠、庞、龔

语中多子多福的生殖英雄:"西伯侯有四乳,二十四妃,生九十九子,长曰伯邑考,次子姬发即武王,天子也。"更有意思的是,他又在前往殷商都城朝歌的途中,收养雷公所赐的最后一子"雷震子",正好"百子"。[60]当然作为酋邦圣王,他最伟大的壮举是即位之后,伐犬戎,伐密须,姬、姜联盟,"三分天下有其二"等。在神话叙事中文王斩杀了罪责的替身"蛟龙",从而禳除自然灾异。世界范围内,"屠龙禳灾"神话传说和民间故事广泛存在并相互影响。周人首领文王屠杀"蛟龙",用"蛟龙"肉制作臊子祭祀神灵,神民分享的民间叙述,也成为这一禳灾

祈福仪式链条上不可或缺的一环。

(二) 祭祀仪式与小麦食用传统的确立:以臊子面为例

文献记载,周人先民面临着巨大的生存压力。《诗经·大雅·云汉》云:"天降丧乱,饥馑荐臻。……周余黎民,靡有孑遗。"[61]《诗经·大雅·召旻》亦云:"旻天疾威,天笃降丧,瘨我饥馑,民卒流亡。我居圉卒荒。"[62]《诗经·小雅·雨无正》有:"浩浩昊天,不骏其德。降丧饥馑,斩伐四国。"[63]据邓云特先生统计,两周 825 年间,"最显著之灾害,凡八十九次,其中频数最多者,为旱灾,达三十次;次为水灾,凡十六次;再次为蝗螟蟊蠖之灾,凡十三次。此外书地震者九;书大歉致饥者八;书霜雪者七;书雹者五;书疫者一",其中西周灾情严重,"有极度凶险者","迨平王东迁之后,灾害犹复层见辄出,特灾情不如前此之惨重耳"[64]。

为了弭灾求福,人们便向鬼神祈祷,接续远古多种禳灾活动。远古以来世界各地,人们敬献给神灵的祭品种类很多,有可以获取超自然法力的非食用物质,如中国供奉的"六器"(璧、琮、圭、璋、琥、璜)、币帛纸钱,印加人供奉的金块银锭、金银神像,埃及人供奉的未加工的金属和半宝石等。然而在所有祭品中,食物类的祭品往往占有很重要的地位。神祇特别依赖人类供给食物,献祭供奉补偿了埃及神祇在创造和维持宇宙中消耗的能量。收到的供奉越多,神的法力将变得越强。因此,埃及神祇最为关心的是供物的分配。逝者被尊为神,因此食物供奉也是维持其生命力的关键。[65]神一旦食用了人的祭品,不仅法力增强还会帮助人们达成愿望,赐福于人,助人长寿。正如《诗经·小雅·楚茨》中所说的"苾芬孝祀,神嗜饮食。卜尔百福,如几如式""神嗜饮食,使君寿考"。[66]据周代青铜铭文等先秦文献,当时的祭祀落实为祭社和祭祖两大内容。不像美索不达米亚、埃及、印度供养一个庞大的沟通神人的祭祀阶层,中国本土宗教,属于一种分散性宗教,其神学、祭祀与人事的运作系统,无论是其精神内核还是形式化仪轨,均与世俗制度和社会秩序有机地整合在一起,这意味着"作为一个整体的社会环境充满了神圣气氛"。[67]民间故事和神话中的屠龙禳灾叙事及其背后的禳解信仰,在后世完全融入华夏本土社会的物质和精神生活之中,表现为周天子和诸侯在重大祭祀"脤膰祭"仪式结束之后,向大臣赏赐脤膰,并建章立制。[68]《周礼·春官·大宗伯》载:

> 大宗伯之职,掌建邦之天神、人鬼、地示之礼,以佐王建保邦国。以吉礼事邦国之鬼神示,以禋祀祀昊天上帝,以实柴祀日、月、星、辰,以槱祀司中、司命、飌师、雨师,以血祭祭社稷、五祀、五岳,以狸沈祭山林川泽,以疈辜祭四方百物。……以脤膰之礼,亲兄弟之国。[69]

执膰与受脤不仅是交通鬼神的重要祭祀仪式。贾公彦疏云:"兄弟之国,谓同姓诸侯,若鲁、卫、晋、郑之等,凡受祭肉者,受鬼神之佑助,故以脤膰赐之,是亲之同福禄也。膰赐之,是亲之同福禄也。""脤膰"就是祭祀仪式中的供神肉,"脤"(生肉)为祭社而设,"膰"(熟肉)为祭祖而设。祭祀结束,主祭者要将"脤""膰"分别赏赐给臣工,这就是脤膰礼。得到赏赐意味着得到神灵的庇护。"脤膰"在文献中又被笼统的称作"胙",《说文》:"胙,祭福肉也。"脤膰礼在先秦又称赐胙礼,它是先秦礼乐制度的重要内容之一。

赐胙礼起初仅限于王室贵族,后来逐渐推广到异姓贵族以及殷商王朝的遗民。在战前的祭社仪式上,参战的主将也可得到赏赐的祭肉。接受脤肉之后,将领与战士一起分享并尽情狂欢。在脤肉的赏赐仪式上,有专门掌管脤肉分发赏赐的职官。翻开《左传》我们发现,对脤膰礼的不重视后果严重:晋厉公三年(前578)三月,刘康公、成肃公作为周天子代表参与晋国主导的诸侯伐秦,结果发生了成肃公"受脤于社,不敬"[70]的错误。

后世分享祭肉的社会阶层不断下移至民间,甚至有"太公分猪肉——人人有份",称为"分胙"。民间非常珍惜这种难得的祭肉,为了尽可能多的人分享珍贵的祭肉,人们设法把胙肉尽可能切碎:"王举,则共醢六十瓮,以五齐、七醢、七菹、三臡实之。宾客之礼,共醢五十瓮。凡事,共醢。"真所谓"脍不厌细"。[71]为了能享受神灵的赐福,精心烹饪保存祭肉成为夏商以来一项重大技术,在长期的实践探索中,使用油(荤油)炸切碎的胙肉,逐渐形成了成熟的制作"臊子"的方法。

周人祭祀的祭肉是怎么来的?我们从历史文献中隐约可以读出:像文王畋猎斩杀蛟龙一样,祭肉源于畋猎获取的动物。加拿大考古学人类学教授布鲁斯·G.崔格尔认为,商和西周时期的中国人祭祀自然神祇和去世祖先的灵魂,神祇依赖于供物维持体力。提供丰厚的祭物既是上层阶级的主要职责之一,又是战争和畋猎的主要理由。畋猎的主要目的就是为祭祀提供牺牲。[72]甲骨卜辞里多次提到畋猎,而王室和贵族的游猎行为不是一般意义上的生产,商周时代已经处于相当高度的农耕文明,猎获动物主要是要献给祖先神,并特意刻辞记录其旨。这些献给祖先神的牺牲扮演着沟通王和神灵的角色。[73]

从人类学的视野看,上古的祭享仪式中,最尊贵的祭物是人牲。在饥荒、瘟疫、军事失利或者国王染病等公共危机之时都会以人牲献神。弗雷泽也指出,在古巴比伦,撒卡亚的节日里死刑犯会顶替国王5天,5天一满,就剥去他的皇袍,鞭笞被吊死或刺死。[74]"作册般甗"铭文中有"人方无敖"在俎板上被切成肉块或醢酱置于俎上祭祀鬼神的记载。[75]近年考古发现,在陕西神木高家堡镇石峁村的石峁遗址中已经发现奠基活动或祭祀活动的人头骨多达48个。[76]

遗憾的是这种以人为祭的古老文化大传统,在后世多次被误读、扭曲和利用。中国古文献中多次提到商纣曾脯醢侯伯、鬼侯、鄂侯、梅伯、伯邑考等多人。这一祭祀传统被后世曲解为周人讨伐商纣残暴无道、丧失天命的主要罪状之一。王晖教授从出土的殷墟卜辞的考证,真正还原了远古以来的文化大传统:"商纣俎醢诸侯绝非商纣个人的劣迹败行,而是一种文化传统及礼俗观念的反映。""周武王克商之后,就袭用过殷礼,以人为牲祭祀先王百神。"[77]

臊子面传统形成于周原凤翔、岐山、扶风一带,这一地区是岐周文化的核心地带。

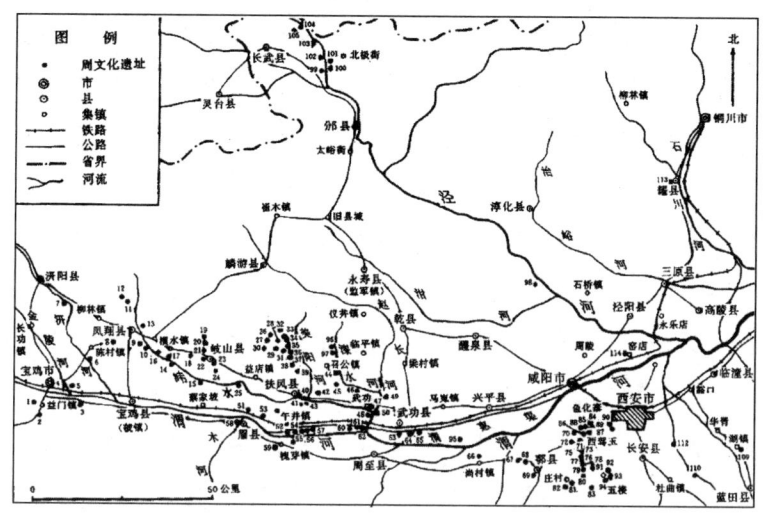

图1-3-3　关中周文化遗址分布图(引自许倬云《西周史》第38页)

据《诗经·大雅·绵》:文王祖父古公亶父"来朝走马,率西水浒,至于岐下,爰及姜女,聿来胥宇"[78]。从后稷到文王,周人在泾渭水之间迁徙前后达1200年之久。先周文化遗址遍及陕西境内泾渭流域宝鸡、凤翔、岐山、扶风、眉县、武功、兴平、周至、户县、长安、彬县、长武、麟游、乾县、泾阳、咸阳等各处(图1-3-3)。公刘迁豳的长武一带至今还保存着臊子面的变异形态"血条臊子面"。岐周是周人作为一方诸侯时期的政治中心,是周族发迹的都城,在文献上有"岐下""岐阳""岐邑""周"(西周铜器铭文)等不同名称。《史记·周本纪》载:

(古公亶父)乃与私属遂去豳,度漆沮,逾梁山,止于岐下。豳人举国扶老携弱,尽复归古公于岐下。及他旁国闻古公仁,亦多归之。于是古公乃贬戎狄之俗,而营筑城郭室屋,而邑别居之。

作五官有司。[79]

可见,岐周城初建时已经有了朝寝、宗庙、社稷之类大型建筑,都城规制是非常完备的。古公亶父又"作五官有司",建立了政治机构,形成了初具规模的国家祭祀制度。岐周是周人立国及其走向强盛的圣都,也是西周时期重要的祭祀中心。张光直先生认为作为"圣都"的岐周在西周一直保持着祭仪上的崇高地位,"圣都是先祖宗庙的永恒基地","如果把那最早的都城比喻做恒星太阳,则后来迁徙往来的都城便好像是行星或卫星那样围绕着恒星运行"。[80]

仔细揣摩文王屠龙的神话以及神话的文化意义,我们发现神话背后隐藏着社会结构和族群记忆。关于神话对某一特定文化所具有的原型意义,弗莱认为:植根于某一特定社会的神话体系及时地留下该社会成员所共有的幻想和语言经验的遗产,因而,神话系统有助于形成一种文化史。[81]可以这样说,在周人的宗教思想和宇宙生成论的"世界体系"中岐周是"世界中心",是天地之轴,上下天庭之梯,离神圣距离最近,离神最近。[82]后世在祭祀活动中这样颂赞先祖文王:"文王在上,于昭于天。周虽旧邦,其命维新。有周不显,帝命不时。文王陟降,在帝左右。……上天之载,无声无臭。仪刑文王,万邦作孚。"[83]

商周宗族神话以祖先崇拜为突出特征,宗族成员将祖先之灵想象为存在于另一世界的人格化的主体,认为他们具有佑护宗族后裔之功能。神话是历史的"史前史",它通常包含或者涉及共同体历史中的关键问题,诸如共同体的祖先和边界的问题,[84]构建了超自然神祇和王室之间的神秘联系,为祖先披上神圣的外衣。在中国宗族神话中,祖宗英灵虽然地位不及上帝或天神,却同属于某种神话想象世界中的超自然存在。

周人是以农立族、以农立国的民族。从始祖后稷弃开始,就以农耕出名,被尧封为农师,又被舜封为后稷,专管农业。但到了不窋,"去稷不务"而"奔戎狄之间",即迁徙到今旬邑、彬县、长武等地,与北方的戎狄为伍,渐失农业,变为游牧族群。到了公刘"复修后稷之业,务耕种"。但庆节以后的八九代,又渐失农业。而只有古公亶父率领族民进入周原后,又吸收姜炎文化和商文化中先进的农耕文化,再加上优越的地理环境,农业才得以很快地恢复和发展。以农为主业的出现,是周人开始建立国家,进入文明过程中一个重要里程碑。[85]

周文王为牧野之战的展开、"翦商"大业的完成,奠定了坚实的基础。在政治上他积极修德行善,裕民富国,广罗人才,发展生产,造成"耕者九一,仕者世禄,关市讥而不征,泽梁无禁,罪人不孥"的清明政治局面。他的"笃仁、敬老、慈少、礼下贤"政策,赢得了人们的广泛拥护,巩固了内部的团结。在修明内政的同时,他向商纣发起了积极的政治、外交攻势:请求商纣"去炮烙之刑",争取友邦,最大限度孤立商纣。文王曾公平地处理了虞、芮两国的领土纠纷,还颁布"有亡荒阅"(搜索逃亡奴隶)的法令,保护奴隶主们的既得利益。通过这些措施,文王扩大了政治影响,瓦解了商朝的附庸,取得了"伐交"斗争的重大胜利。

中国宗族神话阐释了宗族成员所信赖的史实,具有整合宗族情感、建构文化身份的功能。在具体的祭祀体系中,后稷和文王分别代表两个阶段的英雄圣王。前者是以培植为食的象征,后者是以狩猎为食的象征。由先周地域的"泼撒"(祭祀自然神为主)到岐周的"奠"(祭祀祖先为主),由食用狩猎的"蛟龙"肉到"臊子肉",再到食用小麦以及"小麦-臊子"合而为一的臊子面,其文化文本背后侧漏出周先祖到岐周由培植作物,到不窋"弃稷不务""自窜于戎狄之间",[86]农耕畜牧交替以及祭社到祭祖等祭祀传统形成的历史(如表1"蛟汤面"神话文本的结构神话学视角所示)。

远古以来,祭祀都有建立、维持和恢复人与神圣秩序恰当关系而将物品奉献给神灵的宗教仪式。布鲁斯·G.崔格尔在著作中罗列了几位学者有关祭祀的观点:"威廉·罗伯森·史密斯(William Robertson Smith)提出,食用神祇图腾或者其俗世化身构成了社会的圣餐形式之一。詹姆斯·弗雷泽(James Frazer)将祭祀视为令神祇返老还童和维持宇宙延续的技术。献祭者的目的千差万别。他们的目标包括取悦神祇,平息其怒气,为行为不当或者打破禁忌而祈求净化,建立与特定神灵的沟通,感谢神所赐予的福祉,强化赐福祈求,寻求神的保护免受敌人和恶魔的侵扰,遏止瘟疫,避免战乱和饥馑,祈求大地丰收等目的。"[87]

表1 "蛟汤面"神话文本的结构神话学视角

臊子面	臊子	面
英雄圣王	周朝开创者 文王	周民族始祖 后稷
结构	国家 王朝	民族 始祖
生存方式	畜牧	种植
饮食人类学	"蛟龙"肉	大、小麦
	胙肉(臊子肉)	大小麦(面条)
祭祀方式	泼撒	奠
祭祀对象	祭天为主	祭祖为主
对立统一	合二为一(天人合一)	

西周末叶,大难来临,"国步蔑资,天不我将;靡所止疑,云祖何往","自西徂东,靡所定处",西周贵族不得不窖藏重器,仓皇逃离岐周宗庙。由于集体记忆的代际延续、衰减与人口迁徙,笔者在田野调查中以是否存在"泼撒"和"回锅"两个传统仪式作参照,发现一个现象:武威以东,武功以西,长武以南,周至、户县以北的民众,在传统礼仪中,臊子面食用上还保留着祭祀祖先灵位的仪式。距离周原越近,这一仪式保存越完整,以岐周为中心呈同心圆式衰减。而甘肃武威以西,临潼以东未发现有这一习

俗,这和近年考古发现的先周文化的分布范围大体吻合(图1-3-4)。

(三)圣餐仪式与岐周臊子面祭祖传统,兼论中西饮食传统的分野

前文已经述及,只有岐周一代传统礼仪中,吃臊子面有个特别之处:吃面不喝汤,要把汤重新倒回锅里循环往复。今人站在健

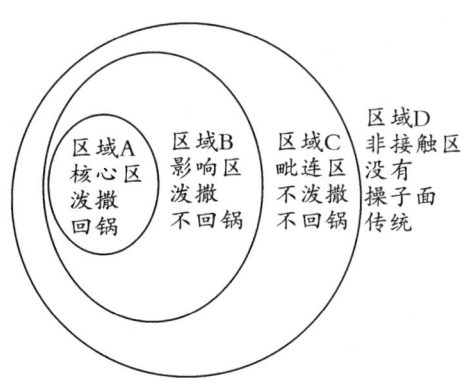

图1-3-4 臊子面食用传统以周原为中心衰减

康卫生的角度,斥之为"危险"的习俗,政府站在旅游形象的角度,讳莫如深,希望能尽快取缔。明清县志对此也只字不提。为什么这样一个今天看来不"洁净"的饮食习惯怎么会成为一种传统呢?

从文化渊源来讲,远古以来斩杀恶龙禳灾的神圣英雄叙事,逐渐世俗化为国王田猎获取动物的祭祀活动。通天祭祀在周代置换成由周天子和诸侯举行的重大宗教祭祀"脤膰祭"。由享食神明吃过的祭品传统,置换形成周天子的脤膰礼和先秦社会的"食馂礼"传统。在先秦,大型的宗庙祭祀即将结束之时,主祭者要举行隆重的食馂礼,它是整个祭祀祖先过程中的最后一个环节,也是体现祭义的关键环节,没有举行食馂仪式的祭礼不是完整的祭祖礼。

什么叫"馂"?古人解释说:"食之余曰馂",或者"食人之余曰馂",或者"祭毕食神之余曰馂"。所谓食馂礼,《礼记·祭统》有载:

> 夫祭有馂。馂者,祭之末也,不可不知也。是故古之人有言曰:"善终者如始。"馂其是已。是故古之君子曰:"尸亦馂鬼神之余也,惠术也,可以观政矣。"是故尸谡,君与卿四人馂。君起,大夫六人馂,臣馂君之余也。大夫起,士八人馂,贱馂贵之余也。士起,各执其具以出,陈于堂下,百官进,彻之,下馂上之余也。凡馂之道,每变以众,

所以别贵贱之等而兴施惠之象也。[88]

"餕"就是在祭祀祖先的仪式上,首先由假扮成受祭祖先的"尸"享用,然后由在祭祀活动中享有特权的国君及卿先行享用尸之餕;再往后是卿以下的等级,如此顺次按大夫、士、百官等食餕。通过这种方式,上级通过层层赐餕来表示他们牵挂,不忘使下属共享神之布施与恩泽。以祭品的形式供给神灵的粮食,在神灵(祖先)食用后,每个黎民分享,保证了每个人都会得到护佑或者再生。今天,食餕礼的遗俗在周原一带长期存在,不论谁家办红白喜事,第一碗臊子面先不上席,而由小字辈端出门外泼两次汤,象征祭祀天神地神,剩下的汤称"福把子",泼向正堂的祖灵牌位,然后才上席,并按辈数和身份次序上饭。

通俗地讲,食餕礼就是"吃鬼神剩下的祭品"。随着"餕"食的下赐,分享的人数也越来越多,分享者的地位也越来越低贱。即所谓"凡餕之道,每变以众,所以别贵贱之等而兴施惠之象也"。"餕"的最终完成,意味着整个祭祖仪式的圆满结束,通过此仪式性分享共餐,"献祭者和神之间就建立了最密切的共享(communion)与交流",[89]人和神巩固了神话传说中的关系,也意味着人没有忘记神的救命之恩以及许下的承诺,按时来向神进行献祭,通过这种献祭,神继续履行对人的庇佑,促成作物丰产、人丁兴旺。

通过人类学的研究成果的梳理,我们发现有3种情形的享食都属于"圣餐"式共享:第1种是新王杀死老王或者老王甘愿牺牲,"让临死的神做替罪羊"[90]。让新王或臣民分享其血肉,获得神力;第2种是分享被圣王杀死,濡染圣王马纳的祭品;第3种是人们把谷物(小麦、大麦优先)作为献给神的祭品,被神灵食用过的谷物。远古人将神吃掉的原因其实很简单,在他们看来吃动物的肉,除了可以获得该动物或人的特性外,还可以将其道德和智力的特性据为己有,所以一旦质朴的原始人认定某种生物有灵性,必然会希望把它的体质特性和灵性的一部分吸收过来。

人类早期的狩猎活动和农业本身都是信仰活动,耕作源于祈祷丰禳仪式,作物的种子被认为是神灵盗取,生长被看作上天的馈赠("天所来")。由于原始思维中的接触巫术信仰,祭祀中被神吃过的祭品可以使自人获得神的庇护,接受天的福禄。分享被神灵享用过的祭品,就会获得神力,得到神灵的庇护,而这种分享本身,从人类学意义上就是吃圣餐。弗雷泽在《金枝》中是这样描写阿兹台克人的圣餐习俗的:

> 这种仪式和祝福(有了祝福他们也算是神的肉和骨头)完毕后,他们把这些面团也当神一样的尊重,全城人都来看这大好的场面,整个地区的人都遵守一条严格的戒令:在维兹里朴茨里特神像节的这一天,谁也不许吃别的肉,只能吃这做偶像的带蜜的面团。必须在这天的一定的时候吃,中午以前不许喝水或别的饮料,否则就不吉利,甚至是渎神的。……他们如果不是非常细心严格地遵守戒规,他们就会死亡。仪式、跳舞和献祭完毕后,他们脱下衣服,庙里的祭司和高级僧侣取出面团偶像,毁掉它所有的装饰品,碎成许多块。对偶像如此,对他们奉献的短面棒也是如此,然后他们把它们交给人们作为圣餐,从年纪最大的人开始,挨次给所有男女和小孩,他们接受它,又是流泪,又是敬畏,好像得了一件可羡慕的东西,他们说他们是吃神的肉和骨头,因此他们悲伤。家里有病人的人也为病人要一块,毕恭毕敬地带回家去。[91]

祭祀之后享用祭餐,不仅是中国人的仪式,同时也是团结人们的有效方式之一,使人的精神与信仰能够更好地归并到一起。正如法国社会学家涂尔干在《宗教生活的基本形式》中指出:"这全部仪典的唯一目的,就是要唤醒某些观念和情感,把现在归为过去,把个体归为群体。"[92]马林诺夫斯基指出:"人类生活上的每一重要危机,都含有情绪上的扰乱、精神上的冲突以及可能的人格解组……宗教信仰在于将精神上的冲突的积极方面变为传统的标准化。所以,宗教信仰满足了一种固定的个人需要……另一方面,宗教信仰及仪式……增强了人类团结中的维系力。"[93]

从这个意义上去理解,流传在关中西部周原一带的剩汤回锅习俗实际上就是一种远古宗教仪式遗存。我们吃臊子面，吃下去的不仅仅是粮食，还有它的象征意义。把神当圣餐吃，或者吃代表神的人或者动物，或者吃人形或动物型的面包，吃了濡染神力的血和肉，通过肉食媒介，他就不仅获得了该动物或该人的体质特性，就能获得种种道德和智力特性，分得神的特性和权力。信徒吃了象征神力面包，喝了葡萄酒，就是吃了神的真正的血肉。所以在狄俄尼索斯这样的葡萄神的仪式上喝葡萄酒并不是欢闹的行为，那是一顿庄严的圣餐。[94]它背后潜藏的是享食神食"死而复生"的仪式性原型。只是在中国民间社会，更多的圣餐仪式被民众想象成"帮吃"。[95]直到今天周原一带，上饭是有仪式性的，首先是喝酒，其次是小碗臊子面，最后没有吃饱再用大碗吃干面。

通过这种象征性的人神共餐仪式，让"绝天地通"之前人—神之间的和谐关系得以接续。同时，共餐还使参加的族群之间建立了一种稳定、和谐的关系。大家同吃一锅饭、供奉同一位神，祭祀同一个祖先，有共同的血缘关系，形成了一个稳定的结构，建立更稳定的认同关系。中国宗教虽然"缺乏显著性结构"，但在社会生活中却广泛渗透于民众日常生活中，通过天命信仰，使宗教与道德伦理结合在一起。[96]孔子因为鲁定公没有向他赏赐膰肉，黯然伤神，忿然离去，这其中的滋味只有身处这种传统中的个体才能体味被传统"排除"的感受。

在周原核心区的乡土社会，没有世俗医学意义上的"卫生"的观念。传统农村一个孩子长成过程要"吃百家饭"。普通百姓经常吃"涎水面"（臊子面的俗称），坐"流水"席，穿每家每户赏赐花布边角料斗起来的"百衲衣"。这些日常生活行为背后包含的是人类学意义上的"分享"观念。如果单就饮食传统来讲：西方的分食和中国的共食方式实际上都是贴近各自文化传统的饮食风俗，并无高下之别。然而在清末民初"中国传统的负面整体化"过程中，民众了解到"肺痨"与"细菌"、人的体液与疾病传染之间的关联性，大家开始出现排斥"人我津液交融"的情感生活，这使得以"共食"为标志的中餐成为所谓开明之士的诟病对象。客观地说，饮食传统背后是文化观念,中国的共食传统,其取食过程是一个"作为民间宗教仪式的分享"过程,"分享神圣,禳灾祈福",与祭祀仪式后的"分胙"很类似。因此,"共食"也可视为一种人际关系亲密的隐喻性行为,与基督教团契在共同的认信基础上"每一位个别的信徒通过福音的宣讲和圣礼与耶稣基督建立了关系"一样,在结构性不明显的中国,共餐制体现了中国人重视同一个村落熟人社会之间,彼此合作、默契、亲近和气,相互认同重视"整体"的情感氛围。史密斯认为,祭礼宴的目的首先是一种食用圣餐的活动。[97]

在古希腊,人与神共食最早的形式便是所谓的公餐制度。公餐制度,作为宗教仪式,人们通过祭祀,供奉牺牲,神人共食共享,公民同桌共餐,实现了神与人、神与物、人与人、人与物的种种结合。这种与神共享祭品的公餐会,表达了人们希图与"他者"(others)——那不可知的神圣相结合的内在渴望。[98]而活动中的神人共餐共享,则体现了古希腊宗教神人同形、同性的特征。

在古代雅典人的泛雅典娜节,上百头的牛、羊被宰杀,作为牺牲献给雅典娜。大祭完毕,人们便开始分享祭祀后剩下来的牛、羊肉,忘情于节日的欢乐气氛中。……在这样的公宴中,全体参加者不分贫富,都能与神同乐,享受神的祭品。[99]在基督教传统中,圣餐礼成为典型的基督徒团契合一的标记。圣餐仪式至今在"礼拜日"的活动中得以延续:"无处不在的是,信徒与耶稣基督的团契和在基督里彼此之间的团契却是通过圣餐礼的典仪(the celebration of the Eucharist)被表现出来的。"[100]未发酵的饼代表主的身体,葡萄汁代表主的宝血。所有基督徒都是这个身体的一员,通过信心和洗礼,并且在领受主的晚餐,在每一场礼仪中,耶稣基督都真实地临在其中;但尤其特别的是,在每一个圣餐礼的典仪当中,所有的基督教会都是临在其中,而教会的整体共融正是每一个地方教会的合一。这种合一可能体现在主教制度统一有序的保证当中,但更为重要的是,在早期教会关于普世共融的观念中,却没有强调主教等级制度,而是更强调教会领袖们在基督里的互相承认。地方教会的团契体现在一个主内的合一,而这特别体现在了圣餐礼的典仪当中。这也就是说,各地方教会在基督里的团契合一,不是赖于自上而下的严密的主教制度,而是在平等和互相尊重的前提下,共同参与体现基督临在的圣餐礼,在此基础上达到真正的团契合一。[101]

今天,在华夏中心一带,制度性的圣餐仪式已经面目漫漶。云南东南部红河哈尼彝族自治州弥勒市西一镇的彝族支系阿细人给我们进一步了解提供了样本。阿细人每年都会举行一个被称为"密祭摩"仪式。伴随这2天的仪式,有一个很重要的活动就是仪式共餐。在毕摩祭司的主持下,白天,他们在村口的稻场上立起祭坛,毕摩念一段"火神祭祀经"之后,大家开始杀鸡宰羊祭祀火神。当晚,大家要在一起吃祭餐,到夜幕降临时,真正的祭火神仪式才算开始。在仪式共餐中,包括"神—人"和"人—人"的共餐。[102]羌族和彝族的"分食"都带有一种美好的愿景。不仅是少数民族中有遗存,汉族关于食用祭餐的习俗也很多。在江苏的苏北地区,很多地方还有一个习俗,那就是在家里老人死后的第6个7天(也就是第42天,之所以是在第42天,是因为死者在今天才会知道自己已经死去、尸体也已火化的事实)会举行相应的仪式告慰亡灵,如请和尚念经、专门的手艺人"扎纸房""唱戏"等,其中有一项由女儿(倘若没有女儿便由孙女代替)为其买各种各样的食物进贡给死者,品种多达20多种,其中包括荤菜如鱼肉、鸡鸭、甲鱼等,素菜如平菇、香菇、西兰花等,水果如苹果、香蕉、橘子等。这就是俗称的"换饭"。在第42天的时候,女儿准备好上述饭菜,到第43天,家人享用这些菜肴(米饭不能食用,会提前送至死者坟墓那儿),这些饭菜能够带来福气。

随着周王室政治影响的日渐衰微,曾经盛极一时的脤膰之祭也逐渐被其他祭祀仪式所取代。据清人马骕统计,在春秋242年的时间里,王室向诸侯赏赐祭肉仅有4次。[103]但把炸制的胙肉拌入面食祭祖等传统却长期保留了下来。在田野调查中了解到:20世纪六七十年代经济极为困难的时候,岐周一代人没有肉食可以做臊子,农民把红萝卜和辣子放在一起翻炒成糊状,称之为"臊子"。当时有一句流行俗语:"离了红萝卜还不做臊子了"。红萝卜加辣子做成的"臊子面",第一项任务就是要"泼撒"。[104]换句话说,人们为了祭祀,必须有臊子。在祭肉极为匮乏的年代,红萝卜就担当了脤膰祭肉的功能。这从另一个角度让我们体会到,"岐山臊子面"的称呼背后强大的文化大传统的支配力。

丝绸之路在汉代开通之前的二三千年里,曾经是小麦等作物栽培之路、民族迁徙之路、玉石之路、面条之路、医药之路、陶瓷之路、香料之路。这一区域同时也是历史上古文明起源集中的文明圈,它是联结中国、古巴比伦、印度、希腊、古埃及、波斯等古代文明的纽带。

周人以蕞尔小邦崛起于陇东。先周时代,周人采撷了农耕文化及北面草原文化的长处,兼容并蓄,与姜姓部族结为奥援,稳扎稳打建立了政治力量和至高天神的权威,并身体力行,天下归仁。小邦周的政治权力,抟铸了一个文化的共同体,奠定了"华夏"3000年来历史文化的主旨。"岐山臊子面"及其文化传统,就是岐周时代的一个背影。相比之下,一个主轴的政治力量大邑商,却未能开创一个超越政治力量的共同文化。因此殷商的神,始终不脱宗族神、部落神的性格。[105]

在中国正式组织性宗教不够强大,并不意味着在中国文化中宗教功能价值或宗教结构体系的缺乏。在"全息式"地分散渗透的形式中,文化传统代替宗教发挥着多样的功能。参与同一传统仪式的人群间产生的可感可知、齐一、平等与团结的状态,会形成共同体的认同感。历史经验告诉我们,由于周文化的巨大影响力,包含周文化礼仪传统的臊子面文化在周民族的核心区周边很大的范围内广泛传播,影响迄今。它给新世纪的国际化格局中,如何重塑民族文化整体的文化自信,确保民族文化安全和文化身份维系以很大借鉴：一个强国的形成，关键在于"势"。"势"的核心在于文化价值的传播和广泛认同。这种文化力无论以物质的形式被消费，还是作为制度被移植借鉴，还是以宗教信仰的形式被信奉，都将以"软力量"的形式投送潜移默化的影响力，[106]达到不战而屈人之兵的效果。这种在潜意识层面左右他人意愿的能力与文化，与意识形态以及社会制度等无形力量紧密相关。一个国家文化的全球普及和它主宰国际行为规范而建立有利于自己的准则与制度的能力，都是"势"的体现。

臊子面作为面食传统中较为成熟的一种，它蕴藏了几千年来中华文明的非凡智慧。各种证据显示，起源于中国的面条，在庞贝城毁灭的公元1世纪左右的罗马帝国，至马可·波罗出生前的威尼斯共和国，这1000年之间的某个时间，传播到了意大利西西里岛。谁把面条带到了意大利？很有可能是阿拉伯人。公元827年，一支来自北非的穆斯林军队（包括阿拉伯人、柏柏尔人和西班牙人）在西西里岛登陆，到公元965年，穆斯林已经控制和占领了整个西西里。是他们把面条经由丝绸之路或者波斯（那里最典型的面条叫Reshte）带入了欧洲。这就是为什么西西里人的吃面传统在整个意大利是最强的。也是因为如此，面条在欧洲的传播最终就止步在了南方的意大利，而没有北上延伸到德国、法国、伊比利亚半岛和不列颠。伦敦的第一批spaghetti houses——意面屋，是到了二战后的1955年才出现的。[107]

面条从食用传统、原料演变到制作技艺的历史和传承，就是一部华夏民族文化"软实力"生生不息、融汇交流的"大历史"。

智库建议

建议1.在一带一路建设中,选准装备制造、清洁能源、文化产业等领域几种战略性产业作为发展建设的纽带,以此推进人力资源、金融资本、物质资源的整合凝聚,形成共识,为一带一路的顺利推进扫平障碍。

建议2.美国通过TPP谈判,使全球贸易竞争演变为以价值链竞争为基础的"规则之争"。在"一带一路"战略引导下,我国应主动构建区域产业链、价值链,建立更加安全可靠的地区价值链体系,形成全球贸易的中国价值链体系。

注　释

［1］叶舒宪:《中华文明探源的神话学研究》,社会科学文献出版社,2015年版,第193页。

［2］《新旧约全书》,中国基督教协会印行,1982年,第945页。

［3］魏庆征:《古代两河流域与西亚神话》,北岳文艺出版社、山西人民出版社,1999年,第200—214页。

［4］*The Epic of Gilga rnesh*, Translated by Andrew George, London：Penguin Books, 1999, *p.* 69.

［5］*The Epic of Gilgarnesh*, Translated by andrew George, London：Penguin Books, 1999, *p.* 75.

［6］(美)谢弗:《唐代的外来文明》,吴玉贵译,中国社会科学出版社,1995年,第496页。

［7］从矿物学角度看,青金石(lazurite 或 lapis lazuli)和天青石(celestite)是2种不同的矿石。但是两者在现代汉语中已经被混为一谈。一般作为外来宝石的天青石,大都是指青金石。两者颜色相似,明显区别是青金石在深青底色中点缀着黄金色斑点。据乔纳森·马克,基诺耶《走近古印度城》,张春旭译,浙江人民出版社,2000年,第160—161页。

［8］*The Epic of Gilgarnesh*, Translated by Andrew George, London：Penguin Books,

1999, p. 94.

[9] 沈爱凤:《从青金石之路到丝绸之路》,山东美术出版社,2009 年,第 315—320 页。

[10] (英)罗伯特·比尔:《藏传佛教象征符号与器物图解》,向红笳译,中国藏学出版社,2007 年,第 201 页。

[11] 敦煌研究院主编:《敦煌石窟全集》(19),上海人民出版社,2001 年,第 131 页。

[12] 干福熹:《玻璃和玉石之路——兼论先秦前硅酸盐质文物的中、外文化和技术交流》,《广西民族大学学报(自然科学版)》,2009 年第 4 期。

[13] 伏修锋、干福熹、马波等:《青金石产地探源》,《自然科学史研究》,2006 年,第 25 卷,第 3 期。

[14]《文选·江淹(杂体诗,效王微"养疾")》:"水碧验未黩,金膏灵讵缁。"李周翰注:"水碧,水玉也。与金膏并仙药。"虽然诗文中并不少见,但直到唐代李白诗中,金精依然被视为神秘莫测的宝石,莫辨其详。其《入彭蠡经松门观石镜缅怀谢康乐》诗云:"水碧或可采,金精秘莫论。"

[15] 苏伯民:《克孜尔石窟壁画颜料研究》,新疆人民出版社,2006 年,第 258—269 页。

[16] 王进玉:《敦煌、麦积山、炳灵寺石窟青金石颜料的研究》,《考古》,1996 年第 10 期。

[17] 孟宪松:《青金石与古代东西方的文化交流》,《中国宝玉石》,1998 年第 4 期。

[18] 叶舒宪:《玉石神话与中华认同的形成——文化大传统视角的探索发现》,《文学评论》,2013 年第 2 期。

[19] 中国社会科学院考古研究所:《殷墟玉器》,文物出版社,1982 年,第 11 页。

[20] 这中间的分化有一个过程,原始部落借助祭祀与巫术,沟通天地,以求消灾辟邪。其后人群分出等级,沟通天的权力被垄断在少数人手里,天地交通断绝。就是说,此时唯有控制法器的人,才能施行有效统治。巫或者是宫廷要员,或者就是帝王自己。张光直:《美术、神话与祭祀》,生活·读书·新知三联书店,2013 年,第 55、75 页。

[21]《墨于·耕柱篇》也记载了九鼎故事:昔者夏后开使蜚廉折金于山川,而陶铸之于昆吾;是使翁难雉乙,卜于白若之龟,曰:鼎成三足而方,不炊而自烹,不举而自臧,不迁而自行。以祭于昆吾之虚,上乡。乙又言兆之由,曰:飨矣!逢逢白云,一南一北,一西一东,九鼎即成,迁于三国。夏后氏失之,殷人受之;殷人失之,周人受之。夏后殷商之相授也,数百岁矣。使圣人聚其良臣与其桀相而谋,岂能智数百年之后哉?而鬼神智之。

[22]张光直:《美术、神话与祭祀》,生活·读书·新知三联书店,2013年,第131、89页。

[23] J. B. Jaekson, *The Necessity for Ruin, and other Topics. Amherst: University of Massae chusetts Press*, 1980, P91、P93.

[24]鉴定工作是由四川农学院农学系教授颜济先生进行的。据颜教授分析,孔雀河小麦品种,结合对新疆现存野生小麦的调查,认为新疆完全有可能也是小麦原产地之一。王炳华:《西域考古历史论集》,西域历史语言研究丛书,中国人民大学出版,2008年,第276、626页。

[25]中国体质人类学家韩康信研究了古墓沟出土的人头骨,发现它们与南西伯利亚、哈萨克斯坦、伏尔加河下游以及咸海沿岸青铜时代人类学材料存在许多共性,尤其与欧洲人种北欧类型相似,属于原始欧罗巴人种。古墓沟遗址小麦遗存的发现相当重要,再次证明罗布泊地区的古楼兰人是欧亚大陆迄今所知时代最早、分布最靠东方的欧洲人种群。在中国史中记载的大月氏民族,也被现代学者认为是以吐火罗人为主体的。《吐火罗人的起源与迁徙》,林梅村:《丝绸之路考古十五讲》,北京大学出版社,2006年,第13页。

[26](瑞典)沃尔克·贝格曼:《新疆考古记》,王安洪译,新疆人民出版,1997年,第365页。

[27]国家文物局编:《2013中国重要考古发现》,文物出版社,2014年,第44页。

[28]刘歆益:《中国植物考古学和稳定同位素分析视野》,《鄂尔多斯青铜器与早期东西文化交流国际学术研讨会论文集》(2010)。

[29]东灰山遗址位于民乐县,在洪水大河与大都麻河之间、洪水河下游沙滩河东岸高台地上,南北宽400米,东西长600米。是史前人们丢弃垃圾而形成的巨大山堆。1958年9月,甘肃省文物工作队对民乐东灰山、西灰山进行考古调查,发现"灰山子"原来是一处古人类活动的聚落遗址,初步认定为新石器时代晚期遗存,属四坝

文化类型。

　　[30]许慎:《说文解字》,中华书局,1963年,第111页。

　　[31]《诗经·周颂·思文》,朱熹注,上海古籍出版社,1987年,第155页。

　　[32]容庚编:《金文编》,中华书局,2003年,图3至图5分别见第383页、384页。

　　[33]王仁湘:《面条的年龄——兼说中国史前时代的面食》,《中国文化遗产》,2006年第1期。

　　[34]刘莉:《中国史前的碾磨石器,坚果采集,定居及农业起源》,《何炳棣先生九十华诞文集》,三秦出版社,2008年,第112页。

　　[35]"磁山·裴李岗文化"遗址,有大量的碳化粟、黍遗存出土。科技考古工作者通过对磁山遗址出土的碳化样品和植硅体的碳14年代学测定,发现黍的碳化标本年代为距今约10000至8700年;粟的碳化标本年代为距今约8700到7500年。这项测定把东亚旱作农业起源的时间扩展到距今10000年前后,说明磁山遗址不仅是世界粟的发祥地,更是黍的起源地。

　　[36]张永辉:《裴李岗文化植物类食物加工工具表面淀粉粒研究》,中国科技大学考古学与博物馆学硕士论文,2011年。

　　[37]刘莉、陈星灿、石金鸣:《山西武乡县牛鼻子湾石磨盘、磨棒的微痕与残留物分析》,《考古与文物》,2014年第3期。

　　[38]王仁湘:《史前饮食考古四题》,《中国历史文物》,2004年第2期。

　　[39]喇家遗址位于黄河上游的青海省民和县官亭镇喇家村,黄河河谷地带北岸的二级台地上,与甘肃省积石山县大河家镇隔河相望,海拔高度1786—1809米,总面积约40万平方米。1999年以来,中国社会科学院考古研究所与青海省文物考古研究所组成的联合考古队对喇家遗址进行挖掘,清理出巨大的环壕、广场,结构独特的窑洞式建筑等重要遗迹,尤其是发掘出突发灾难事件而死亡的群体人骨遗骸。4号房址内发现14具骨骼,他们姿态各异,其中母亲怀抱幼儿,跪在地面,在灾难突然降临时表现的无助以及乞求上苍救助的神态令人动容。喇家遗址灾难可能是地震,而摧毁聚落的是随后而来的山洪或黄河大洪水。遗址发现了大量陶、石、玉、骨等珍贵文物,特别是反映社会等级和礼仪制度的"黄河磬王"、大玉刀、三联璜璧等玉器,对研究齐家文化文明进程和社会发展变化具有重要意义。经过几代考古学家和学者们的

不懈努力，逐渐发现齐家文化不仅是华夏文明之源，而且是中国或东亚进入青铜时代世界体系的标志。随着盛极一时的齐家文化中心往中原和东部迁移，中原兴起了二里头文化或夏文化；齐家文化在本土由盛转衰，继之而起的四坝、辛店、寺洼、卡约等文化，形成了西北地区农耕到农牧混合文化传统。参见易华：《齐家华夏说》，甘肃人民出版社，2015年，第55页。

[40] Lu, H. et al. *Millet Noodles in Late Neolithic China.* Nature, 2005. (13): p. 967-968. 参见《小米能否制作面条的实验研究——兼论喇家面条的成分》，葛威、刘莉、陈星灿、金正耀译校，《南方文物》，2010年第4期。吕厚远、李玉梅等：《青海喇家遗址出土4000年前面条的成分分析与复制》，《科学通报》，2015年第60卷、第8期。

[41] 参见王仁湘《面条的年龄——兼说中国史前时代的面食》，《中国文化遗产》，2006年第1期。

[42] 岐山县志编委会：《岐山县志》"蛟龙面"，陕西人民出版社，1992年，第585、267页。

[43] 何宁：《淮南子集释》，中华书局，1998年，第480页。

[44] 方国瑜：《云南史料丛刊》（第4卷），徐文德、木芹、纂录校订，云南大学出版社，1998年，第789—790页。

[45] 丁乃通：《中国民间故事类型索引》，华中师范大学出版社，2008年，第41—42页。

[46]（美）汤普森：《世界民间故事分类学》，郑海等译，上海文艺出版社，1991年版，第27页。

[47]（美）克拉莫尔：《苏美尔神话》叶舒宪、金立江译，陕西师范大学出版总社有限公司，2013年，第102—103页。

[48]（美）克拉莫尔：《苏美尔神话》叶舒宪、金立江译，陕西师范大学出版总社有限公司，2013年版，第97页。

[49]（美）杰里·D·穆尔：《人类学家的文化见解》，欧阳敏等译，商务印书馆，2009年，第300页。

[50]（法）勒内·吉拉尔：《替罪羊》，冯寿农译，东方出版社，2002年，第55页。

[51] 许维通：《吕氏春秋集释》（上），《新编诸子集成》本，中华书局，2009年，第200—201页。

[52]（英）詹·乔·弗雷泽:《金枝》,徐育新等译,中国民间文艺出版社,1987年,第428—429页。

[53]《圣经·旧约·利未记》,中国基督教协会出版,2009年,第109页。[英]詹·乔·弗雷泽:《金枝》,中国民间文艺出版社,徐育新等译,1987年,第812页。

[54]（法）勒内·吉拉尔:《替罪羊》,冯寿农译,东方出版社,2002年,第16—55页。

[55]（英）詹·乔·弗雷泽:《金枝》,中国民间文艺出版社,徐育新等译,1987年,第773、426页。

[56]Rene Girard. *Violence and Sacred*. London：The John Hopkins University Press,1979. p 276.

[57]René Girard. *Job*：*The Victim of His People*. Stanford ：Stanford University Press,1987,p70-143.

[58]（法）勒内·吉拉尔:《替罪羊》,冯寿农译,东方出版社,2002年版,第55页。参考了英文版 Girard, Rene. *The scapegoat*. Translated by Yvonne Freccero. The Johns Hopkins University Press,1986,p44.

[59]（日）白川静:《中国古代民俗》,何乃英译,1988年,陕西人民美术出版社,第138页。龙非世间所有,胡人崇祀的龙神究竟指什么值得深究。《周礼·夏官·瘦人》记载:仍祭马祖,祭闲之,先牧,及执驹散马耳。马八尺以上为龙,七尺以上为睐,六尺以上为马。《论衡,龙虚篇》曰:"世俗画龙之象（像）,马首蛇尾。由是言之,马、蛇之类也。"《礼记·月令》又载:"天子居青阳右个,乘鸾路,驾苍龙。""八尺以上"大概指马背至地表的高度。《周礼》成书于战国时期,战国时的1尺相当于23.1厘米,8尺则是1.85米。这种1.85米以上的高头大马显然不是矮小的蒙古马,必指来自中亚的高头大马。中原新石器遗址中普遍不见家马骨骼出土。八尺以上的高头大马可能是月氏人最先驯养出来的,所以这个民族有"龙部落"之称。那么原始汉藏语"龙"的读音完全可能借自吐火罗语 nage（龙）或 riakte（神）,实为月氏人对马或神的称谓。大月氏西迁不单是民族的迁移,还带走了"豢龙术"。由于龙在中原销声匿迹,中原人士不知龙为何物,于是将古史传说中的龙神化为神灵。林梅村:《汉唐西域与中国文明》,文物出版社,1998年,第81页。

[60]许仲琳:《封神演义》第10回《姬伯燕山收雷震》,陕西人民出版社,1995年,

第78页。

[61]《诗经》,朱熹注,上海古籍出版社,1987年,第143页。

[62]《诗经》,朱熹注,上海古籍出版社,1987年,第150页。

[63]《诗经》,朱熹注,上海古籍出版社,1987年,第91页。

[64]邓云特:《中国救荒史》,商务印书馆,1993年,第9—11页。

[65](加)布鲁斯·G.崔格尔(Bruce G. Trigger):《理解早期文明:比较研究》,徐坚译,北京,北京大学出版社,2014年,第338页。

[66]《诗经》,朱熹注,上海古籍出版社,1987年,第105页。

[67](美)杨庆堃:《中国社会中的宗教——宗教的现代社会功能及其历史因素之研究》,范丽珠等译,世纪出版集团、上海人民出版社,2007年,第19—40页、第268—307页。

[68]参看景红艳:《先秦脤膰礼源流考辨》,《文艺评论》,2010年第5期。

[69]《周礼注疏》"大宗伯",李学勤主编:《十三经注疏》,北京大学出版社,1999年,第455—456页。

[70]杨伯峻:《春秋左传注》,中华书局,1981年,第860页。

[71]《周礼注疏》"醢人",李学勤主编《十三经注疏》,北京大学出版社,1999年,第141页。

[72](加)布鲁斯·G.崔格尔:《理解早期文明:比较研究》,徐坚译,北京大学出版社,2014年,第341页。

[73](日)白川静:《中国古代民俗》,何乃英译,陕西人民美术出版社,1988年,第162页。

[74](英)弗雷泽:《金枝》,徐育新、张泽石、汪培基译,中国民间文艺出版社,1987年,第413页。

[75]罗振玉:《三代吉金文存》上册,中华书局,1983年,第495页。

[76]孙周勇、邵晶:《石峁遗址的考古新发现及有关石峁玉器的几个问题》,参见叶舒宪、古方编《玉成中国——玉石之路与玉兵文化探源》,中华书局,2015年,第61页。

[77]王晖:《商纣俎醢侯伯新证》,《史学月刊》,2004年第2期。

[78]《诗·周颂·思文》,朱熹注,上海古籍出版社,1987年,第122页。

[79]司马迁:《史记》,中华书局,1997年,第114页。

[80]张光直:《考古学专题六讲》增订本,三联书店,2010年,第107—123页。

[81]罗斯洛普·弗莱:《伟大的编码》,中译文见《神话——原型批评》,陕西师大出版总社有限公司,2011年,第332页。

[82](美)米尔恰·伊利亚德:《神圣与世俗》,王建光译,华夏出版社,2002年,第12页。

[83]《诗经·大雅·文王》,朱熹注,上海古籍出版社,1987年,第119—120页。

[84]Mali, Joseph. *Mythistory: The Making of a* Modern Historiography. The University of Chicago Press, 2003, P4.

[85]石兴邦:《西周文化与文明形成的考古学探讨》,宋振豪等:《西周文明论集》,朝华出版社,2004年,第52页。

[86]邬国义:《国语注译》,上海古籍出版社,1994年,第1页。

[87](加)布鲁斯·G.崔格尔:《理解早期文明:比较研究》,徐坚译,北京大学出版社,2014年,第335页。

[88]《礼记注疏》"祭统",李学勤主编《十三经注疏》,北京大学出版社,1999年,第1352页。

[89](意大利)马利亚苏塞·达瓦马尼:《宗教现象学》,高秉江译,北京,人民出版社,2006年,第218页。

[90](英)詹姆斯·弗雷泽:《金枝》,徐育新、张泽石、汪培基译,中国民间文艺出版社,1987年,第629页。

[91](英)弗雷泽:《金枝》,徐育新、张泽石、汪培基译,中国民间文艺出版社,1987年,第705页。

[92](法)爱弥儿·涂尔干:《宗教生活的基本形式》,渠东、汲喆译,上海人民出版社,1999年,第498页。

[93](英)马林诺夫斯基:《文化论》,费孝通译,华夏出版社,2002年,第85页。

[94](英)弗雷泽:《金枝》,徐育新、张泽石、汪培基译,中国民间文艺出版社,1987年,第711、717页。

[95]"帮吃"是一种基于中国乡村知识体系的想象,人们想象自己陪伴神一同吃掉献祭,这一民俗至今同样保存在巫医主持、由家户承办的驱邪治病的民间仪式之

中。参见马丹丹《迷狂的家户经验——王屋山巫医仪式的一项考察》,《北方民族大学学报》(哲学社会科学版),2009年第5期,第114页。

[96](美)杨庆堃:《中国社会中的宗教——宗教的现代社会功能及其历史因素之研究》,范丽珠等译,世纪出版集团、上海人民出版社,2007年,第4页。

[97](法)爱弥尔·涂尔干:《宗教生活的基本形式》,渠东汲喆译,世纪出版集团、上海人民出版社,2006年版,第358页。

[98]解光云:《古代希腊的公餐制度述论》,《历史教学》,2003年第3期。

[99]吴晓群:《古代希腊仪式文化研究》,上海社会科学院出版社,2000年,第36页。

[100] Pannenberg. *Faith and Reality*. Translated by John Maxwell, London: Search Press,1977, p. 92. p. 102.

[101]高晴:《浅谈潘能博格的圣餐论》,《金陵神学志》,2007年第2期。

[102]路芳:《火的祭礼——阿细人密祭摩仪式的人类学研究》,北京大学出版社,2012年。

[103]马骕:《左传事纬》,齐鲁书社,1992年,第549—550页

[104]据段宗社记忆口述。段宗社,男,岐山人,1966年生,文学博士。

[105]许倬云:《西周史》(增订本),三联书店,1994年,第315页。

[106]花建等著:《文化软实力——全球化背景下的强国之道》,上海人民出版社,2013年,第37—38页。

[107] Christina Hardyment. *Slice of Life*: *The British Way of* Eating Since 1945. 1995, BBC Books, p.90.

中编　丝绸之路与宗教幻术

一、祆教与陕西"血社火"

（一）祆教与中国古代幻术技艺

密特拉崇拜在上古是最主要的崇拜对象之一，火、光明、太阳神崇拜都源自密特拉崇拜，它是古埃及多神崇拜文明之外较早具有一神论萌芽的宗教崇拜。公元前6世纪，琐罗亚斯德才完成了一神论性质的宗教改革，创立琐罗亚斯德教（Zoroastrianism），成为基督教诞生之前中东最有影响的宗教，流行于古代波斯（今伊朗）及中亚等，是摩尼教之源，中国称之为祆教、火祆教、拜火教。

古波斯帝国阿契美尼德王朝（前539—前331）及后来的萨珊波斯（224—651）奉祆教为国教，萨珊诸王都兼教主，自称阿胡拉·玛兹达的祭司长、灵魂的救世主等。他们搜集、整理希腊化时期散佚的经典，编纂了《阿维斯陀》（Zent～Avesta），使该教教义有了具体、明确的内容。祆教最初流传于巴克特里亚、花拉子模和粟特（Sogdiana）等地，各地都有考古材料出土，其中烈焰腾腾的祆教祭坛形象是常见的图像主题。

祆教何时被粟特人接受，史料中无明确记载。林梅村根据敦煌藏经洞发现的一部粟特语祆教残经（Or. 8212/84）推断，早在公元前5世纪阿契美尼德王朝统治中亚时，粟特人已经信奉祆教。据英国伊朗学家基舍维茨考证，这部祆教经典残卷用阿契美尼德王朝时期的粟特语写成，其年代甚至早于敦煌汉长城遗址发现的粟特文古书信（约

3—4世纪),是现存最早的粟特语文献。[1]羽田亨认为:"到记录时代出现粟特之时,此地已有以此教(指祆教)为中心的独特之伊兰精神。"[2]北朝时期,粟特人建立了康(撒马尔罕)、安(布哈拉)、米(泽拉夫善河东南,一说在片治肯特[Panjikent])、曹(劫布咀那[Kabudhan],泽拉夫善河以北)、史(羯霜那[Kesh],今沙赫里萨布兹)、石(赭时,今塔什干)、何(屈霜你迦[Kushaniyah],撒马尔罕和布哈拉之间)诸城邦之国,使用七种汉姓,汉文史籍称之为"昭武九姓"。

祆教是最早传入中国新疆的外来宗教,具体何时传入新疆,根据考古资料,林梅村、王炳华、李泰玉等学者推断认为,祆教约在公元前4世纪通过中亚塞人部落传入新疆。[3]新疆考古工作者1976—1978年在乌鲁木齐南山矿区的天山阿拉沟东口挖掘一处古代塞人的墓葬,随葬品中出土有一座祆教拜火用的祭祀台,墓葬主要文物的年代鉴定为距今2383年左右,即公元前4世纪。

从考古和文献资料反映的情况来看,魏晋南北朝至初唐,祆教传播的中心在高昌国。《魏书》卷101和《北史》卷97都记载"(高昌国)俗事天神"。唐代《法苑珠林》卷76《咒术篇》引崔鸿《十六国春秋》云,北凉玄始十四年(425)七月,西域向沮渠蒙逊"贡吞刀、嚼火秘幻奇伎"。

北魏时祆教传入中原,这应该与突厥悦般国所送幻人的传教活动有关。《魏书》卷102也有记载:

悦般国在乌孙西北——其风俗言语与高车同,而其人清洁于胡俗。剪发齐眉,以醍醐涂之,星晃然光泽,日三澡漱,然后饮食。……真君九年,遣使朝献,并送幻人,称能割人喉脉令断,击人头令骨陷,皆血出或数升或盈斗,以草药纳其口中,含嚼咽之,须臾血止,养疮一月复常,又无痕瘢。世祖疑其虚,乃取死罪囚试之,皆验。云中国诸名山皆有此草,乃使人受其术而厚遇之。[4]

祆教随着中亚粟特人的商贸往来,东迁传播到中国境内。祆教传入内地后,粟特人聚居地广设祆教胡祆祠,发展教民。山东嘉祥武梁石室,是汉桓帝建和元年(148)建成,内中有许多神像,过去被认作希腊罗马神话中的有翼神,还有各种具有伊朗宗教画面的石雕。林梅村分析认为,它完全可以确定为中国内地最古老的一座天祠或祆庙。这座寺庙也像中亚的祆庙一样,构筑在山顶之上,好燃起圣火,老远就能得见。[5]据《隋书·康国》载:"康国者,康居之后也……米国、史国、曹国、安国、小安国、那色波国、乌那曷国、穆国皆归附之。有胡律,置于祆祠,将决罚,则取而断之……国立祖庙,以六月祭之,诸国皆助祭。"释慧立、释彦宗撰《大慈恩寺三藏法师传》卷2云:"至飒秣建国(原注:此言康国),王及百姓不信佛法,以事火为道。"在武宗禁断之前,祆教的影响不断扩大。敦煌以东,肃州、甘州、凉州、金城到长安,凡都城大邑,都有祆教徒及拜火祠。通过对史料的分析,荣新江认为,在波斯人和粟特人聚集的长安和洛阳城内,隋唐时都有祆祠及祆教的管理机构,名为"萨簿府"或"萨宝府",列入国家职官系统,并设置祆祠及官员。[6]

祆教的东传,带来波斯文化,形成祆教特色的地域文化。"幻术"作为富有祆教特色的表演节目,被纳入散乐百戏杂技,成为魏晋以后重要的社会文化景观,风靡全国。对此史书有多处记载,如唐河南府立德坊及南市西坊,皆有胡祆神庙,每岁商胡祈福,烹猪杀羊,琵琶鼓笛,酣歌醉舞,酹神之后,募一胡为祆与之,其祆主取一横刀,利同霜雪,吹毛不过,以刃刺腹,刃出于背,仍乱扰肠肚流血,食顷,喷咒之,平复如故,此盖西域之幻法也。[7]唐凉州祆神祠,每年到祈祷的日子,祆主用锋利的铁钉从额上钉下,从腋下穿出,接着出门飞奔,动辄数百里,到祆神前歌舞一曲,回到祆祠,拔掉铁钉,莫毫发无损。除了这种"利刃穿腹、穿额"幻术外,祆主们经常表演的还有"起死回生""口喷焰火""悬空而卧""坐火不燃""伸缩、变形""呼风唤雨""灵魂附体"等等。这种幻术类似现在的杂技魔术,但其技艺之高超,竟使人看不出破绽。

此外,祆教也崇拜水,教义中称水是阿胡拉·马兹达之妻,人类之母。祆历每年八月十日(相当于阳历11月)为水神节。《旧唐书·康国传》记载波斯风俗:"至十一月鼓舞乞寒,以水相泼,盛为戏乐。"这就是泼水乞寒戏,或称"泼寒节",与祆教崇拜水的教义有关。这种习俗在西域各地十分流行,又从龟兹、疏勒传入中原,唐朝时流行各地,成为诸戏在宫廷表演。此外,唐代西域各地颇为流行的"疏勒乐""高昌乐""龟兹乐""西凉乐",假面歌舞"苏莫遮"、燃灯祀神的"灯舞""火风曲"等,多受波斯文化影响,与祆教教义思想有关,以歌舞音乐的形式侑神悦神、祈福禳灾,体现了对天神、火神、光明的崇拜。

拜火习俗在维吾尔族农村仍有遗留。《西域图志》卷39记载:"每年两次,众人赴玛扎尔(麻扎)礼拜诵经,张灯于树,通宵不寐。"朝拜者还在土块上刻个窝,里面放上火籽,点燃后置于麻扎周围。哈密地区东风乡有《拜火舞》《灯舞》,和田墨玉县有《顶灯舞》,喀什叶城县也有《灯舞》。莎车县民间的"麦西热甫"中,仍可见口中吐火的幻术表演。在柯尔克孜等游牧民族中,新年"诺鲁孜节"的头天晚上月出之时,"每家毡房前都要用芨芨草生一大堆火,人和牲畜都从火堆上跳过,以示消灾减难,预报新的一年人畜两旺"。[8]

陕西重要文化遗存血社火文化传统,其技艺赓续于从西亚传入的祆教下神仪式"七圣刀"或称"七圣法"幻术。在后来的发展过程中,血社火受"末日审判"信仰和目连文化的影响也非常明显。

(二)陕西的祆教孑遗与陕西"血社火"

陕西宝鸡陇县民间社火历史悠久,文化内涵深厚,种类比较齐全,场面声势浩大,受到了学术界的广泛关注。2013年陇县被中国民间文艺家协会授予"中国社火文化艺术之乡"的称号。陇县血社火,以"奇特""恐怖""神秘"而备受关注。由于血社火表演活动一度中断,学术界对这一古老而神秘的民俗事象研究不够。笔者目力所见的学术文章仅有王琼《人牲与血祭——宝鸡血社火的地缘历史文化追溯》和《渎神——血社火的人类学文化溯源》[9]两篇。鉴于此，2013年2月20日至25日期间笔者在"首届中国社火艺术节"期间前往宝鸡陇县做田野调查。

血社火的文化渊源应该追溯到杀牲献祭的丰穰仪式。以活人献祭是远古时代一种世界性宗教仪式，在畏天敬神的祭典上，以人为祭品（简称"人祭"Human Sacrifice）被视为是最神圣的仪式。[10]

伊利亚德在《神圣与世俗》中揭示了牺牲、丰收、圣餐和灵魂之间的关系。根据最早的农耕神话传说，人类之所以成为今天的人类——终有一死的、有两性关系和不得不工作的状态，正是因为一种原始谋杀的结果。初始，在大多时候经常是一位处女或一个孩子，一个男人，自告奋勇地成为牺牲以便农作物和果树能够从他的身上生长出来。

> 这样的第一次谋杀从根本上改变了人类生命存在的模式。神圣生命的献祭不仅仅揭示了人类对饮食的需要，而且也预示了人类难以逃脱死亡的厄运。结果，人类只能通过性这种唯一的方式来确保对生命的延续。被献祭者的尸体已经转变成了食物，他的灵魂沉到了地下，并在地下确立了"亡灵的世界"（the Land of the Dead）。[11]

伊利亚德在"农业与丰产崇拜"一节里重点论述阿兹特克人和孔德人的人祭。

> 关键是那些所有在场的人，也就是每个村子派去参加仪式的代表都会分到一小块被献祭者的身体。祭司小心地分割身体，然后立刻送达每个村庄并隆重地埋入田野。遗留下来的，特别是首级和骨头都被焚烧，骨灰撒在开耕的田野里，目的依旧是确保一个好收成。后来英国当局禁止这样的人祭，孔德人就用某种动物（一头公羊或者公牛）来替代梅利亚。[12]

关于中国殷商人献祭祖先神和自然神的方法，据姚小遂研究统计:杀人牲的方法竟有11中之多,其中"刉人牲血法",在祭祀时刺伤人牲,使其出血献祭神灵。记录这种牲法的"䇞"字,于省吾认为像血滴形状,表示杀牲取其血以祭祀。[13]

古代墨西哥阿兹特克人经常用儿童敬祭雨神塔洛克。[14]早期的婆罗门经典反映古印度也曾以活人献祭。尤其当人类面对各种自然灾害和瘟疫时,为了表达对神灵的崇敬,先民举行仪式时均使用活人祭祀。印度最古老的歌集《梨俱吠陀》第10卷第90曲这样写道:

> 众神共祀,以此祭品,奉与牺牲;此一祭礼,最初圣餐。大哉神力,发乎牺牲,扶摇直上,达之天穹,众神诸圣,与彼同在。[15]

心理学大师荣格议论道:牺牲带来充沛神力,与众神的力量相当。世界的创造来自牺牲,按照《奥义书》的教诲,通过这样的方式也能创造人的新境界,一个可以称之为不朽的境界。[16]维柯在谈到牺牲的起源时说:

> 这些牺牲仪式在最早的粗鲁的野蛮人之中都从许愿和还愿的献礼乃至用活人作牺牲开始,据普劳图斯说,用活人作牺牲,在拉丁人中间俗称"献供农神的牺牲",在腓尼基人中间叫做献供莫洛克即火神的牺牲,他们使献给那种妖神的儿童们穿过火堆。这类牺牲仪式有些还保留在罗马十二铜版法里(4.1),这些牺牲使人懂得"首先敬畏世上被创造的神们"那句老话的真正意义。[17]

延续至今,中国河北武安等地民众在祈雨过程中,为表示虔诚,把尖尖的铁钩,勾在光着的脊背或胸上,铁钩的下面再悬挂上秤砣、香炉、大刀、铁锤等物品,使插在肉里的铁钩处不停地向外淌血。

后世人们宰杀牛、羊等动物作为牺牲,替代人牲来敬献神灵。血社火中的丰穰仪式,以人牲替身的血祭地母,替身就是镇魂祭祀中审判后要受到严惩的恶鬼。以镇魂仪式中所擒杀的"凶鬼"为替身,作为血祭地母仪式中的人牲。[18]这从血社火传人的口述可以获知:

> 据老人讲,血社火意在赶走妖魔,那些造型各异的表演者,他们不同的妆容代表不同的妖魔鬼怪,那些利器扎在他们身上,作用就是要镇压住他们,让他们不要出来兴风作浪,祸害人民。[19]

从古代文献资料来看,在傩戏祭祀活动中,人要装扮为"尸神","尸神"的产生条件极为苛刻,一种情况是普通人在一场大病痊愈或晕厥以后,神灵附体,附体者能传达神谕、传授神技、惠赐恩惠、神人对话等等成为尸神。我们稍微对第六代传人有关血社火的口述史做一下梳理,"尸神"师承的真面场景就会浮出水面。

> 血社火的来历,传说是很久以前,有一个讨饭的老人,流落到三寺村,贫困交加,身患重病,快要死了;祖上将其接到家里,不仅给其饭吃,还熬中药为他治病,直到他痊愈。老人无以为谢,就把随身带的袋子留下了,并且暗授了机密,说是只有这样,你们村就会永远平安吉祥。这个袋子里的东西,就是扎快活用的道具。[20]

这段口述史,如果从故事类型看,显然是"搭救报恩型"和"神奇赠物型"的民间故事的杂糅形态。在类型性的故事中,受搭救的往往是下凡"微服私访"的神灵,酬谢赠品往往是能召唤神灵祈福纳吉的法宝。[21]从另一个角度,这是尸神产生的口述故事。查考相关文献,笔者发现,和血社火文化人类学意义上的渊源相对应的,还有血社火的技术秘密的来源,即"七圣刀"幻术的孑遗。

祆教诞生于公元前1100年左右,是世界五大宗教中最为古老的宗教。古波斯帝国阿契美尼德王朝及后来的萨珊波斯奉祆教为国教。流行于中古波斯和中亚粟特等地的"祆教"[22](琐罗亚斯德教)奉《波斯古经》为教义经典。该教认为世界上有两种对立的本原,一种是善,其最高神是阿胡拉·玛兹达,即智慧或主宰之神;一种是恶,其最高神是安格拉·曼纽,即凶神。人死后,阿胡拉·玛兹达将根据其生时之言行,进行末日审判,通过"裁判之桥"送上天堂或投入地狱。祆教祭司是至上善神阿胡拉·马兹达和祆教信徒之间唯一的媒介,整个祭司阶层在祆教传播和发展的过程中成为阿胡拉·马兹达和琐罗亚斯德教的代言人。

226年波斯萨珊王朝以祆教为国教,中亚各国都崇信此教。新疆境内的竭盘陀国(塔什库尔干)在战国时期便有了祆庙,《大唐西域记》卷12记该国开国传说,祖先是"母则汉土之人,父乃日天之种,故其自称汉日天种",暗示立国时已信奉波斯传说中的日神弥罗(Mithra)了。玄奘访问屈支国(库车)时,这里城北早有天(祆)祠,恐怕早在东汉时已经有了。陕西北部绥德快华岭发现的汉墓石刻中有代表生命树(宇宙树)的石刻图像,另一座绥德汉墓石刻门楣上也有琐罗亚斯德教中太阳神化身的独角马图像,连河南汉代空心砖上都有了巫祝图像,这是琐罗亚斯教早期在内地流传的信物。

笔者认为,血社火的技术源于波斯传入的祆教[23]下神早期的"七圣刀"或称"七圣法"法事或法术仪式。所以,从这个意义上,血社火成为祆教华化形态的一个余续,一个支脉。[24]

据苏鹗记载,唐懿宗的爱女同昌公主得病时,曾召请术士米蜜作"灯法"疗疾,这位粟特术士所谓"灯法"应该是在祆庙中燃灯祈祷的一种仪式。又如S.2241《公主君者者状上北宅夫人》记载:"孟冬渐寒,伏惟北宅夫人司空小娘子尊体起居万福。即日君者者,人马平善,与(已)达常乐,不用优(忧)心,即当妙矣。切嘱夫人与君者者沿路作福,祆寺燃灯,倘劫不望。""祆寺燃灯"显然是有礼拜圣火的含义。同时,归义军政府还支出一定的灯油用于祆寺燃灯。P.4640《归义军衙内布纸破用历》保留了公元899年至901年张承奉时期赛祆活动中支出"画纸"的记录。S.1366《归义军使衙内面油破用历》:"十七日,准旧城东祆赛神用神(食)五十七分,灯油一升,秒面二斗,灌肠(面)九升。"S.2474《归义军使衙内油粮破历》记载"城东祆灯油二升",辛酉年(901)正月到四月间,每月都要举行一次赛祆活动。祆寺燃灯是中国祆教徒根据祆教教义以燃灯的方式来表达对圣火的崇拜,对光明的追求,是中亚祆教仪式在我国的流变,应与佛寺燃灯有别。[25]在粟特胡人的宗教信仰影响之下,沙州一带的"赛祆"民俗活动非常流行。姜伯勤先生认为赛祆是一种祭祀活动,有祈福、酒宴、歌舞、幻术、化装游行等盛大场面,是粟特商胡庙会式娱乐活动。[26]

祆祠的直接管理一般都由祆教祭司担任。萨宝也是统领火祆教的宗教领袖,兼理政教。根据向达先生的考证,北齐时就已有此官名,《隋书·百官志》论齐官制,称:"鸿胪寺掌蕃客朝会吉凶吊祭,统典客、典寺、司仪等署令丞,典客署又有京邑萨甫一人。"北朝和隋唐时期,地方政府和中央政府为了更好地控制商胡聚落,将萨宝纳入中国传统的官僚体制当中,并设立萨宝府,下设萨宝府祆正、萨宝府祆祝、萨宝府长史、萨宝府府率等官吏职,管理聚落行政与宗教事务。

《册府元龟》载,唐高宗显庆元年(656)正月下"禁幻戏诏",帝"御安福门楼观大酺,胡人欲持刀自刺以为幻戏,帝不许之。乃下诏曰:'如闻在外有婆罗门胡等,每于戏处,乃将剑刺肚,以刀割舌,幻惑百姓,极非道理。宜并发遣还蕃,勿令久住,仍约束边州,若更有此色,并不须遣入朝'"。[27]可见在初唐这种割舌挖眼的幻术就已传入内地,唐长安城曾设置有祆祠五所,每年在祆庙祭祀中也表演这类惊世骇俗的西域幻术。[28]

唐人张鷟《朝野佥载》卷3记载:

> 唐陵空观叶道士,咒刀。尽力斩病人肚,横桃柳于腹上,桃柳断而肉不伤。后将双刀砍一女子,应手两段,血流遍地。家人大哭。道士取续之,喷水而咒。须臾,平复如故。
>
> 河南府立德坊,及南市西坊皆有胡祆神庙。每岁商胡祈福,烹猪羊,琵琶鼓笛,酣歌醉舞。酹神之后,募一胡为祆主,看者施钱并与之。其祆主取一横刀,利同霜雪,吹毛不过,以刀刺腹,刃出于背,仍乱扰肠肚流血。食顷,喷水咒之,平腹如故。盖西域之幻法也。

又记载说：

>凉州祆神祠，至祈祷日祆主以铁钉从额上钉之，直洞腋下，即出门，身轻若飞，须臾数百里。至西祆神前舞一曲即却，至旧祆所乃拔钉，无所损。卧十余日，平复如故，莫知其所以然也。[29]

祆教神话思维把"七"视为原型数字，其宗教信仰中有"七天创世说""七层天""七位一体神"、七曜制（七曜指日、月、火星、水星、木星、金星、土星，合为一个周期，又称星期）。粟特纳骨器上装饰有七火舌火坛等等。祆教教徒在祭祀时非常注意保持火的洁净，只用清洁干燥的木柴香料和供品置于火中，用火烹调时也要十分小心，必须让火保持经久不息。玄奘在贞观年间行至中亚，曾经亲睹粟特聚落的拜火之俗。《大慈恩寺三藏法师传》一书中记载了当时康国的拜火盛景："王及百姓不信佛法，以事火为道。"近数十年来，考古工作者在粟特本土和中国境内的粟特人聚居地发现了若干祆教祠庙遗址，祆祠壁画中多次出现"火坛"的形象。如1999年7月山西太原出土的粟特人虞弘墓石棺床座上有圣火坛；2000年5月发现的陕西西安粟特人安伽的石棺墓，门额正面刻绘祆教祭祀图案，中部刻有3只站立在覆莲座上的骆驼，背驮圆盘，盘内置薪火。据笔者推断，以波斯神话数字七为法器件数的下神法术，和疾病救疗技艺相结合，成为风靡世界的放血疗法（在施行手术前要在"圣火"上灭菌）。[30]"七圣刀"法后来变身为"七圣刀"幻术。

晚唐（885年）写定的敦煌文书《伊州地志残卷》（S367），描写敦煌北面伊州伊吾县祆庙举行的一次震动朝野的"下祆神"仪式。

>有祆主翟盘陀者，高昌未破之前，盘陀因入朝至京，即下祆神。因以利刀刺腹，左右通过，出腹外截弃其余，以发系其本，手执刀两头，高下绞转，说国家所举百事皆顺天心，神灵助无不征验。神没之后，僵仆而七日即个复如旧。有司奏闻，制授游击将军。[31]

与《朝野佥载》印证,我们发现火祆教徒们虔诚至极又身怀绝技,祈祭祆神的血祭仪式,常伴随祈福、酒宴、歌舞、幻术等庙会式的狂欢活动,尤其是西域胡人祭祆时神秘莫测的幻术(魔术)展现的幻象、幻境,给人以神奇、灵异之感,其神秘的宗教内涵"夹裹"在汉族迎神赛社等民俗技艺表演的外壳里,让许多人不知就里。

祆教血祭的方式与传统的民间信仰类似,与国家正祀亦不相违背,在这种历史大背景下,祆教最终成为国家祀典所吸纳的对象,逐渐汇入了中国的万神殿。[32]祆祠、祆庙逐渐正式纳入官方的祭祀议程,隋唐时朝廷设立萨宝府和祀官,纳入朝廷管理序列,武宗禁断后,北宋初年又有所恢复。北宋初年,祆祀列于新朝祀典,山西地区之泽州、潞州、河东,俱有宋太祖祭祆记载。北宋之汴京、扬州、镇江、沙州诸地,俱有祆神庙,当时流行风习中,常有人在祆神庙祈求健康、祈求中第、祈求征战胜利或者由官府礼官主持祭祆祈雨。[33]

由粟特火祆教徒带入的"刺心剖腹"的"七圣刀"下神仪式,在"华化"过程中"祛魅",逐渐转变成汉人的"祆火神"民间信仰,[34]其中的幻术表演部分,逐渐与汉族社会的百戏歌舞技艺糅合,进入节庆表演节目单之中。北宋东京每年清明节,诸军向皇帝上演的百戏中,就有此节目。"七圣刀"幻术的表演人数也从唐代祆祠的1名祆主发展为7人,称之"七圣刀"或"七圣法",其中杜七圣所表演的幻术最为出名。[35]

陇县、蒲城等地保存至今的血社火,是祆神民间信仰的重要文化遗存之一。[36]笔者推断,血社火的"技术"部分源于粟特人带入的祆教"七圣刀"法术。结合田野调查资料,略陈原因如下:

第一,据血社火第6代传人闫春林口述:

> 过去血社火也表演"开膛破肚"和"万箭穿心"技艺,但是这几年没有表演。一个是过于逼真恐怖,怕把孩子们吓着;二是现在血社火表演大多在正月天,又在室外,北方天气寒冷,表演人容

易感冒患病。[37]

可见前述"七圣刀"仪式中的"刺心剖腹"（开膛破肚）和"万箭穿心"技艺被血社火幻术一代代传承了下来，只是由于自然环境和社会习俗的选择，渐渐被放弃。另外从历史上表演过的剧目看，血社火曾经表演剧目有《十八层地狱》《耿娘杀仇》《刺辽》《小鬼推磨》《锯裂分身》《王佐断臂》《阎王换头》等等，的确保留了"续头法"、刺心剖腹等幻术成分。

第二，文献记载，血社火中就有"七圣刀"，至今这一传统仍然保留。从宋代以来，祆教下神仪式"七圣刀"法，逐渐形成以菜刀、剪刀、斧头、锄头、镰刀、锥子、铡刀这7件刀具的表演程式。这一点在田野调查中得到证实：血社火传人说，血社火的核心秘密在于菜刀、剪刀、斧头、锄头、镰刀、锥子、铡刀这"七件子"。

查阅历史文献，探究其根源，"七圣刀"的源头来自西亚传入的祆教的下神仪式。这种由粟特人带入中原的"刺心剖腹"幻术在唐宋一度十分盛行，史料中多有记载"七圣刀"幻术表演的片段，西安展示的"七圣刀"幻术陶塑也是其中的典型。而这种令唐宋世人惊骇的幻术，由于和汉族所持"身体发肤受之父母"的孝道观念和民俗不符，明代以后已基本消亡。但是"七圣刀"的惊悚表演还是作为文化记忆成为众多小说、戏曲、电影、电视的题材。

明代以"七圣"为名的变戏法的人很多，最出名的是杜七圣。明代的说话人形容杜七圣，"头上裹着头巾，戴着一朵罗帛做的牡丹花，脑后盆大一对金环，拽着半衣，系着绣裹肚，着一双多耳麻鞋，露出一身锦片也似文字。"[38]活脱脱一个江湖艺人的装扮。

第三，血社火的关键环节至今还是"绝密"。这从一个角度也证明其曾经的"幻术"身份。古代文献中的"幻术"就是今天的魔术。无论是传统断绳复原还是断头台上斩掉人头、腾空悬浮等，魔术最大的行规就是"永不公开魔术的秘密"。而血社火在陕西蒲城、宝鸡赤沙镇、陇县东南镇都有零星保留,但血社火几代传人,宁可让血社火不进入非物质文化遗产名录,也从没有公开其中的奥妙,这也从一个侧面证明其曾经的魔术身世。

笔者田野调查得知,血社火幻术(魔术)的性质,最关键的机关在庙里完成,要绝对保密,而且几秒钟即成,天机绝不可泄露。

据说还要念咒语的,神乎其神呢。一般很难破解其中奥妙。就是装身子的人,据说也懵懵懂懂,自己也说不出个所以然来。难以理解的是,明明知道那些道具是假的,但就是把这假的做的这么逼真也是很有难度的。一个一尺来长的锥子,没有真的扎进脑袋,但要把它固定在头上,谈何容易?一个小方凳,只有一个角的接触点,却要牢固的斜竖在脑门上,谈何容易?平衡怎样去掌握?难度不小呢。其神秘色彩可见一斑。[39]

第四,陇州社火协会编撰的,总字数达75万字的《陇州社火大典》没有收录血社火。按照前言所述,《大典》是陇县社火的集成之作,编写人员在两年时间里"翻山越岭,夜以继日,深入民间、拜群众为师,搜集资料、家访座谈,寻根问底,一丝不苟,笔记录音,拍照录像,反复琢磨,相互切磋、精心编写,九易其稿"[40],真可谓呕尽心血。《大典》收录了步社火、马社火和高芯社火并详尽介绍了制作工艺,但是,大致和其他种类的社火相比,要按照社火要素脸谱、曲谱、鼓谱等分门别类,血社火的幻术身世注定它不能归入传统社火任何门类,编委会因之没有收录血社火。

如果血社火仅仅是一种幻术,便很难具备民俗意义上的群众基础,宋代以后,七圣刀法术及其仪式就自觉地融入汉族庙会中,演变为一个和汉族社火迥然有别的一种社火类型——"血社火"。在长期节庆表演中,血社火被汉族民俗活动所接纳,搬演《十八层地狱》《铡美案》《耿娘杀仇》《刺辽》《小鬼推磨》《锯裂分身》《王佐断臂》《阎王换头》《关公保皇嫂》故事。

一般社火中,镇魂祭祀,杀恶鬼除祟的宗教信仰活动和惩处恶鬼禳灾驱疫的傩仪合二为一。处死恶鬼完全以象征性的"替身"进行,处死后祭祀祖宗或神灵的凶鬼,其血肉成为贡品,分享这些贡品可以使自己获得神的庇护,接受天赐福禄,不仅保佑庄稼五谷丰登,也使人万寿无疆。与一般社火的不同,血社火中,人们分享的是供神祭品牛和羊(其内脏作为道具,用来渲染血社火中内脏外翻的血腥残酷场景)。

为什么祭祀活动除了敬献牛、羊和鸡以外,要以人来作为凶鬼的替身,象征性地剪除掉?笔者认为,除了以人为牺牲的原始祭祀仪式的文化孑遗之外,在后世发展过程中,血社火的表演还受到了丝绸之路沿线曾经流行的目连文化的影响。

佛教祆教化从佛经翻译时代就开始了,于阗人是信仰火祆教的塞人的后裔,英国伊朗学家贝利教授和现在哈佛大学执教的丹麦语言学家施海夫教授研究认为:于阗人信仰佛教之前崇祀的巫教就是火祆教,所以于阗人用祆教词汇来翻译印度梵语佛典。于阗塞语文书中表示"太阳"的词 urmaysde 即祆教主。吐蕃占领敦煌后,信奉祆教的粟特百姓也纷纷皈依佛门,所以很多文化事项中都存在"将佛似祆"现象。[41] 位于丝绸之路北线的陇县血社火也受佛教影响,把阿鼻地狱中的六道轮回之苦展示出来。根据调查的材料,血社火所在地都无一例外有寺庙,且香火很盛。陇县东南镇闫家庵和宝鸡赤沙镇三寺村都有寺庙,其中赤沙镇有"赤沙九寺三庵"且寺庙香火旺盛。

陈仓区赤沙镇三寺村是距离赤沙镇上4.5公里的一个行政村,四五个自然村。全村不到千口人。三四条山沟把不大的村子割裂得有些支离破碎。整个村子坐落在地势稍微平坦的半山坡上。山坡如一个硕大的手掌,掌跟是山地,五指是缓坡,指缝是沟渠。散乱在其中的农舍遍掩映在青山里,显得幽静。三寺村人以吴、任、付三大姓氏居多。吴姓算是一大血脉。因为自清代据说有三个寺院而闻名,所以叫三寺。这三寺与赤沙的另外六寺以及

三庵合称为"赤沙九寺三庵",是香火旺盛的祭祀场所。

受佛教目连文化的影响,民间最为神秘恐怖的佛教地狱审判说对血社火的影响显而易见。敦煌讲唱《大目乾连冥间救母变文》(S.2614)中,目连以善因证得阿罗汉果,他借佛力上天堂见到了父亲,但不见母亲,佛告目连:"汝母已落阿鼻,现受诸苦。"目连于是遍历地狱,亲睹其间惨状。目连来到奈河桥边,只见无数罪人,脱衣挂在树上,大哭数声,抱头啼哭,栖栖惶惶。牛头狱卒岸边厉声催促。至五道将军坐所,只见金甲明晶,剑光交错,千军万众簇拥的五道将军有雷霆之威,令人生畏。此处群鬼或有劈腹开心,或有面皮生剥。地狱之中,锋剑相向,血流成河。只见刀山白骨乱纵横,剑树人头千万颗。[42]张岱《陶庵梦忆》"目连戏"条,记录了明末目连戏的演出形态。

> 余蕴叔演武场搭一大台,选徽州旌阳戏子,剽轻精悍、能相扑跌打者三四十人,搬演《目连》,凡三日三夜。四围女台百什座,戏子献技台上,如度索舞、翻桌翻梯、助斗蜻蜓、蹬坛蹬臼、跳索跳圈,窜火窜剑之类,大非情理。凡天神地祇、牛头马面、鬼母丧门、夜叉罗刹、锯磨鼎镬、刀山寒冰、剑树森罗、铁城血懒,一似吴道子《地狱变相》,为之费纸札者万钱,人心惴惴,灯下面皆鬼色。[43]

明末江南徽班表演的目连戏中,"游地狱"一场"锯磨鼎镬、刀山寒冰、剑树森罗、铁城血懒"等诸般酷刑,与变文、变相描述一致,也和今天我们看到的秦腔《唐王游地狱》相似。受变文影响,在民间说唱文学类型中,游地狱几乎成了实现伦理教化的最常见的母题。

佛教和袄教的地狱观念中都有审判仪式,在血社火传统中,这一审判仪式转化为格斗、擒凶的搏杀场面。其目的在于通过杀死恶鬼祭奠超度冤魂,镇抚被冤屈的亡灵。这种镇抚冤魂的祭祀成为驱疫禳灾的重要仪式,同时也把地狱判官砍杀"替身"(扮演被杀的凶鬼)的场面搬到了现世。[44]在具体的展示上,演员的脸都被画成惨白,脸上布满了血痕,猩红的嘴唇像在流血。最恐怖的莫过于这些演员额头、身上被插上了剪刀、斧子、锥子,有的整个额头被菜刀劈开,血红的肉外翻,露出森森白骨,还不断地流血。裸露的伤痕,满眼望去都是血肉横飞的场面,让人不寒而栗(图2-1-1)。

图2-1-1　宝鸡陇县赤沙镇阎家庵血社火(笔者摄于2013年2月)

血社火的降妖除祟仪式极具视觉冲击力。其中武松斗杀西门庆武戏分为两个阶段。第1个阶段武松赤手空拳,而打手们一个个手握家伙,有刀、剑、锥、铡刀、木屐、剪刀、榔头、镢头、镰刀、铁锨、斧头,龇牙咧嘴,凶神恶煞一般,大有把武松碎尸万段之势。第2个阶段,武松最终一个个治服了打手,血刃西门庆,高举潘金莲,准备把潘金莲摔入酒缸。整个过程,仪式地再现了武松威武不屈,为大哥报仇雪恨的决心和气概。西门庆的家丁,一个个面如死灰,鲜血淋漓,所有的家伙全都砸在了脑袋或肚子上。"三打祝家庄"中石秀、张青、扈三娘等人打败了祝家庄头领庄丁,败下阵的进入之前围好的简易化妆间,很快人就出来了,额头、眼睛、腹部被"扎"入了剪刀、斧子、菜刀、锥子、铡刀等凶器,惨不忍睹。

宝鸡陇县闫家庵和赤沙镇的"扎快活"通过血腥残忍的视觉冲击,直观地展示了镇压邪魔和鬼祟的主题。经过审判,揪出凶鬼,"残酷"地镇压了为非作歹的凶鬼后,祈福纳吉、禳灾除祟,来年风调雨顺的好年景才有盼头。

可以这样说,社火和仪式戏剧都源于一个古老的"擒妖"宗教信仰,继而发展为降妖伏魔的仪式。[45]血社火较为完整全面地保存了社火除祟娱神的民俗特点,虽然与春节气氛不相协调,但是和其他社火一样,血社火的宗教祭祀渊源注定了它的内涵在于禳灾除祟的驱傩仪式,因之具有先天的民间性和群众基础。许多群众都直言不讳地表达了自己参与血社火以求取"一年顺境"的心理愿景。

> 农村人有讲究,装了社火一年就顺境。咱这村子的人都想叫娃娃伙装社火哩。
>
> 装上一回社火,娃娃全年就无害无灾,不害病,不感冒。
>
> 有种说法是说,娃们家装过社火后一年就顺利。我两个娃都没有装过。想去装哩,人多得很,争不上。[46]

该村社火会成员李广才也讲到,群众认为在社火中参与表演会"倒殃运",即驱除霉运,带来好运。

> 记得有一年正月十五,我的堂妹也摩拳擦掌,跃跃欲试,一心想过把社火瘾,自然我也有此想法。于是,她拉上我去村委会装社火。堂妹长得俊俏可人,天生活泼大方、快人快语。她叽叽喳喳地对社火总管说:"大叔,我要装皇帝!"想不到,总管大叔定睛看了看她,"扑哧"一笑说:"你是雀儿撒(注:陕西方言'脑袋'的意思)——戴不了王帽!"……装社火没有分文报酬,都是自愿的,但是就为争抢一个满意的社火角色,像堂妹这样的铁杆社火迷,倒是煞费了苦心,图的就是个热闹劲。如今,已远嫁到省城的

堂妹每年如约都要回家看社火,我知道,社火里深藏着我们童年诸多美好的记忆。[47]

血社火在近古曾经分布广泛,据村民讲:

那些老上年的人都知道,我爷爷说他碎碎(小时候)还见过各道四处都有血社火,大家也不觉得有啥稀奇,今个还真稀有得很。[48]

由于祭祀活动经历由远古娱神到近代娱人的祛魅和世俗变迁,在全国范围内,只有安徽贵池农村在春节、元宵节的祭祀中,在祭神同时还保留了孤魂祭祀"新年斋"。

在过去,杀人祭鬼不是什么稀奇事,用人血、人耳祭神在《左传》中常有"衅鼓"和"衅钟"的记载。这种祭祀在唐代以前还普遍流行,到了宋代还是残存着,在北宋到南宋几百年的时间里,可以看到包括川、陕、湖、广甚至江浙,都有关于杀人祭鬼的报告。

一种方法是埋伏在草里等过路人,最好是等到知识分子,抓去杀掉。第二种方法是从外地抓小孩或妇女。第三种方法是把人的四肢和耳朵割下来卖给别人拿去祭祀。《宋会要辑稿》中的《刑法二》中有很多例子。因为《宋会要辑稿》是散佚重辑的东西,并不一定很全,而且这是在政府发布命令之后,可见,在没有发布禁令时这种现象会更多。在这之外,还有一种情况,是把杀了的人埋到土里"沉埋";还有的为了自己能成为神,杀过人后自己自杀,叫作"起伤"。当地人还要给这些人修起伤之庙。而这些现象居然会发生在文化教育很发达的浙江。到元代以后,明清两代,官方法令里仍有禁止采生折割、杀人祭鬼的内容,但在史料里面很少看到真正杀人祭鬼的行为了。[49]

以血献祭的丰禳仪式为文化根基,以"七圣刀"幻术为表现技艺的血社火,由于历史的际遇和文化的融合,发展演变成一种独具宗教文化传统的社火类型,因为仪式的祛魅和禁忌的世俗化嬗变,至今仅保留在宝鸡陇县东南镇闫家庵村、宝鸡赤沙镇,渭南蒲城县、合阳县、大荔县溢渡村、兴平汤坊乡等偏远的地区。

(三) 波斯粟特人"七圣刀"法术源流

"七圣刀"法术的源头是什么？笔者推测,七圣刀法是原始通神治疗的神秘技法,其前身应该是一种古老的巫术放血疗法,可追溯至远古的石器时代。人们在劳动实践中发现用锐利的石块——砭石在患病部位砭刺放血,可以治疗某些疾病。中国最早医学典籍《黄帝内经》记载,"刺络者,刺小络之血脉也","菀陈则除之,出恶血也"。[50]手术实施中,医生多采用小眉刀等刀具,使刀身与划割部位大致垂直,然后进刀划割,在口腔内膜、耳背静脉等处放血,可以治疗癫狂、头痛、暴喑、热喘、衄血等病证。相传扁鹊在百会穴放血治愈虢太子"尸厥",华佗用针刺放血治疗曹操的"头风症"。唐宋时期,本疗法已成为中医大法之一。[51]

文化人类学的调查发现,世界上许多民族的神话传说及民俗事象中,神秘数字如影随形。虽然不同民族所崇拜的数字不尽相同,但在原始人思维中,"每个数都有属于它的特别的面目、某种神秘的氛围、某种'力场'。因此,每个数都是特别地、不同于其他数那样地被想象(甚至可以说是被感觉)"。[52]作为医疗巫术神秘编码及其医疗技术常数,"七"是人类对宇宙时空及其运动规律进行描述的感性符号。

神秘数字"七"在世界许多地区受到更为普遍的崇拜。如印度、波斯、苏末、巴比伦、亚述、埃及、条顿、塞尔特诸族等,都以七为神秘数字。从现存的文献看,神秘数字"七"最早起源两河流域的苏美尔-古巴比伦古文明。在迄今所知人类最早的英雄史诗《吉尔伽美什》中,人们已看到诸如"七贤""七年歉收""七身索子甲""造船七天完工""船在尼什尔山上搁浅七天""祭神用七只又七只酒盏""烤七个面包"等细节。这些引人注目的细节足以使学者们确信,苏美尔、巴比伦和亚述人都是先于希伯来人、波斯人使用"七"数的象征意义的。希腊神话中,地狱据说要经过"七循冥河",前往地狱的人必须准备好小钱,以便买通摆渡过河的船夫。比较神话学家认为希腊地狱神话因袭前代文明遗产。根据这些新发现,20世纪20年代的德国学者提出了一种"泛巴比伦主义"的文化传播理论,认为包括文字、天文学和"七"在内的许多文化创造都是由两河流域文明中产生,然后播散扩展到世界各地去的。[53]

从中国早期的文化传播看,"七"作为巫术性疗法中的动量标准保存在简帛文献资料所载有关禁咒疗法的古医方中。施术者在念诵咒辞的前后常要进行一些象征性的摩擦、击打或唾的动作。这些象征性动作的次数多以"七"或"二七"为其动量的标准。这说明在中国早期医学中,"七"这一神秘数字很早就已进入人们的医疗信仰中,并占据着非常重要的位置。[54]如马王堆汉墓帛书《五十二病方》所载治疗"巢者"等疾病的禁咒方云:

(1)巢(臊)者:侯(候)天甸(电)而两手相靡(摩),乡(向)甸(电)祝之,曰:"东方之王,西方□□□□主冥冥人星(腥)。"二七而□。

(2)一,以月晦日之丘井有水者,以敝帚骚(扫)尤(疣)二七,祝曰:"今日月晦,骚(扫)尤(疣)北。"入帚井中。

(3)一,以月晦日之内后,曰:"今日晦,弱又(疣)内北。"靡(磨)又(疣)内辟(壁)二七。[55]

上引第(1)方是用禁咒法来治疗体臭类疾病的巫方。"二七而□(已)","二七",指念咒辞十四次。[56]

中国禁咒术和医疗活动中的通神应数"七"直接源于西域。《摩尼教流行中国考》前言中冯承钧说:"考吾国之数字,以三、五之用为多,如三纲五常、三光五行之类是也。七数为用较少,惟西域之人常用之,如七死、七生、七难、七宝、七音是也。"[57]廖育群就中印医学体系中对数字"七"的运用进行对比后也指出:印度医学运用数字"七"的范围比中国医学广,……而在中国医学里,唯有咒禁疗法才见强调

"七"。[58]

美国人类学家查·威尼克曾将一些在特定文化中经常出现于不同场合的数字称为"模式数字"[59]。芮逸夫对其进一步阐释说:

"'模式数目'又称巫术数目（Magic Number）或神秘数目（Mystic Number），是指习惯上或格调上一再重复，用来代表仪礼、歌谣，或舞蹈模式的数字。也用来指兄弟、姐妹，或动物类型传统上所具有的数字，或用来代表故事重复出现的行为的数字。"[60]

叶舒宪将后世"正月七日为人"的占候习俗与西方的创世神话相联系，认为"神话中的原型数字七不仅是无限时间的象征，同时也应是无限空间的象征"，而"由于现实的三维空间只有六个具体方位，加上中间为七，已经到了极限，无以复加了，所以七就成了宇宙数，标示无限大的循环基数，并因此而产生了法术的和禁忌的神秘意义"。[61]

波斯粟特人巫术治疗极为推崇"七圣刀"法术，由遗存至今的血社火技艺推断，其实为七种刀具的放血医疗仪式的变异。前文已经述及，随着时间的推移，粟特人"刺心剖腹"的"七圣刀"幻术仪式逐渐纳入到汉族社会的节庆、庙会的表演之中。北宋东京每年清明节，诸军向皇帝上演的百戏中，就有此节目。《东京梦华录》卷7《驾登宝津楼诸军呈百戏》:

又爆仗响，有烟火就涌出，人面不相睹，烟中有七人，皆披发文身，着青纱短后之衣，锦绣围肚看带，内一人金花小帽、执白旗，余皆头巾，执真刀，互相格斗击刺，作破面剖心之势，谓之'七圣刀'。[62]

南宋洪迈《夷坚志》中也记载了两条"七圣刀"史料，在《阁山排军》中记载有饶州市井恶少朱三事迹，自恃臂股胸背皆刺文绣，每年郡人祭神，他必攘袂在迎神的七圣袄队中走在前列，还常以"无奈我何"自居，横行无忌。[63]在南宋临安也有"七圣刀"的表演，《武林旧事》卷6在"诸色伎艺人"里就记载"七圣法:杜七圣"，可知"七圣刀"幻术的表演人数也从唐代祆祠的一名祆主发展为7人,称之"七圣刀"或"七圣法",其中"杜七圣"的表演最为著名。这也是罗贯中《三遂平妖传》第11回"弹子和尚摄善王钱,杜七圣法术剁孩儿"的"杜七圣"故事来源。[64]另外明人谢肇淛《五杂俎》卷6也记有大致相同的"杜七圣"斗法故事,但发生时间被移植到明嘉靖、隆庆年间。

《三遂平妖传》是以历史上王则弥勒教起义为原型,据历史事实和民间传说以及市井流传的话本整理而成的古典小说。由于民间宗教信仰的作祟,这一历史事件进入文学,演变为神魔小说,并加入了极具吸引力的幻术情节。名为"平妖",实则在13回以前以"展示妖术"为主要线索,其中很多人物都会法术,如圣姑姑、胡永儿、弹子和尚等等。在这些眼花缭乱的"妖术表演"中,以弹子和尚施术与杜七圣斗法最为精彩。

小说第11回"弹子和尚摄善王钱,杜七圣法术剁孩儿"中,杜七圣这样说道:

> 我这家法术,是祖师留下,焰火炖油,热锅煅碗,唤做续头法。把我孩儿卧在凳上,用刀割下头来,把这布袱来盖了,依先接上这孩儿的头。众位看官在此,先交我卖了这一伯道符,然后施逞自家法术。我这符只要卖五个铜钱一道![65]

后来,由于弹子和尚使坏收去了孩儿的魂魄,杜七圣几番接不上头,一怒之下,杜七圣取出一颗葫芦子,施法术使葫芦儿瞬间长大,提刀斩断了葫芦儿,弹子和尚的头就从楼梯上骨碌碌滚下来,弹子和尚快步捡起地上的头重新放好,接回颈上,赶紧揭开收魂魄的碟儿,这才还了孩儿的魂魄,孩儿立刻跳了起来。这便是杜七圣的幻术"七圣刀"的表演。从这一点看,"杜七圣"正是祆教幻术"七圣法"在中国本土表演并人格化为一位魔术师的称呼。

对"七圣刀"幻术颇有研究的马明达认为,宋代"七圣刀"来自唐代祆教下神幻术仪式。他指出:"杂技史著作将它看作具有杂技性质的幻术之一,武术史著作则将它拉到古代武术表演活动上来。实际上,"七圣刀"既非杂技,也非武术,它乃是古代祆教的一种法事或法术,故南宋时又被称之为七圣法。"[66] 由于祆教下神的法事活动本身就包含有幻术性质的表演,显庆元年的禁令才将胡人持刀自刺的表演称为"幻戏"。

《西湖老人繁盛录》所载的"佑圣观前宽阔所在"的七圣法表演,[67] 在吴自牧的《梦粱录》里得到印证。(图2-1-2)《梦粱录》卷1《八日祠山圣诞》条详细载述了庙会情景,其中写道:

图2-1-2 宋"七圣刀"幻术人物陶塑(左)与持剑武士陶塑(右)

初八日,西湖画舫尽开,苏堤游人来往如蚁。其日,龙舟六只,戏于湖中。其舟俱装十太尉、七圣、二郎神、神鬼、快行、锦体浪子、黄胖……之类。

南宋临安最吸引人的庙会——"祠山圣诞"活动共4天,期间要举行各种"赛社"活动,临安的官庶士女趋之若鹜。七圣法是庙会上贯常表演的内容之一。同为祆教的法术表演,临安与东京已有所不同,临安的表演似乎更加大众化了,演出者很可能不再是职业军人,而是普通的祆教徒,或者并不是祆教徒,只是七圣法演员而已。[68]

其实,"破面刺心"的表演并不是从宋代才有,有图像依据可以佐证。开凿于吐蕃统治晚期的敦煌158窟北壁的涅槃经变壁画中,有一副各国王子举哀图,其中就有割耳劈面和刺心剖腹的场景(图2-1-3)。对于此场景,敦煌文物研究所编的《中国石窟·敦煌莫高窟》第4卷有非常清晰的图像和比较详细的说明。整个画面表现的是信徒们在得知释迦牟尼入灭的消息时陷入极度悲痛的场景，从图画中我们可以看到，画面最前的是吐蕃的赞普，头部已不存在了。他的右边是一个汉装服饰的皇帝，由两个宫女搀扶着，掩面痛哭。其他13个人都是中亚或西域的王者装扮，其中一人一手捏鼻，一手拿刀切割。他左边一人裸露上体，自持长剑刺入自己的心脏。其后一人

图2-1-3　敦煌158窟北壁
涅槃经变"各国王子举哀图"
(《中国石窟·敦煌莫高窟》四，图版65号)

右手持刀去割自己的左耳。而他左侧一人手持双刀，刺向自己裸露的前胸。对此，贺世哲先生指出："吐蕃占领瓜沙以后，敦煌《涅槃经变》中开始出现割鼻耳、刺心胸的图像，这与吐蕃民族类似的哀悼习俗有密切关系。"[69]我们还可以看到，这一习俗在民族交流与融合空前繁盛的唐代社会也是层见迭出，如唐太宗驾崩时，"四夷之人入仕于朝及来朝贡者数百人，闻丧皆痛哭，剪发、剺面、割耳，流血洒地"。[70]

刺心剖腹，最早出现在西汉，逝于东汉，重新兴盛于隋唐时期，最早是作为一种自杀方式出现的。学者研究表明，南阳出土的两幅画像石均表现的是《史记·刺客列传》中记载的聂政刺杀韩相侠累后

图2-1-4　聂政自屠
(《南阳两汉画像石全集》图版138号)

自杀的故事。[71]在这两幅图画中，聂政均右袒胸腹，左手掀衣，持剑刺入腹中（图2-1-4）。而在东汉一代，再没有见到过自刺胸腹的例

111

子,这说明这种自杀方式此时已经消逝。然而到了隋唐时期这种方式又频频出现在史籍中,上自太宗皇帝,下到普通民女,包括很多武将和文人儒士都有自刺或企图自刺的行为。蔡鸿生给出的解释是,剑和武士剖腹自杀的历史并非日本特产,而是源于中亚的库尔干。[72]这种在西汉之后几乎灭绝的自杀方式在隋唐又重新出现,我们认为,应该与往来于丝绸之路上的中亚粟特人的祆教法术有关。至于祆教的下神活动,我们来看看敦煌 S.367《沙州伊州地志》残卷中的记载。

> 火祆庙,中有素书形像无数。有祆主翟槃陀者,高昌未破以前,槃陀因朝至京,即下祆神,以利刀刺腹,左右通过,出腹外,截弃其余,以发系其本,手执刀两头,高下绞转,说国家所举百事,皆顺天心,神灵助,无不征验。神没之后,僵仆而倒,气息奄七日,即平复如旧。有司奏闻,制授游(击)将军。[73]

由此可见,在贞观初年,伊州的祆教教主翟槃陀已经在长安表演了一场耸动朝野的下神幻术表演。自十六国以来,长安就是粟特胡人的聚居之地,唐朝灭高昌,建立安西都护府,东西方交流的障碍被扫除,来到长安的粟特胡人就更多了,他们信仰的祆教也随之进入两京地区。

董逌《广川画跋》卷4"画常彦辅祆神像"云:

> 元祐八年(1093)七月,常君彦辅就开宝寺之文殊院,遇寒热疾,大惧不良。及夜祷于祆神相,明日良愈。乃祖于庭,又图像归事之。属某书,且使世知神之休也。祆祠,世所以奉胡神也。其相希异,即经所摩毓首罗,有大神威,普救一切苦,能慑伏四方,以卫佛法。当隋之初其法始至中夏。立祠颁政,坊间常有群胡奉事,聚火诅咒,奇幻变怪,至有出腹决肠,吞火蹈刀。故下里庸人,就以诅誓,取为信重。唐祠令有萨宝府主司,又有胡祝以赞于礼事,其制甚重。在当时为显祠。

显然,粟特胡人曾努力使自刺的幻术融入长安的节日庆祝活动中,但由于与中国传统的"身体发肤,受之父母,不可轻毁"的伦理教化相去甚远,以致被朝廷下令禁断这类幻术表演,但是这样的禁令并未实施很久。长安作为都城,本是粟特胡人的聚集地,特别是唐灭突厥汗国后,双方往来更加频繁了,而这样的禁令也无法再实施下去。唐长安城曾设置有祆祠5所,分别位于布政、礼泉、普宁、崇化、靖恭坊,由此可推知唐长安祆祠每年也应表演这类惊世骇俗的西域幻术。

这种祆教下神的法事活动,即宋代及其后的"七圣刀"法术,在2008年西安博物院推出的"百家藏珍"民间藏品展中又露出了真面目。展品中有一件表现幻术"七圣刀"的陶塑玩具(图2-1-5),该件陶塑为单面模印人物,脚部微残,残高8厘米,为披发男子立像,披膊、护肩等处有铠甲。这件陶塑玩具在展览时被标注为"胡人开膛俑",被认为反映佛教舍生取义寓意。杜文撰文认为这件陶塑玩具表现的并非是佛教题材,而是宋代著名的幻术"七圣刀"。男子口叼短刀,用双手扒开胸膛,连肋骨都加以塑造,其衣着、表演与《东京梦华录》里诸军表演"七圣刀"的风格、神志基本吻合,[74]这为我们进一步揭开了"七圣刀"的神秘面纱。[75]

图2-1-5 宋"七圣刀"幻术人物陶塑

马明达先生认为,南宋的七圣法活动主要在临安以外的地区,特别是比较偏远的地区。洪迈所讲到的两个与七圣法有关的故事,一个发生在今广东韶关;一个发生在今江西上饶。饶州人朱三"臂股胸背皆刺文绣",与东京的七圣刀"皆披发文身"也相同。又"每岁郡人迎诸神,必攘袄于七圣祆队为上首",所谓"上首",很可能就是东京的七圣刀中"内一人金花小帽,执白旗"者,应是七人中的指挥。饶州每年的迎神活动中有"七圣袄队",可证明袄教在当地的传播和地位。总之,从这些材料中,我们看到袄教在南宋民间的社会生活中依旧存在,其活跃程度很可能还超过了北宋。

今天,西域粟特人在历朝历代的民族融合中已经踪迹难寻,但是由粟特人传入的袄教及其幻术传统依然草蛇灰线,时隐时现。在青海黄南藏族自治州同仁隆务河两岸的热贡农区,每年农历六月都要举行祭祀二郎神的"六月会",其中有一项奇特的"开红山"仪式,当地法师(即"拉瓦")会用匕首划破男性舞蹈者的额顶,令其血流满面地到场内献舞,祭祀"阿米木洪"(即二郎神)。这种血淋淋的"开红山"祭祀场面,是原始血祭的回光返照,还是割耳劈面和刺心剖腹胡俗的孑遗?

宋以后的"七圣刀"幻术,一部分成为文化记忆,化身为《西游记》《三遂平妖传》中惊悚血腥的叙事情节,吸引着读者好奇的目光;一部分融入民俗仪式活动,随着文化祛魅与宗教氛围的退却,其当初进入中国时的格格不入又在另外一种情境,以另外一种形式——"非物质文化遗产"的面目登场,这让我们惊诧于时空穿梭中,文化对于人、人对于文化的角色、角度的肆意切换,而这种切换中,似乎一代又一代人,相似而又陌生,像电影中蒙太奇,过一阵子恍然大悟,再过若干年又重归于惘然。

今天,"七圣刀"法最重要的遗存还要数血社火。从有关血社火文献记载看,血社火曾经表演的剧目有《十八层地狱》《耿娘杀仇》《刺辽》《小鬼推磨》《锯裂分身》《阎王换头》等。"血社火"活动以其惊悚的表演吸引了无数观众。演员们将斧头、剪刀等插入脑门,血流满面,或者用刀剑刺腹,刀柄在前,刀刃从后背露出,血流满地,十分血腥。从其表演的装扮来看,依然从形式上因袭了古代袄教的"七圣刀"幻术。

二、中国早期的魔术师：左慈幻术的西域源流

（一）西域的幻术

西域幻术[76]表演来到中国的时代可以追溯至周穆王。《列子·周穆王》中记载：

> 周穆王时，西极之国有化人来，入水火，贯金石；反山川，移城邑；乘虚不坠，触石不硋，千变万化，不可穷极。既已变物之形，又且易人之虑。[77]

饶宗颐先生认为，《穆天子传》载穆王西征到巨蒐氏之国，巨蒐献白鹄之血以饮王等史实，"以新近出土文献参照，绝非虚构"。王家台秦简出土《归藏》证实，穆王西征之事绝非无稽之谈，穆传中的巨蒐氏，即《禹贡》"织皮、西戎渠搜"。其名又见《周书·王书》篇，《大戴礼》之《五帝德》及《少闲》，《史纪·五帝纪》作"渠廋"。贾谊《新书·修政语上》云："（尧）西见王母，训及大夏、渠搜。"汉时朔方郡有渠搜县，这和张掖郡有骊轩县，安定郡有月氏道，上郡有龟兹县，都是因某族曾聚居而得名。佉卢文的 Kosava 即氍毹，织皮之一种，巨蒐、渠搜，即因出 Kosava 而闻名。因此，"渠搜"是事实存在的古代酋邦，有佉卢文证明，幻人东来之事，亦非子虚乌有。《列子》卷3言"周穆王时，西极之国有化人（幻人）来"事是有根据的。由此推知，西域丝路幻术交通，更早可推前至周穆王时代。今由《周穆王篇》所载，与秦简《归藏》参证，幻人入华年代，可能更提前一些。[78]

《无能子》卷中《纪见》第8有秦代幻人表演的记述：

> 秦市幻人，有能烈镬膏而溺其手足者，烈镬不能坏，而幻人笑容焉。无能子召而问之，幻人曰：受术于师，术能却火之热。然而诀曰：视镬之烈其心，先忘其身，手足枯梼也。既忘枯梼手足，然后并从之。悖则术败。此吾所以得之。无能子顾谓其徒曰：小子志之，无心于身，幻人可以寒烈镬，况上德乎。

既然称之为"市幻人",秦代的这个幻人应该是通过交换或者贸易而来到中原的异域人。汉武帝派张骞开通西域之后,西域及其以西的幻人与幻术的东渐开始有了明确的记载。

据载,早期流传于中国的幻术"吞刀""吐火""植树""种瓜""屠人""截马""自支解""自缚自解""易牛马头""易貌分形"等大都源自西域。三国至南北朝,由印度僧人和民间艺人携入的幻术节目又增加了"钵中生莲""食针""截舌复原""剪绢不断""火烧不毁"等。[79]

《史记·大宛列传》载汉武帝元封三年(112),安息国以"大鸟卵及黎轩善眩人献于汉"。韦昭注:"眩人变化奇幻,口中吹火,自缚自解。"颜师古曰"今之吞刀吐火,植瓜种树,屠人截马之术皆是也。"[80]《后汉书》载"永宁元年,掸国王雍由调复遣使者诣阙朝贺,献乐及幻人,能变化吐火,易牛马头,又善跳丸,数乃至千,自言我海西人。海西即大秦也,掸国西南通大秦。"[81]《后汉书·陈禅传》也有类似记载:安帝刘祐永宁元年(120),西南夷掸王献乐及幻人,能吐火,自支解,易牛马头。明年元会,作之于庭,安帝与群臣共观,大奇之。[82]可见汉安帝时期,分布于今云南、贵州、甘肃南部、四川西南部等广大地区的西域少数民族"西南夷掸王"向汉朝贡献散乐与幻人。"掸"在当时指傣族先民,那么"掸王"应该就是这些少数民族部落的族群首领。

按司马迁的记载,随西汉使者来到长安的幻人是"犁轩人",他们是被安息国作为贡人献到中原来的。《史记》及《汉书》中所说的"犁轩""犁靬",指托勒密埃及王国,其国都Alexandria(亚历山大城)音译为"犁轩"。公元前30年,犁轩沦为罗马的一个行省,因而此后的"犁轩幻人"又称"大秦人"。[83]

西域地区历来是方术杂技的输出国,在他们传入中土的各种杂耍方技中,有一种舞龙之术。《春秋繁露》记叙了西汉曾常年四季在邑门外设坛作土龙祈雨,旁人在土龙旁边舞蹈,取悦于神。汉代百戏节目之一"鱼龙"是由人扮比目鱼跃水作雾,后化为黄龙八丈,出水戏于庭。

《后汉书》卷5《孝安帝纪》延平元年（107）十二月载："乙酉，罢鱼龙、曼延百戏。"张衡《西京赋》云："巨兽百寻，状蜿蜿以蝹蝹。……化为仙车。"《汉书》卷九六下《西域传》注引晋灼曰："负龙者，为舍利之兽。"我国现在经常举行的"舞龙"节日就渊源于这一西来方技。与中土传统巫术相比，这种西域方技便捷而具有观赏性，能让人立竿见影地看到龙的变化，因此，很快战胜了中土巫术而取得压倒性的优势地位。

前来中土的方技术士以极具社会效用的祈雨方技获得了充分认可。《高僧传》卷10《神异下·涉公传》载："涉公者，西域人也……能以秘咒，咒下神龙。每旱，（苻）坚常请之咒龙，俄而龙下钵中，天辄大雨。"涉公是石国人。《太平广记》卷421引《宣室志》载萧昕为京兆尹时亲见天竺僧不空三藏祈雨。

> 取华木皮仅尺余，缵小龙于其上，而以炉酝香水置于前，三藏转咒，震舌呼祝，咒者食顷，即以靳龙授断曰："可投此于曲江中，投讫亟还，无冒风雨。"昕如言投之，旋有白龙才尺余，摇鬣振鳞自水出。俄而身长数丈，状如曳素，修忽亘天……云物晦凝，暴雨骤降。[84]

到唐朝，祈雨已经成为摩尼法师的绝技之一。《旧唐书》卷13《德宗纪》："贞元十九年（799），四月丁丑，以久旱令阴阳人法术祈雨。"《唐会要》卷49"摩尼寺"条有："贞元十五年月，令摩尼师祈雨。"

佛教传入后，幻术在佛教法会活动中得到充分的展现。三国两晋时期法会幻术风靡一时，北魏时期发展成为佛教集会中必不可少的节目。《洛阳伽蓝记》中明确记载洛阳城南景明寺，每年佛诞日（农历四月八日）前后举行法乐震天、热闹喧哗的佛教法会的场景。《法苑珠林》卷76当中较详细地描述了汉、三国、晋以及唐朝时期杂戏的表演场面，其中提到了"种瓜""易首""吐火""截舌""走绳""抽肠"等节目，其中大部分都是自西域传入的幻术。

六朝时的佛教杂艺表演受到汉代"百戏"与西域佛教伎乐的双重影响。恰如《隋书·音乐志》里所说:"始齐武平中,有鱼龙烂漫、俳优、侏儒、山车、巨象、拔井、种瓜、杀马、剥驴等,奇怪异端,百有余物,名为百戏。"晋永嘉年间,有天竺人来度江南,"其人有数术,能截舌续断,吐火变化。所在士女,聚共观试。"[85]这令人眼花缭乱的奇幻异术之中,不少是非常残酷的大型幻术表演。"吞刀吐火,腾骧一面;彩幢上索,诡谲不常。奇伎异服,冠于都市。像停之处,观者如堵,迭相践跃,常有死人。"[86]而景乐寺六斋日(每月八日、十四日、十五日、二十三日、二十九日和三十日。这六日乃四天王视察人间善恶之日,所以诸事须谨慎,正午过后要求断绝一切事物)的大型表演更是盛况惊人:"至于六斋,常设女乐,歌声绕梁,舞袖徐转,丝管寥亮,谐妙入神。……得往观者,以为至天堂。……召诸音乐,逞伎寺内。舞抃殿庭。飞空幻惑,世所未睹。异端奇术,总萃其中。剥驴投井,植枣种瓜,须臾之间,皆得食之。士女观者,目乱精迷。自建义以后,京师频有大兵,此戏遂隐也。"[87]上述引文提到的"剥驴投井""吞刀吐火""植枣种瓜"等节目,就是西域传入的幻术。这些幻术、杂技,通常是法会之时在寺庙中表演的固定节目,这一表演大大增强了佛教法会的世俗性与趣味性,也起到了广泛延揽信众的作用。

西域传来的吞刀、吐火、屠人、截马、自支解、易牛马头、自缚自解等多是形象残酷的节目。"吞刀"真的把刀插入食道;"吐火"亦属苦刑幻术。汉安帝时,"天竺献技,能自断手足,刳腹胃"均为血淋淋功夫。只有"种瓜"是流行于印度及南亚的优秀节目,表现了下种、引蔓、结瓜于顷刻之间,获得观众的喜爱,因之广泛传播,[88]民间的方士大多精通此术。干宝《搜神记》里如下记载:

  吴时有徐光者,常行术与市里。从人乞瓜,其主勿与。便从索瓣,杖地种之。俄而瓜生蔓延,生花成实。乃取食之。因赐观者。

由此可见,幻术在东汉由于吸收了外来幻术的优秀成分,渐渐摒弃了本土幻术道具巨大,演员众多,集体表演的不足,只需小小的一"瓣"即可生瓜,这是幻术的一大进步。幻术在后来的发展中,节目大增,并且在唐代就已出现了纯手法的幻术、隐身术、分身术等,这些幻术技艺的日臻完善,为《三国演义》里的大魔术师左慈的形象披上了"玄之又玄"的神秘外衣。

历史"演绎"的边界"文本"可以表述为一种"历史叙事","情境"则是一种"历史心性"。历史表面上是过去发生的事实之记录,实际是人们对过去的记忆与想象,因此历史是选择性的书写。华佗和左慈是《后汉书》历史"演义"的两个典型文本,均被纳入《方术列传》,透过"演义",我们可以深入到历史叙述和历史心性内部,探寻民族精神和心理的奥秘。

(二)《三国演义》中的左慈及其幻术的种类

《三国演义》第68回《左慈掷杯戏曹操》[89]中,左慈用其幻术惹怒曹操,遭到曹操不遗余力的追杀。这一情节,不禁让读者在众多战争场面描写中捧腹开怀。曹操一代枭雄,竟会被左慈这一介方士戏耍于股掌之间。小说中,左慈幻术妙趣横生,高深莫测,变化多端,让人惊讶于幻术背后的"神力"。曹操遭此戏弄"惊而成疾"。后人有诗赞左慈道:"飞步凌云遍九州,独凭遁甲自遨游。等闲施设神仙术,点悟曹瞒不转头。"左慈的幻术神秘莫测,耐人寻味,左慈到底是何方神圣?

左慈是东汉末年一位有名的方士。除《后汉书·方术列传》外,干宝《搜神记》、李昉《太平御览·神仙方术》、葛洪《神仙传·左慈》《方舆胜览》《天下名胜志》《江南通志》、清《庐江县志》均记载"庐江左慈",至今庐江尚存钓鱼台、左慈井、掷杯桥、升仙桥、白羊岗、羊山头、玉虚观等文化遗迹。

左慈戏弄曹操是历史上存在过的事件。当时,黄金张角起事,并利用幻术奇伎行邪作蛊,迷惑群众,曹操惧怕此类人谋反作乱,就把大

批方士召集起来,以便于管理。曹植《辩道论》一文对此说得很清楚:

> 世有方士,吾王悉所招致,甘陵有甘始,庐江有左慈,阳城有郄俭。始能行气导引,慈晓房中之术,俭善辟谷,悉号三百岁。本所以集之于魏国者,诚恐斯人之徒,接奸诡以欺众,行妖恶以惑民。[90]

在这个过程中,看到曹操为达目的不择手段,心狠手辣地杀掉不对他言听计从的方士华佗等,左慈心中不满,便利用幻术戏弄曹操,而曹操却对他无可奈何。《后汉书·方术列传·左慈》一文就详细记录了左慈这一段精彩的幻术表演:

> 少有神道。尝在司空曹操坐,操从容顾众宾曰:"今日高会,珍羞略备,所少吴松江鲈鱼耳。"放于下坐应曰:"此可得也。"因求铜盘贮水,以竹竿饵钓于盘中,须臾引一鲈鱼出。操大拊掌笑,会者皆惊。操曰:"一鱼不周坐席,可更得乎?"放乃更饵钩沉之,须臾复引出,皆长三尺余,生鲜可爱。操使目前鲙之,周浃会者。操又谓曰:"既已得鱼,恨无蜀中生姜耳。"放曰:"亦可得也。"操恐其近即所取,因曰:"吾前遣人到蜀买锦,可过敕使者,增市二端。"语顷,即得姜还,并获操使报命。后操使蜀反,验问增锦之状及时日早晚,若符契焉。
>
> 后操出近郊,士大夫从者百许人,慈乃为赍酒一升,脯一斤,手自斟酌,百官莫不醉饱。操怪之,使寻其故,行视诸垆,悉亡其酒脯矣。操怀不喜,因坐上收,欲杀之,慈乃却入壁中,霍然不知所在。或见于市者,又捕之,而市人皆变形与慈同,莫知谁是。后人逢慈于阳城山头,因复逐之,遂入走羊群。操知不可得,乃令就羊中告之曰:"不复相杀,本试君术耳。"忽有一老羝屈前两膝,人立而言曰:"遽如许。"即竞往赴之,而群羊数百皆变为羝,并屈前膝人立,云"遽如许",遂莫知所取焉。[91]

在《后汉书·方术列传》《搜神记》[92]《太平御览·神仙方术》《神

仙传·左慈》等著作里记录左慈的幻术包括"铜盘贮水钓松江鲈鱼""须臾得蜀中生姜""一升酒一斤脯遍饮百客""却入壁中""市人皆变形与慈同""老羝人立而言"。为了情节的需要，小说《三国演义》对左慈的幻术进一步铺陈，敷衍成十几套幻术。归纳起来有"柑子搬运""十年不食""日食千羊""遭刑落锁""画龙取肝""钓松江鲈鱼""种花种姜""姜中藏书""分杯酒""掷杯变鸠""望尘莫及""变羊""死羊复活""狂风大作"，"走石扬沙""尸体提头""白鹤当坐骑"等。下面就对《三国演义》中左慈的幻术进行分类并讨论其源流。

1. 役使鬼神术。役使鬼神术就是借助鬼神的力量完成自身难以办到的事情，能够远距离致物，使大、重、多、远之事在瞬间完成。役使鬼神术带有一定的宗教神秘色彩，中国文化传统中，凡是能役使鬼神的人，都是掌握了一定法术的得道高人。

《三国演义》里，左慈是一位"眇一目，跛一足，头戴白藤冠，身穿青懒衣"的先生，完全是一副得道高僧的装扮。他介绍自己说："贫道于西川嘉陵峨眉山学道三十年……得天书三卷，名曰《遁甲天书》……天遁能腾云跨风，飞升太虚；地遁能穿山透石；人遁能云游四海，藏形变身，飞剑掷刀，取人首级。"[93]可见左慈是修炼道家秘籍而成仙的人，他无所不能，来无踪去无影。

"曹操令众将以弓箭射之，忽然狂风大作，走石扬沙"，狂风大作，走石扬沙之术来源于中国传统巫术"呼风唤雨""撒豆成兵"。在中国古代不乏会呼风唤雨的巫师、方士、道士。不是巫师等人本身有刮风下雨的能力，而是巫师等人能利用法术驱使专职的风神或雨神按自己的意志行事。古代中国神话中"其象在天，能兴风"的箕星就是一位风神，有一次他大作狂风帮助蚩尤打败了黄帝。在许多小说里，凡是出现斗法、降妖除魔的片段，大多会出现狂风大作，走石扬沙，暗无天日的场景。

"许褚上马引军赶至城门，望见左慈穿木屐在前，从容步履，褚飞马追之,却只是追不上",左慈的望尘莫及之术,使飞马都追不上他的从客步履,而且"左慈已拂袖而去,其行如飞,倏忽不见",这是其修炼天遁之术的表现,因此,更增加了其方外仙人的神秘色彩。

白鹤当坐骑之术——"(左慈)向空中招白鹤一只骑坐,拍手大笑",白鹤是道教崇拜的灵物,因其善飞和长寿,符合神仙追求逍遥自由的境界和追求长生不死的终极目标。凡是得道成仙的人大多乘骑白鹤遨游,如汉刘向《列仙传·王子乔》:"王子乔……见桓良曰:'告我家:七月七日待我于缑氏山巅。'至时果乘白鹤驻山头,望之不得到,举手谢时人,数日而去。"[94]唐施肩吾《谢自然升仙》:"分明得道谢自然,古来漫说尸解仙。如花年少一女子,身骑白鹤游青天。"可见左慈确实是得道成仙的人,因此他就有能力役使鬼神完成大、重、多、远的事情。

当时,曹操和左慈身处北方,而左慈能钓到千里之外的南方松江鲈鱼,又能在须臾之间得到远在千里之外的蜀国(四川)生姜。"龙肝"更是罕见稀有之物。但左慈"取墨笔于粉墙上画一条龙,以袍袖一拂,龙腹自开。左慈于龙腹中提出龙肝一副,鲜血尚流"。在草木枯槁之际,能使牡丹开花。"令取大花盆放筵前。以水噀之。顷刻发出牡丹一株,开放双花。"这些都是任凭个人的力量是无法办到的。

中国传统幻术的描写多充满了神秘性质。人们本着"神仙之道实有,鬼怪之事不诬"[95]的有神论思想,相信巫觋,方士,术士,道士能跟神鬼交流,并能请求神鬼的保佑和帮助,比如巫师求风降雨、求财问药等,道术高深的能人异士还能役使鬼神完成常人难以办到的事。

2.易形隐身术。易形隐身术是术人对自己改形换貌或使自己消失隐匿的幻术。先秦时期,古天竺国的易形术传入中国,晋王嘉《拾遗记》(卷2)记载:

(周成王)七年,南陲之南,有扶娄(天竺)之国。其人善能机巧变化,易形改服……或化为犀、象、狮子、龙、蛇、犬、马之状。或变为虎、兕,口中生人,备百戏之乐,婉转屈曲于指掌间。人形或长数分,或复数寸。神怪欻忽,衒丽于时。[96]

术者或变形,或隐身,或分身,或分解肢体然后重新聚合,打不痛,杀不死。曹操命甲士将左慈着力拷打,而左慈"却鼾鼾熟睡,全无痛楚。操怒,命取大枷,铁钉钉了,铁锁锁了……只见枷锁尽落,左慈卧于地,并无损伤",这种遁术是藏无于有,看似没有隐身,实际上早已远遁,看来左慈是一位技术高超的隐身能人。《三国演义》里,左慈变成羊而发人声,躲过追杀,"慈走入羊群内……慈即不见。褚尽杀羊群而回……忽见羊头在地上做人言"。《后汉书》《搜神记》说左慈"却入壁中,忽然不见",中国古代神话中就有人与物互相变化的例子。《山海经·海外北经》夸父"未至,道渴而死。弃其杖,化为邓林。"《山海经·北山经》:"炎帝之少女名曰女娃。女娃游于东海,溺而不返,故为精卫,常衔西山之木石,以堙于东海。"史仲文《中国艺术史·杂技卷》说:"从春秋战国起,就陆续有金遁、木遁、水遁等多种逃遁形式出现。"[97]刘向《列女传》记载了战国时代的遁术:齐宣王有次在宴饮中与钟离春闲话,钟离春炫技吸引宣王,"钟离春……曰:'窃常喜隐'。齐宣王曰:'隐,固寡人之所愿也,试一行之!'言未卒,忽然不见。宣王大惊……"[98]这里的"忽然不见"就是隐身术。《搜神记·介琰隐形》提到"吴主怒,敕缚琰,着甲士引弩射之。弩发,而绳缚犹存,不知琰之所之"。[99]可见,介琰也是隐形能手。唐朝方士罗公远擅长隐身遁法,为唐玄宗表演过取物袈裟的幻术。

3. 分身术,即由一个人变为多个相同的人。在《三国演义》中,"操画影图形,各处捉拿左慈"。在曹操的追杀下,"三日之内,城里城外,所捉眇一目、跛一足、白藤冠、青懒衣、穿木履先生,都一般模样者,有三四百个。哄动街市。"《后汉书》《搜神记》中说曹操要抓获左慈,"或见于市,欲捕之,而市人皆同放形,莫知谁是"。张衡《西京赋》说:"奇幻倏忽,易貌分形。"《西游记》里的孙悟空经常使用分身术与妖魔鬼怪打斗。美国人泰博尔氏所著《魔术教程》(Course in magic)就充分肯定"一人化三"是中国幻术。

4. 肢解术,即分解肢体,然后能重新聚合的幻术。肢解术使身体分裂不完整,它也可以属于易形隐身术中的"异形",但肢解术也属于还原术一类,在还原术中再做讨论。肢解术的核心是,虽被肢解,但依然能活,能动。左慈变羊被曹操士兵砍下头后,依然可以说话,最后复原。曹操捉住三四百个左慈,"尽皆斩之……所斩之尸皆跳起来,手提其头,奔上演武厅来打曹操"。如前所述,吞刀、吐火、植瓜、种树、屠人、截马、自肢解、易牛马头、自缚自解等,形象残酷、惊险刺激的节目多来自于西域。《文献通考》记载:"唐高宗时,天竺献伎,能自断手足,刳剔肠胃。"[100]《新唐书·礼乐志》也记载:"天竺献伎,能自断手足,刺肠胃。高宗恶其惊俗,诏不令入中国。"

5. 速生花果术,即种植速生术,就是让花果瓜木等迅速生长、立种立收的幻术。花果瓜木本是因时因地而生,受制于自然时令,然而幻术能使它们在须臾之间生长起来。左慈在天寒地冻,草木枯死之际,为曹操变牡丹花,"令取大花盆放筵前。以水噀之,倾刻发出牡丹一株,开放双花"。又应曹操要求获取蜀地的紫芽姜,"令取金盆一个,慈以衣覆之,须臾,得紫芽姜满盆"。开花结果术的记载很多,从汉代以后,历代都有记录。

前文所引《汉书·张骞传》载:"大宛诸国发使随汉使来,观汉广大,以大鸟卵及黎轩眩人献于汉,天子大悦。"唐人颜师古注曰:"眩读与幻同,即今吞刀吐火,种瓜植树,屠人截马皆是也。本从西域来。"植瓜种树是来自于印度及南亚的优秀节目,表现下种、引蔓(开枝)、结瓜(散叶)于须臾之间,深得中国民众喜爱而广为流传。

《搜神记·徐光种瓜》载:"吴时有徐光者,尝行术于市里。从人乞瓜,其主勿与,便从索瓣,杖地种之。俄而瓜生蔓延,生花成实。乃取食之,因赐观者。鬻者反视所出卖,皆亡耗矣。凡言水旱甚验。"[101]

从西域传来的种瓜术,在东汉末年已经传遍东南。葛洪《神仙传·介象》说:"又令象变化,种瓜菜百菜,皆立生。"《洛阳珈蓝记·景乐寺》记:"植枣种瓜,须臾之间,皆得食之,士女观者,目乱精迷。"[102]梁慧皎《高僧传》(卷9)载佛图澄以钵生莲花的幻术,"即取应器盛水,烧香咒之,须臾生青莲花,光色耀目"。[103]《太平御览》载孔伟《七引》:"弄幻之术,因时而作,耘瓜种菜,立起寻尺,送芳送臭,卖黄兽白。"[104]《太平广记·马自然》,马自然在席上卖弄其法术,"以瓷器盛土种瓜,须臾引蔓,生花结实,取食众宾,皆称香美,异于常瓜"[105]。谢肇淛《五杂俎》载:

> 余所见,有开顷刻花者。以莲子投温汤中,食顷,即生芽舒叶;又食顷,生莲花如酒盏大。又有燃釜沸油,投生鱼其中,拨剌游泳,良久如故。又有剖小儿腹种瓜,顷刻结小瓜,剖之皆可食。又有以利刃二尺许,插入口,复抽出,又有仰卧,以足承梯,倚空而不仆,一小儿穿梯以升,直至其巅。观者毛发洒沥,至于舞竿走绳,特其平平者耳。长安丐者,有犬戏猴戏,近有鼠戏。鼠至顽,非可教者,不知何以习之至是? 余庚戌在京师,见戏者笼一小雀,中置小骨牌,仅寸许,击小锣一声,雀以口啄其机门,便自开,令取天牌,则衔六六出,取地牌,则衔么么出,其应如响。观毕,复击锣一声,雀入而门自闭。《辍耕录》载弄虾蟆者亦然。噫! 亦异矣。[106]

开花结果的幻术,并非中国所产,其文学母题应追溯到佛经翻译文学中,南朝萧齐时代外域僧人的译经记载:"是时摩哂陀与僧伽蜜多王及国人民,来集于菩提树……摩哂陀以核与王令载,王即受于金盆中,以肥土壅,又以涂香覆上,须臾之间即生八株,各长四肘。王见如此惊叹,以白伞覆上,拜小树为王……以菩提树故,国土安然无有灾害。"[107]

6.还原术。还原术是指物体断裂,移位之后又恢复原样的幻术。

还原术还包括肢解术，肢解术的最终目的是还原本体。左慈在帮取柑人挑担子时，摄走了40余担大柑子的果肉，只留空壳，使取柑人觉得"先生挑过的胆儿都轻了"，取柑人回到邺郡，"操亲剖之，但只空壳，内并无肉"，"慈……取柑剖之，内皆有肉，其味甚甜"，柑子又饱满如初，左慈在一瞬间还原了果肉。曹操遭到多次戏要，大怒，曰："如此妖人，必当除之！否则必将为害。遂命许褚引三百铁甲军追擒之。""直赶到一山中，有牧羊小童，赶着一群羊而来，慈走入羊群内。褚取箭射之，慈即不见。褚尽杀群羊而回。"左慈命牧童"将羊头都凑在死羊腔子上"，"小童回顾，见左慈已将地上死羊凑活"，左慈使肢解后的死羊还原复活。

还原术的记载历代有之，而早期的记载大多与天竺胡人、西域幻人的表演有关。史书里记载的还原术多为"自肢解，易牛马头"。《后汉书·西南夷传》载："永宁元年，掸国王雍由调复遣使者诣阙朝贺，献乐及幻人，能变化吐火，自肢解易牛马头，又善跳丸，数乃至千。自言我海西人，海西即大秦也。"汉代之后的还原术更加多样。南朝刘敬叔《异苑》云："上虞孙奴，多诸幻伎。元嘉初叛，建安中复出民间。治人头风，流血滂沱，嘘之便断，创又即敛。"

《搜神记》卷2"天竺胡人法术"记载"断舌复续"，"断绢复续"，烧物成灰烬而还原的法术。

　　晋永嘉中有天竺胡人来渡江南，其人有数术。能断舌复续、吐火，所在人士聚观。将断时，先以舌吐示宾客。然后刀截，身流复地。乃取置器中，传以示人。视之，舌头半舌犹在。既而还，取含续之，坐有顷，坐人见舌则如故，不知其实断否。其续断，取绢布，与人各执一头，对剪，中断之。已而取两断合视，绢布还连续，无异故体。时人多疑以为幻，阴乃试之，真断绢也，其吐火，先有药在器中，取火一片，与黍糖合之，再三吹呼，已而张口，火满口中，因就热取为炊，则火也。又取书纸及绳缕之属投火中，众共视之,见其烧了尽,乃拨灰中,举而出之,故前物也。"[108]

《晋书·艺术传》记载赞经大师鸠摩罗什烧绳成灰还原术:"光中书监张资文翰温雅,光甚器之。资病,光博营救疗,有外国道人罗叉,云能差资疾。光喜,给赐甚重。什知叉诳诈,告资曰:'叉不能为,益徒烦费耳。冥运虽隐,可以试也。'乃以五色系作绳,结之烧为灰末投水中,灰若出水还成绳者,病不可愈。须臾灰聚浮出,复绳本形。既而又治无效,少日资亡。"《魏书·西域传》卷975记载悦般国"遣使朝献,并送幻人,称能割人喉脉令断,击人头令骨陷,皆血出数升或盈斗,以草药内其口中,令嚼咽之,须臾血止,养疮一月复常,又无痕瘢。世祖疑其虚,乃取死罪囚试之,皆验。"又言:"其国有大术者,蠕蠕来抄掠,术人能作霖雨盲风、大雪及行潦。蠕蠕冻死者漂亡者十二三。"西域悦般国幻人所施幻术与前文所述洛阳、凉州、伊州祆主所施幻术乃异曲同工。

宋代出现较多的"大腥"幻术,如"剖腹挖心""砍头断臂"等多属肢解还原幻术。其中最经典的是前文所述的"七圣法"。清代小说《聊斋志异·偷桃》记载了神奇的肢体还原术。

忽而绳落地上,术人惊曰:'殆矣!上有人断吾绳,儿将焉托!'移时一物坠,视之,其子首也。捧而泣曰:'是必偷桃为监者所觉。吾儿休矣!'又移时一足落;无何,肢体纷坠,无复存者。术人大悲,一一拾置笥中而阖之,曰:'老夫止此儿,日从我南北游。今承严命,不意罹此奇惨!当负去瘗之。'乃升堂而跪,曰:'为桃故,杀吾子矣!如怜小人而助之葬,当结草以图报耳。'坐官骇诧,各有赐金。术人受而缠诸腰,乃扣笥而呼曰:'八八儿,不出谢赏将何待?'忽一蓬头童首抵笥盖而出,望北稽首,则其子也。

术人为了赚取观众的同情而获得金钱,表演了这段让儿子肢解身体,待拿到赏钱后又还原儿子身体的幻术。相比前面记载的还原术表演,这段表演更有情节性,更生动有趣。

7. 搬运术。该幻术是将物体悄无声息地腾挪转移至他处,而他人却不知不觉。搬运术是一种藏掖幻术,要求手上功夫过硬,敏捷,快速。这种幻术是中国本土戏法,从中国幻术典型系列节目——"剑、丹、豆、环"的形成以及延续就可以看出。"豆",来源于战国的宜僚弄丸幻术。豆在碗中忽来忽去,变幻莫测,体现道家"一生二,二生三,三生万物"的思想。著名的《仙人栽豆》幻术就是不断地将藏在身上的豆子快速放入碗中,使其越来越多,而无人察觉。

宋代陈炀《乐书》说:"藏掖,幻人之术,盖取物象而怀之,使观者不能见其机也。"[109]这类藏掖幻术发展到后来才叫"搬运幻术",今俗称"古彩戏法"。在平凡朴实毫无华彩的薄单或衣物的遮盖之下,变出千奇百怪的东西,如酒席上的菜肴、活鱼活鸟、玩具、烈火燃烧的铜盆,硕大无比有水有鱼的鱼缸等等。中国戏法表面道具很少,但是一切都卡在身上。表演这类节目,不仅要手疾眼快,还要有一定的负重能力,这些东西在出现之前要不动声色地藏掖在身上。要火不烧身,水不湿衣,携带办法,道具制作就要相当精巧,机密。

我们不难想象左慈的搬运术——"摄柑之术"。在帮助取柑人挑担时,左慈悄悄将40余框柑子果肉转移搬运到其他地方,使挑担役夫觉得"先生挑过的胆儿都轻了"。画龙取肝之术则是左慈偷将大型动物的肝脏,如牛肝或者马肝(因为世界上没有龙)藏在袖中或搬运至墙的另一侧,最后的动作是"以袍袖一拂,龙腹自开"。就如曹操也怀疑的那样"汝先藏于袖中耳",画龙只是使其取龙肝的戏法顺理成章,起着遮掩的作用。"钓松江鲈鱼之术",是左慈提前将鲈鱼搬运到曹操习武堂下的水池中。那么,"得蜀地紫芽姜"的幻术也是如此,提前将紫芽姜藏于袖中,"令取金盆一个",左慈"以衣覆之",之后才有满盆紫芽姜,他只是将袖中的紫芽姜以敏捷的手法转移至金盆中。姜中藏书之术,"慈……得紫芽姜满盆,进上操前。操以手取之,忽盆内有书一本,题曰《孟德新书》",左慈事先将袖中的《孟德新书》放到盆里,然后在上种姜。"分杯酒之术","慈遂拔冠上玉簪,于杯中一画,将酒分为两半:自饮一半,将一半奉操",是左慈将玉簪上附带的某种透明、薄且硬的东西放入酒杯中,可以隔酒之类的液体,而使人看不出物体的形状。"掷杯变鸟之术","慈掷杯于空中,化成一白鸠,绕殿而飞",是左慈提前将鸟装在袖子里,等其将要把酒杯扔出去时,把鸟抛向空中,酒杯放入袖中,这一偷梁换柱的动作必迅捷无破绽,才能达到满堂宾客惊愕的效果。其实变鸟的幻术历代有之,如宋代的"撮弄"幻术——"寿果放生",就是从寿桃中放出小鸟来,这就要依靠道具机关的巧妙设置。《梦粱录》称专业从事"撮弄杂艺"的表演:"此艺施呈委是奇特,藏去之术,则手法疾而已"。

  《三国演义》里也记载了左慈的一次大型的搬运术:"后操出近郊,士大夫从者百许人,慈乃为赍酒一升,脯一斤,手自斟酌,百官莫不醉饱。操怪之,使寻其故,行视诸垆,悉亡其酒脯矣。"左慈将附近所有酒家的所有酒和脯肉搬到郊外,供曹操军士等百人饮食。《青琐高议》中的道士韩湘子"以径寸葫芦,酌酒遍饮座客",与左慈的搬运术大同小异。《酉阳杂俎》中还有道士叶法善为唐玄宗表演搬运取玉笛的幻术。幻术之法,在于"变",而可以变换的是物体、道具、组织的顺序、结构、表演者等等。然而,万变不离其宗,都是借助娴熟的手法、精巧的道具,达到掩人耳目的目的。

  分析中国幻术的发展演变,我们认为左慈的幻术源流有三:一是中国本土幻术,如易形隐身术中的隐身术(遁入羊群)、形变术(变羊)、分身术(分身三四百个道士),役使鬼神术,还有搬运术(钓鲈鱼,种紫芽姜,攝柑等)等,都是中国本土戏法。二是如前文所述的西域以及外国幻术,来源于印度的开花结果术,如植瓜、种树、种豆、种花,还有左慈的种姜等。印度的肢解还原术(羊头断而复续,尸体断头而能动)。杂技中的分身术来源于朝鲜的"新罗乐,入壶舞",即"缸遁"。三是宗教幻术,有中国本土的神仙方术、道家道教,比如左慈修炼的

《遁甲天书》,是道教的代表著作。唐代十分推崇道教,也出现了一帮会幻术的道士方士,如罗公远、张果老、韩湘子、叶法善、吕洞宾。佛教中的幻化观,也相当程度上帮助了中国幻术的创新,开花结果术的源头就来自于佛教,多见于南朝时佛经翻译文学。

历史人物左慈的种种幻术进入小说叙述就难免渲染铺排的成分。事实上,在中国历史上不论小说还是正史,在写到佛道、方士、巫觋时,都会将他们写成奇人、怪人、神人。《三国演义》里左慈的幻术与《后汉书》《搜神记》所载的左慈的幻术一脉相承,同时又有极大的创新和改造,可以看出《三国演义》里左慈的幻术是中古以后近1000年幻术交流融合而成的综合幻术。左慈掷杯戏曹操的幻术,让"众官惊怪",让曹操不断地"大疑""大惊""无可奈何""大怒",从这些侧面反应可以看出左慈的幻术已经达到出神入化,近乎仙法的地步。

(三)左慈幻术的源流与"七圣刀"法

前文已经述及,"七圣法"是中国幻术史上非常有名的一出幻术剧,是由种瓜、肢解、破面剖心等典型幻术为骨子活,以僧道斗法为线索的幻术剧。《酉阳杂俎》已有梵僧难陀表演续头术的记载。南唐《中朝故事》的记载则更接近幻术剧。

> 咸通中,有幻术者,不知其姓名,于坊曲为戏。挈一小儿,年十岁已来,有刀截下头,卧于地上,以头安置之,遂乞钱,云活此儿子。众竞与之,乃叱一声,其儿便起。明日又如此,聚人千万,钱多后,叱儿不起,其人乃谢诸看人云:"某乍到京国,未获参拜。所有高手在此,致此小术不行,且望纵之,某当拜为师傅!"言讫,叱其小儿,不起。俄而巡吏执之,言:"汝杀人,须赴公府!"其人曰:"千万人中,某一难逃窜。然某更有异术,请且观之,就法亦不晚。"乃于一函内取一瓜子,以刀划开臂上,陷瓜子于其中。仍设法起其儿子无效。斯须露其臂,已生一小甜瓜子在臂上。乃曰:"某不欲杀人,愿高手放斯小儿起,实为幸矣!"复叱之,不兴。其

人嗟叹曰:"不免杀人也!"以刀削其甜瓜落,喝一声,小儿乃起如故。众中有一僧,头堕地。乃收拾戏具,并小儿入布囊中,结于背上。仰面吐气一道,如匹练上冲空中,忽引手攀缘而上,丈余而没,遂失所在。其僧竟身首异处焉。[110]

这说明这类幻术剧在公元861至874年之间的南唐已有雏形,到了宋代与"梅山七圣"斩妖法相结合有了新的发展。经过《三遂平妖传》的渲染传播,更扩大了它的影响。明代谢肇淛《五杂俎》中引《夷坚志》记载了这个节目。

  相传嘉、隆间有幻戏者,将小儿断头,作法讫,呼之即起。有游僧过,见而哂之。俄而儿呼不起,如是再三,其人唧四方礼拜,恳求高手放儿重生,便当踵门求教,数四不应,儿已僵矣。其人乃撮土为坎,种葫芦子其中,少顷生蔓,结小葫芦,又仍前礼拜哀鸣,终不应。其人长吁曰:"不免动手也!"持刀砍下葫芦,众中有僧,头欷然落地,其小儿应时起如常。其人即吹烟一道,冉冉乘之以升,良久遂没,而僧竟不复活矣。"盖术未精而轻挑衅端,未有不死者也。夷獠之中,此术最多。[111]

嘉靖、隆庆已是明代中晚期之间,谢肇淛《五杂俎》的记载,与《三遂平妖传》(图2-2-1)第11回基本相同。事实上,这个节目直至清代仍然流行,清唐再丰《鹅幻汇编》一书称之为"杀孩不死"。近代常演的"大卸八块"是此节目的变种,已经除去了道术的色彩。[112]

图2-2-1 明万历年间刊《三遂平妖传》插图

明代以来,儒家思想占据了统治地位,佛教盛行,更崇尚孝道。一方面,"梅山七圣"的"七圣刀"法术宣扬的刺心剖腹、断头再续法太过血腥,且毁伤身体,与当时的伦理纲常相抵悟;另一方面,明代中央高度集权,对外相对封闭,大规模修筑长城,对于外来人员和文化持回避态度。在这种情况下,祆教的幻术便难以在中原继续下去,尤其是"七圣刀"这类血腥的表演,更不能被文人士大夫所接受。再到清代以后,长期推行闭关锁国的政策,这类幻术便只能零星地存于民间了。

作为重要的文化记忆的文学,依然浓墨重彩勾画了"曾经的世界"。《西游记》师徒四人西天取经的故事中最让人印象深刻,触目惊心的莫过于师徒四人跟妖怪斗智斗勇的片段。其中"车迟国斗法"一节的原型就是幻术"七圣刀"的表演。

在"车迟国斗法"这一章节中,孙悟空和三个妖怪各显神通,给读者带来了非常精彩的法术表演。根据文中的介绍,虎力大仙、鹿力大仙、羊力大仙来到车迟国后被国王尊为国师,唐僧师徒四人在取经途中经过车迟国。孙悟空等捉弄三位大仙,被三大仙发现,阻挠唐僧去朝廷换西行文书。于是,国王要求唐僧师徒与三位国师斗法,于是便有了一系列的斗法表演。首先三位国师与唐僧分别比祈雨、隔板猜物、坐禅,孙悟空使出各种方法使唐僧获胜。三位国师不服,又与孙悟空斗法,虎力大仙愿与孙悟空赌利刃砍头,看谁砍下头颅还能长上,悟空先来,虎力让土地公害悟空未能如愿,悟空顺利接好了头颅。当虎力大仙砍头时,孙悟空变成了一只黄犬把头衔走,虎力变为一只无头黄毛虎。鹿力大仙与悟空赌剖腹剜心,悟空自己剖腹,把肚肠掏出,一一洗净,又安然放好。等鹿力大仙作法时,悟空变成一只鹰,叼走了他的内脏,鹿力现形死亡。最后,羊力大仙与悟空比滚油锅,悟空找来了北海龙王,破了羊力的"冷龙",羊力死亡。[113] 在这些眼花缭乱的法术中,我们可以看到,虎力与悟空赌的利刃砍头和鹿力与悟空所赌的剖腹剜心,其精神要义乃是前文所述的支解术和分身术。

与"七圣刀"类似的割耳劂面、刺心剖腹的现象,早在吐蕃统治时期的敦煌就有壁画展示。汉朝出土的石像也证明了当时确有刺心剖腹的刺杀行为，但是作为一种幻术表演，融入社会生活当是在隋唐，尤其是唐以来的事情。粟特胡人就是"七圣刀"幻术的传入者，它本来自于中亚地区祆教的下神仪式，在史料中多有记载，前文已经述及，兹不再展开。

"七圣刀"的法术在现代社会仍然留下了它的记忆。最著名的莫过于《倚天屠龙记》，小说中，金花婆婆黛绮丝本是波斯拜火教圣女，来中原明教寻找波斯总教遗失的圣物圣火令，后违反教规与韩千叶结为夫妇，最终女儿小昭作为圣女成为波斯总教教主。《倚天屠龙记》中所写的明教来源、传入中土以及后来在中国的传播、被禁的情况，与史实中祆教在中国的发展情况基本相符。

在 2009 年的春晚舞台上，刘谦的走红在中国掀起了一股"魔术热"，大量的魔术表演、小说、电影也应运而生了。其中具有代表性的要数张海帆的玄幻小说《大魔术师》，这部被网友捧为"中国最好看的魔术小说"，采用了非常通俗的套路。无论是大团圆的结局，还是老套的武侠路子，都不足以引起读者的兴趣。小说最吸引人眼球的是作者书中写了十几种古代幻术。在采访中，作者张海帆也谈到自己非常喜欢看魔术表演，也会向真正的魔术师请教一些魔术存在的真实性、可能性等，为自己的小说创作铺路。

在《大魔术师》中，作者在故事中穿插了许多古代的幻术，如"隐山乱道术""烈焰生死术""采间遁珠不盗术"以及"七圣法"等魔术表演。在"七圣刀"的表演中，我们看到张贤的头被黑衣人砍掉，后又自己接上，但他是如何做到的，我们依然不得而知。由此书改编的影片《大魔术师》中，幻术"七圣法"居然是配合了多种药水，制造出能使人看到美好幻象的七彩气体，彻底脱离了"七圣刀"的本义。可见，前述"七圣刀"仪式中的"刺心剖腹"（开膛破肚）和"万箭穿心"技艺被一代代传承并变异着。

丝绸之路与文明交往

智库建议

建议1. 近6000年的中国文明,在国际上远未得到应有的地位。在目前全球话语权力关系不平等的语境中,我们要不遗余力地组织汇通2种以上文化传统的学者,以喜闻乐见、简明扼要、清晰易懂的方式提炼代表中国人家国情怀和生活境界的文化产品,并不断地推向世界,在这里面文化传媒集团应该担当更为积极主动的角色。

注　释

[1]林梅村:《汉唐西域与中国文明》,文物出版社,1998年,第102页。

[2]羽田亨:《西域文化史》,耿世民译,新疆人民出版社,1981年,第14页。

[3]参见李泰玉:《新疆宗教》,新疆人民出版社,1989年,第14页。

[4]魏收:《魏书·西域列传》,中华书局,1974年,第2269页。

[5]林梅村:《从考古发现看火祆教在中国的初传》,《西域研究》,1996年,第4期。

[6]荣新江:《中古中国与外来文明》,三联书店,2001年,第19—36页。

[7]张鷟:《朝野佥载》卷3,中华书局,1997年,第65页。

[8]李进新:《丝绸之路宗教研究》,新疆人民出版社,2008年,第86—88页。

[9]王琼:《人牲与血祭——宝鸡血社火的地缘历史文化追溯》,《宝鸡文理学院学报》(社会科学版),2011年第5期;《渎神——血社火的人类学文化溯源》,《宝鸡文理学院学报》,2012年第3期。

[10]参见《以活人祭祀谷物》,[英]詹·乔·弗雷泽:《金枝》,中国民间文艺出版社,1987年,第624—632页。

[11](罗马尼亚)米尔恰·伊利亚德:《神圣与世俗》,王建光译,华夏出版社,2002年,第53页。

[12](罗马尼亚)米尔恰·伊利亚德:《神圣的存在:比较宗教的范型》,晏可佳、姚蓓琴译,广西师范大学出版社,2008年,第326页。

[13]姚小遂:《商代的俘虏》,载《古文字研究》第1辑,1979年,中华书局,第

3页。

[14]乔治·彼得·穆达克:《我们当代的原始民族》,董恩正译,四川民族出版社,1980年,第252页。

[15]《梨俱吠陀》神曲选第10卷,巫白慧译,商务印书馆,2010年版。

[16]荣格:《转化的象征:精神分裂症的前兆分析》,《荣格文集》第2卷,国际文化出版公司,2011年,第431页。

[17]维柯:《新科学》,商务印书馆,1989年,第116页。

[18]宋代以后,孤魂镇抚祭祀在制度上获得支持,逐渐替代了社祭,并受到民众的高度重视,每年正月春节举行社祭时,伴随着丰穰仪式举行沿门逐疫,祭祀孤魂的"斋醮",一直沿袭至今。

[19]血社火第6代传人调查录音整理。

[20]根据2013年2月22日闫家庵第6代传人闫春林调查的录音整理。

[21]弗拉基米尔·雅可夫列维奇·普罗普:《神奇故事的历史根源》,贾放译,中华书局,2006年,第248页。

[22]祆教曾是中东最有影响的宗教,是古代波斯帝国的国教。中国与波斯自古就有相互交往的传统,古老的丝绸之路打开了中国和波斯等地交往的大门,但随着陆地上丝绸之路的逐渐消亡和海上丝绸之路的兴盛,那些显示曾经相互交往和具有波斯宗教风格的遗迹就随着年代的久远逐渐湮没在历史的长河之中。但在远离中原地区的介休,却保留下来祆神楼这样一个遗迹,和万荣县的飞荣楼、秋风楼被并称为三晋三大名楼。据姜伯勤先生考证,十六国石赵时期在山西出现的"胡天"祠,即是祆教之祆祠,山西是中土最早流传祆教的地方,亦是十六国石勒据有的地区,石勒及其羯胡来自中亚,石氏应为粟特人巨姓。从清版《介休县志》得知,石姓在介休时为大姓,而史姓则更有堡寨,石氏、史氏俱属粟特人之昭武九姓。从而证明在介休这块土地上至今仍有粟特人后裔,为介休祆神楼于宋庆历年的建造提供了可能。姜伯勤:《山西介休示天神楼古建筑装饰的图像学考察》,《文物》,1999年第1期。笔者有幸于2013年8月8日到介休祆神楼考察,该建筑群正在大规模规划修整。

[23]祆教传入中国的时间先有陈垣先生的"北魏说",继有唐长孺先生、饶宗颐先生的"东晋说"。柳存仁、饶宗颐、林梅村、姜伯勤也有论述,最近的研究显示,在东汉晚期,火祆教已秘密传入中国内地。今从荣新江说。参见荣新江:《祆教初传中国

年代考》,《国学研究》第3卷,1995年,北京大学出版社,第342—343页。温玉成认为"祆教至迟在东汉桓帝时代(公元2世纪中叶)已秘密传入中国内地。"温玉成《"天神"传入中国内地的最早史料》,《龟兹学研究》第4辑。另,杜文撰文认为新近发现的宋代陶塑玩具"胡人开膛俑",展示的正是"七圣刀"幻术。参见杜文:《宋代陶塑玩具上所见"七圣刀"幻术》,《中原文物》,2009年第3期。

[24]《七圣刀与祆教》,参见马明达:《说剑丛稿》(增订本)卷4,中华书局,2007年,第233页。

[25]解梅:《唐五代敦煌地区赛祆仪式考》,《敦煌学辑刊》,2005年第2期。

[26]参见《敦煌吐鲁番文书与丝绸之路》,文物出版社,1994年,第255—256页。

[27]《册府元龟》卷159,《帝王部·革弊》第2册,中华书局,1982年,1921页。

[28]唐代长安城中祆祠共有5处,布政坊、醴泉坊、普宁坊、靖恭坊和崇化坊。洛阳会节坊、立德坊和南市西坊也有祆祠,凉州亦有祆神祠。长安布政坊祆祠是621年所建,时间最早。同年并置官管理,视流内,视正五品萨宝,视从七品萨宝府祆正;视流外,勋品萨宝府祆祝,四品萨宝率府,五品萨宝府史。萨宝、祆正都以信教侨民充任。按规定,不论两京或碛西诸州的祆祠,都置官管理,每岁定时祭奉,禁止人民祈祭。

[29]张鷟:《朝野佥载》卷3,中华书局点,1997年,第65页。

[30]祆教的下神巫术所涉及的外科技术也是中国三国时期华佗外科手术的一个技术来源,剑和武士剖腹自杀的历史并非日本特产,而是源于中亚的库尔干。日本江上波夫教授早就将东汉末神医华佗利用麻沸散进行剖腹开膛的外科手术一事,与张骞通西域之后来华的黎轩、大秦等国的幻人联系起来,指出华佗的医术应该是从流寓中国的伊兰系"幻人"处习得。受其启发,我们在此拟对唐代刺心剖腹之俗与祆教法术的关系做一番探讨。雷闻:《割耳酩面与刺心剖腹——从敦煌158窟北壁涅槃变王子举哀图说起》,《中国典籍与文化》,2003年第4期。

[31]此卷系光启元年(885)的钞本,录文据郑炳林:《敦煌地理文书汇集校注》,甘肃教育出版社,1989年,第67—68页。

[32]张小贵:《从血祭看唐宋祆教的华化》,收入荣新江主编:《唐研究》第18卷,北京大学出版社,2012年,357—374页。

[33]姜伯勤:《山西介休示天神楼古建筑装饰的图像学考察》,《文物》,1999年

第1期。

[34]《波斯琐罗亚斯德教与中国古代的祆神崇拜》,参见林悟殊:《中古三夷教辨证》,中华书局,2005年,第331页。

[35]马明达先生认为,南宋的七圣法活动主要在临安以外的地区,特别是比较偏远的地区。洪迈所讲到的两个与七圣法有关的故事,一个发生在广东的韶州,即今广东韶关;一个发生在江西饶州,即今江西的上饶。饶州人朱三"臂股胸背皆刺文绣",与东京的七圣刀"皆披发文身"也相同。又,"每岁郡人迎渚神,必攘袂于七圣祆队为上首"。所谓"上首",很可能就是东京的七圣刀中"内一人金花小帽,执白旗"者,应是七人中的指挥。饶州每年的迎神活动中,有"七圣祆队",可证明祆教在当地的传播和地位。总之,从这些材料中,我们看到祆教在南宋民间的社会生活中依旧存在,其活跃程度很可能还超过了北宋。马明达:《七圣刀与祆教》,《说剑丛稿》(增订本),中华书局,2007年,第236页。

[36]每年农历正月二十三,蒲城都要敬火神,最重要的仪式是要施放"杆火",也叫"吊花傀儡"或"耍傀儡",据传是存世唯一的低空焰火造型艺术,祈福禳灾。

[37]据2013年2月23日田野考察笔录整理。

[38]罗贯中:《三遂平妖传》,北京大学出版社,1983年,第80页。

[39]根据2013年2月23日在宝鸡陇县东南镇闫家庵参访50岁村民闫春林的参访录音整理。由于担心技艺外泄等问题,赤沙社火,没有申报非物质文化遗产项目。闫春林说,尽管化装主要靠他,但"快活"属于村里组织的活动,村里凡是参加过演出的都知道其中的技巧。尽管如此,但没有人泄密。许多人想知道其中的奥妙,均被婉言拒绝,包括中央电视台想拍化装过程,都未被准许。这背后的原因笔者认为绝非思想保守,潜意识包含着对技艺神圣性的尊崇。血社火的装扮过程和道具,是血社火的核心秘密,不对外人展示,而那些被用来"刺入"演员身体的刀、斧、剪刀等"七大凶器"更是核心中的核心。

[40]阎铁太:《陇州社火大典》,陕西出版传媒集团,2013年,第3页。

[41]陆庆夫:《唐宋间敦煌粟特人之汉化》,《历史研究》,1996年第6期,第25—34页。

[42]郑振铎:《中国文学史》(中卷),商务印书馆,1999年,第445页。

[43]张岱:《陶庵梦忆·西湖梦寻》,马兴荣点校,中华书局,2007年,第72页。

[44]宝鸡赤沙镇三寺村血社火有"狮子楼""十八层地狱"。

[45]山西队戏《关公战蚩尤》、莆仙傀儡北斗戏潮剧《鲤鱼跳龙门》、粤剧例戏《祭白虎》、弋腔破台戏《煞神灵官捉女鬼》、《目连戏》《刘氏逃棚》都呈现同一个母题"擒妖"。参见容世诚:《戏曲人类学初探》,广西师范大学出版社,2003年。

[46]根据2013年2月22日采访录音整理。

[47]阎铁太:《陇州社火大典》,陕西出版传媒集团,2013年,第577页。

[48]根据2013年2月24日在宝鸡赤沙镇参访录音整理。

[49]葛兆光:《思想史研究课堂讲录》,三联书店,2005年,第216页。

[50]《黄帝内经·素问》,针解篇第五十四。

[51] http://baike.baidu.com/link?url=hueGxuwfAT_zbsUUwxiVvwrlNqO_onTuY72kP2JkgduXEYznS0B7bUz6HLZM_79z9AWlPk3o0IE_zr9v-Ztb3_。

[52]列维·布留尔:《原始思维》,丁由译,商务印书馆,1997年,第201页。

[53]与近东地区接壤的许多文化,如伊斯兰、印度、希腊、罗马等都被看成是圣数"7"的被动接受者。伊斯兰教经典《古兰经》曾取法《圣经》,因而把天说成是7重的。相传穆罕默德在公元621年7月27日之夜由天使陪同观光7重天,这一天的夜晚被定为宗教节日——登霄夜。去伊斯兰圣城勃口朝觐,要以逆时针方向绕圣常克尔白环行7周,并在连接萨法山和麦尔卧山的拱廊里来回走7次。然后去到米纳,向一根石柱投掷7枚石子。在古老的印度文化中,"7"已经是一个具有神秘性质的数字范畴。据列维-布留尔引述:"在更古老的印度教神话中也见到了七个母亲、七大洋、七个李西、七个阿地蒂亚(AdtYa)和达纳瓦(Ddnava)、太阳的七匹马以及这个神秘的其他许多组合。"

[54]吕亚虎:《数字"七"的巫术性蠡测——以秦汉简帛文献为中心》,《历史教学问题》2012年第1期。收入《战国秦汉简帛文献所见巫术研究》,科学出版社,2010年,第374页。

[55]马王堆汉墓帛书整理小组编:《马王堆汉墓帛书》,文物出版社,1985年,第34、39页。

[56]周一谋、萧佐桃:《马王堆医书考注》,天津科学技术出版社,1988年,第82页。

[57]沙碗、伯希和:《摩尼教流行中国考》,冯承均译,商务印书馆,1931年,第

1页。

[58]廖育群:《医者意也—认识中医》,桂林:广西师范大学出版社,2006年,第89页。

[59] C. Winick, Dictionary of Anthropology, Totowa. New Jetsey, 1984, p.385

[60]芮逸夫主编:《人类学》,台湾:商务印书馆,1971年,第276页。

[61]叶舒宪:《原型数字"七"之谜—兼论原型研究对比较文学的启示》,《外国文学评论》,1990年第1期。

[62]孟元老:《东京梦华录》卷七《驾登宝津楼诸军呈百戏》,中华书局,1982年,第194页。

[63]洪迈《夷坚志》卷八"阁山排军"。"市井恶少辈也,能庖治素脏,亦仅自给。臂股胸背皆刺文绣,每岁郡人迎诸神,必攘袂于七圣袄队中为上首。"

[64]罗贯中:《三遂平妖传》,北京大学出版社,1983年。

[65]罗贯中:《三遂平妖传》,北京大学出版社,1983年,第80—81页。

[66]《七圣刀与袄教》,马明达:《说剑丛稿》(增订本),中华书局,2007年,第233页。

[67]佑圣观,即《咸淳临安府志》卷73所载的"广惠庙",在临安钱塘门外的霍山,每年二月八日至十一日,庆贺庙神正佑真君的诞辰,有非常热闹的庙会活动。

[68]《七圣刀与袄教》,马明达:《说剑丛稿》(增订本),中华书局,2007年,第235页。

[69]贺世哲:《敦煌莫高窟的〈涅架经变〉》,《敦煌研究》,1956年第1期,第11页。

[70]司马光:《资治通鉴》卷206,中华书局,1956年,第6537页。

[71]王建中、闪修山:《南阳两汉画像石》,文物出版社,1990年,图版138、147号。

[72]蔡鸿生:《唐代九姓胡与突厥文化》,中华书局,1998年,第24—25页。雷闻:《割耳酪面与刺心剖腹:从敦煌158窟北壁涅槃变王子举哀图说起》,《中国典籍与文化》2003年第4期。

[73]郑炳林:《敦煌地理文书汇集校注》,甘肃教育出版社,1989年,第67—68页。

[74]杜文:《宋代陶塑玩具上所见"七圣刀"幻术》,《中原文物》,2009年第3期。

[75]徐庄、傅起凤:《中国古代幻术》,中国国际广播出版社,2012年,第158页。

[76]所谓幻术,《中国方术大辞典》释义:术士用来眩惑人的法术、魔术;《辞海》释义:幻术分两类,一类属于杂技类节目,相当于魔术,或以灵巧的动作,或利用光电化学物理的原理造成观众耳目感官上的错觉,表现各种物体迅速增减隐显变化的技艺,另一类指方士士眩惑人的法术,具有神秘的超人性质。根据定义可知,幻术包含两个意思:法术和魔术。

[77]叶蓓卿评注:《列子》,商务印书馆,2015年,第72页。

[78]饶宗颐:《饶宗颐20世纪学术文集》卷7,中国人民大学出版社,2009年,第121—122页。

[79]徐庄、傅起凤:《中国古代幻术》,中国国际广播出版社,2012年,第12页。

[80]司马迁:《史记》,中华书局,1982年,第3164页。

[81]范晔:《后汉书·西南夷列传》,中华书局,1965年,第2851页。

[82]范晔:《后汉书·李陈庞陈桥列传》,李贤等注,中华书局,1965年,第1685页。

[83]参见余太山:《早期丝绸之路文献研究》,上海古籍出版社,2009年。

[84]李昉:《太平广记》卷421,中华书局,1961年,第3426页。

[85][唐]释道世:《法苑珠林校注》(五),周叔迦,苏晋仁校注,中华书局,2003年,第2253页。

[86][北魏]杨玄之:《洛阳伽蓝记校释》,周祖谟校释,中华书局,2013年,第34页。

[87][北魏]杨玄之:《洛阳伽蓝记校释》,周祖谟教释,中华书局,2013年,第39—40页。

[88]傅起凤、傅腾龙:《中国杂技史》,上海人民出版社,2004年,第59—62页。

[89]罗贯中:《三国演义》第68回《甘宁百骑劫魏营,左慈掷杯戏曹操》,中华书局,2004年,第384—386页。后文对《三国演义》原文的引用,皆来自于此版本,不再标注。

[90]曹植:《曹植集校注》,人民文学出版社,1984年版,第187—188页。

[91]范晔:《后汉书·方术列传·左慈》,中华书局,1965年,第2747页。

[92]干宝:《搜神记》,马银琴、周广荣译注,中华书局,2009年,第13—14页。

[93]罗贯中:《三国演义》,中华书局,2004年,第385页。

[94]王叔岷:《神仙传校笺》,中华书局,2007年,第153页。

[95]干宝:《搜神记》,马银琴、周广荣译注,中华书局,2009年,第1页。

[96][前秦]王嘉等:《拾遗记(外三种)》,王根林等点校,中华书局,2012年,第20—21页。

[97]史仲文主编:《中国艺术史·杂技卷》,河北人民出版社,2006年,第168页。

[98]刘峻骧:《中国杂技史》,文化艺术出版社,1998年,第30页。

[99]干宝:《搜神记》,马银琴、周广荣译注,中华书局,2009年,第17页。

[100]马端临:《文献通考》,中华书局,2011年,第1668页。

[101]干宝:《搜神记》,马银琴、周广荣译注,中华书局,2009年,第18页。

[102]杨衒之:《洛阳伽蓝记校释》卷1,中华书局,2013年,第40页。

[103]慧皎:《高僧传》卷9,中华书局,1992年,第193页。

[104]李昉:《太平御览》卷737《方术部十八·幻》,上海古籍出版社,2008年,第552页。

[105]李昉:《太平广记》卷33《神仙·马自然》,中华书局,1961年,第211页。

[106]谢肇淛:《五杂俎》,中国书店,2001年,第110页。

[107]《善见律毘婆沙》卷3,伽跋陀罗译,《大正新修大藏经》卷24,第692b—693C页。

[108]干宝:《搜神记》,马银琴、周广荣译注,中华书局,2009年,第36—37页。

[109]傅起凤、傅腾龙:《中国杂技史》,上海人民出版社,2004年,第208页。

[110]尉迟偓:《中朝故事》卷2,中华书局,1985年,第10页。

[111]谢肇淛:《五杂俎》,中国书店,2001年,第112页。

[112]徐庄、傅起凤:《中国古代幻术》,中国国际广播出版社,2012年,第164页。

[113]吴承恩:《西游记》李卓吾评本,上海古籍出版社,1994年,第603—616页。

下编　丝绸之路与文学艺术

一、李贺诗歌风物与西域文明

一位著名中国学者曾作过一个形象的比喻：丝绸之路就像一条连接东西方文化之源的输水管，而西域正处在水源互流的中心，在这里打开一个龙头，流出来的自然就是东西方文化交融的混合液。

唐代是中国文明高度发达的朝代，对西域异族的风物、文化都多有吸纳。关于域外物产，从丝绸之路传入的有马、骆驼、大象、狮子、石榴、苜蓿、葡萄、核桃（胡桃）、黄瓜（胡瓜）、香菜、芝麻、葱、蒜、西瓜、胡萝卜、郁金香、菩提树等。

碎叶城于唐高宗调露元年（679）在西域设置，是丝绸之路上的一个重镇，与龟兹、疏勒、于田并称为唐代"安西四镇"，是中国与中亚、西亚往来交通的要冲，在东西文化交流中起着重要作用。玄奘就是途经此地前往河中、阿富汗和印度求取佛法的。同时，我国兄弟民族西突厥十姓可汗、突骑施、葛逻禄的政治中心皆置于此，西南地区兄弟民族吐蕃也活动于此。可以看出，碎叶在唐代中西交流当中占据着重要地位[1]。李白从这一出生背景当中摄取了不少西域文化的因子，懂蕃语，了解西域文化，交往西域人士，因而在诗歌创作中能够收放自如地表现域外风物风情，并借题发挥。

向达先生认为："李唐一代之历史，上汲汉、魏、六朝之余波，下启两宋文明之新运。而其取精用宏,于继袭旧文物而外,并时采撷外来之菁英。"[2] 唐代陆地与海上丝绸之路的畅通,许多国家的商人、使节、僧侣与留学生,拥入唐朝境内。长安、洛阳、广州、扬州等地都有大量的外国人、外族人居住。唐都长安俨然是国际大都会,仅接待外国使者、宾客的机构鸿胪寺就拥有外国人4000多。在长安西市有来自中亚、西亚的许多胡商摆摊设点,酒店里有美貌如花的胡姬招徕生意,诗人李白常来此光顾,咏叹"胡姬貌如花,当垆笑春风"。此外,还有移居长安的周边少数民族,如突厥人进入长安的就有上万家。大量外国人、外族人长期在唐朝生活,与汉族杂居,或娶妻生子,入籍唐朝,带来了外国文化和边地风俗,从衣食娱乐到宗教信仰,都对唐朝社会产生了深远影响。

"拂菻狗",今称哈巴狗(图3-1-1)。这种聪慧伶俐的小狗曾经是希腊妓女和罗马主妇的宠物。拂菻是拜占庭人对罗马新都君士坦丁

图3-1-1 唐代进口的三彩拂菻狗

堡的通称。粟特人将东罗马的大氍毹和拂菻狗、印度的郁金香和生石蜜、波斯的鍮石和越诺布输往中国。据史载,文泰又献狗雄雌各一,高六寸,长尺余,性甚慧,能曳马衔烛,本出拂菻国。唐朝人又将这种拂菻狗称作"猧儿"或"猧子"。《酉阳杂俎·忠志》记玄宗弈棋故事说:杨贵妃在旁边观棋时,怀中抱着康国猧子,"上数秤子将输,贵妃放康国猧子于坐侧,猧子乃上局,局子乱,上大悦。"[3]

波斯与阿拉伯商人也在这一时期或从陆路,或从海上进入唐朝,他们以经营珠宝著称,动辄获利巨万。通过他们,菠菜、蜜枣、胡饼、三

勒浆等食品及吞刀吐火之类的杂技进入唐朝社会,而造纸、织锦等手工业技术也辗转传至西方世界,使那里的社会发生了巨大变化。

随着西域胡人的到来,其信仰的伊斯兰教以及祆教、景教、摩尼教等也在唐朝内地传播。这些外来宗教,特别是早已在中国流传的印度佛教,渗透到唐朝社会的方方面面,对哲学、文学、语言学、建筑、艺术等均产生了巨大影响。

唐前期各族文化的交融以华化为主导,但初盛唐诗人描写境内外来胡俗、胡风的作品较少。中唐以后文人因国力的衰弱而对外来文化入侵心生畏惧,出于对盛世繁华的留恋和追忆,诗中对异族风物记述反而增加。美国汉学家爱德华·谢弗所著的《撒马尔罕的金桃——唐代舶来品研究》一书中就记载了18类、170余种唐朝的外来物品,其中所涉及的唐代诗人诗中的外来风物,以李白、李贺为突出。笔者在已有成果基础上,以此为切入点,略加考述,试图从一个侧面透视李贺诗歌中所涉及的外来文明。

(一)李贺诗歌中的唐代西域外来日常消费品

李贺在他的诗中记录了在日常生活消费领域受西域文明影响的诸多风物。其中胡床、胡乐最为典型。[4]在诗歌《谢秀才有妾缟练,改从于人,秀才引留之不得,后生感忆。座人制诗嘲诮,贺复继四首》其四中有"邀人裁半袖,端坐据胡床"的句子,叶葱奇在"胡床"下面这样解释道:"今之交床本自虏(胡人)来,始名胡床,隋改交床,唐穆宗(李恒)时又名绳床"按,胡床即大交床。[5]李贺在这首诗中引入了外来称谓,不言"交床""绳床"而称"胡床"显然怀有强烈的褒贬之情,流露出了他对谢秀才改嫁之妾的讽刺,对所嫁之人的轻视。"座中制诗嘲诮",而贺与他人不同,由此可以窥见。

在另一首《申胡子觱篥歌》中诗人又刻画了一种叫作"觱篥"的乐

器。据《文献通考》卷138载：

> 觱篥一名悲篥，一名笳管，羌胡龟兹之乐也，以竹为管，以芦为首，状类胡笳而九窍，所法者角音，而甚悲篥。胡人吹之以惊中国马焉。后世乐家者流，以其旋宫转器以应律管，因谱其音为重器之首，至今鼓吹教坊用之，小者六窍，以风管名之。六窍者犹不失乎中声，而九窍者其失盖与太平管同矣。

李贺在《听颖师弹琴》中就勾勒了这样一位僧人："竺僧前立当吾门，梵宫真相眉棱尊。""竺僧"即是题目中的颖师，这个颖师无疑是个技艺高超、声名显赫的弹奏家，韩愈也有一首同题的《听颖师弹琴》的诗，显然也是为他而作。佛教出于天竺，所以称"竺僧"；"真相"，佛家语，犹言真容；"梵宫真相"是拿庙中菩萨、罗汉像来比颖师。这两句是在叙述颖师的来访和他相貌的古朴。

李贺诗中同样提及颇受唐代市民喜欢的外来木料。《李凭箜篌引》一诗中就生动地展露了"箜篌"这种外来乐器弹奏出的神奇美妙的音乐。诗中"二十三丝动紫皇"一句，杜佑《通典》解释说："竖箜篌，胡乐也，汉灵帝（刘宏）好之，体曲而长，二十有三弦，竖抱于怀中，用两手齐奏，俗谓之擘箜篌。"[6]

从考古证据看，公元前3000—前2000年间箜篌制作起源于埃及，称作Harp（哈卜），公元前2000年从埃及传入亚述。公元1—2世纪，亚述人的古乐器Cank（箜篌）已经从帕提亚传入中亚。苏联考古学家马松在乌兹别克斯坦的铁尔梅兹城以北18公里埃尔塔姆（Airtam）遗址的一座公元1—2世纪的佛教寺院石柱头浮雕上雕刻了一个演奏箜篌、琵琶和皮鼓的乐队，上面的女乐师衣着打扮，与波斯王宫浮雕上帕提亚女子相同（图3-1-2）。箜篌有卧箜篌、竖箜篌、凤首箜篌等多种类型，汉代传入中国的是竖箜篌，又称胡箜篌，为弓形竖琴，竖抱于怀中用两手拨弹。[7]

据《汉书·郊祀志上》记载，汉武帝年间，箜篌从西域传入中原。汉武帝的"嬖臣李延年以好音见……益召歌儿，作二十五弦及空侯瑟自此起"。另据《后汉书·五行志》记载："灵帝好胡服、胡帐、胡乐、胡坐、胡饭、胡箜篌、胡笛、胡舞，京都贵戚皆竞为之。"在《册府元龟·夷乐》中亦详细记载了包括"竖箜篌"在内的西域胡乐器输入河西与中原的历史事实，前凉张重华据凉州时，天竺国重四译来贡，其乐器有凤首箜篌、琵琶、五弦、笛、毛圆鼓、都昙鼓、铜鼓等9种，为一部工12人。

图3-1-2 埃尔塔姆(Airtam)遗址浮雕上演奏箜篌的女乐师

歌曲有《沙石疆》，舞曲有《矢曲》。后凉吕光既灭龟兹因得其乐，乐器有竖箜篌、琵琶、五弦、笙、笛、箫、觱篥、毛圆鼓、都昙鼓、答腊鼓、腰鼓、羯鼓、奚娄鼓、铜钹等十五种，为一部工22人。歌曲有《善善摩尼》《解曲》《婆伽儿》，舞曲有《小天》《疏勒盐》。《旧唐书·音乐志》亦载："竖箜篌，胡乐也。汉灵帝好之。体曲而长，二十有二弦，置抱怀中，用两手齐奏，俗谓之'擘箜篌'。"且末汉墓出土的木箜篌，正是汉代传入长安的那种竖箜篌，为研究西亚古乐器如何沿丝绸之路传入中国提供了重要实物证据。[8]可见李贺诗中的这种箜篌是"竖箜篌"。这把高雅的箜篌据说是用四川出产的美丽的泡桐制作的，表面有用真珠母镶嵌而成的花鸟图案，23根弦系在鹿骨轸子上，如今它正躺置在日本的正仓院中。[9]

除泡桐外,李贺还在诗中记述了一个用紫檀木做成的琴槽:"胡琴今日恨,急语向檀槽。"《本草纲目》"檀香"条载:恭曰:"紫真檀出昆仑盘盘国,虽不生中华,人间便有之。不香尔。时珍曰:按:《大明一统志》云:檀香出广东、云南,及占城、真腊、爪哇、渤泥、暹罗、三佛齐、回回等国,今岭南诸地亦皆有之。树、叶皆似荔枝,皮青色而滑泽。"[10]在唐代最常见的一个树种是马来西亚的檀香木,这种树带有类似玫瑰的香味,木质为淡黄或淡红色。或许这种树的更为疏远的亲系也传到了中世纪的中国——例如像安达曼群岛的紫檀木和印度的檀香木。另一首《美人梳头歌》有"西施晓梦绡帐寒,香鬟堕髻半沉檀"的句子,"沉檀"即是檀枕,也是用紫檀木做的。

李贺对外来毛毯、丝织品的描绘。外来贡品中,有时也可以见到"毛毯"这样的生活用品。例如,开元十四年(726),安国王派遣使臣来到唐朝,请求唐朝皇帝帮助他们抵御大食入侵者时就上贡一些华美的毛毯。[11]李贺在《感讽六首》其一中用"舞席泥金蛇,桐竹罗花床"来描写一种金蛇装饰的舞席。如果说这种舞席可能是来源于波斯的话,那么,他在另一首诗《宫娃歌》中提到的"象口吹香毾㲪暖,七星挂城闻漏板。""毾㲪"则毫无疑问就是伊朗的地毯。在八九世纪时,这种波斯的羊毛毯在唐朝富豪家里根本算不上是罕见之物。

在外来的丝织品中,"朝霞"还值得注意。"朝霞"这个词在唐代被用来称呼从朝鲜输入的淡红色柞绸。李贺诗《南园十三首》其十二中云"轻绡一匹染朝霞",就是指丝绸而言。叶葱奇、王琦把"朝霞"均解释为"绡的红黄色",王友胜则注释为"染上朝霞般的粉红色。"显然,这些解释是望文生义而已。因为他实际上是一种外来的丝绸。清代姚文燮在《昌谷集注》卷 1 中有这样的评价"倘染霞绡作道帔,即可登诸岩廊,何用著书以自苦耶?"姚氏把霞、绡并称,显然认识到了这只是一种朝霞品类的绡。所以这首诗后两句："谁遣虞卿裁道帔,轻绡一匹染朝霞。"的正确理解只能是:"谁能送我一匹染成的朝霞绡,让我来制成道服呢?"言外之意是,这样自己便可以终老乡间,埋头著述了。

李贺对外来颜料、灯树、盔甲、纸张、玻璃都有不同程度的记述。唐代妇女在画眉时多使用"青黛"这种颜料,李贺诗中亦有"续客下马故客去,绿蝉秀黛重拂梳"的句子。我们认为这是一种由波斯输入的,从真正的靛青中得到的颜料。[12]但到了9世纪初年时,"青黛"就被诗人们用来作为一种特定的,指称远山的颜色的词汇了。

唐代的人工树——灯树是庆祝正月十五使用的灯饰。但这种美丽的灯饰最早也是舶来之物。在7世纪中叶,吐火罗王子曾经给唐朝宫廷带来了两株特别有意思的"玛瑙灯树"。此后,史册上关于灯树的记载则络绎不绝。李贺既是一位好猎奇的诗人,其诗中也免不了对这种树的描写:"仙人烛树蜡烟轻,清琴醉眼泪泓泓。"

翻看李贺的诗集,还可见他对盔甲的描写。初盛唐的边塞诗人多在诗中提到剑、枪、盔甲之类的战争用品。自8世纪初年起,中国出现了锁子甲。爱德华·谢弗先生认为锁子甲最初起源于伊朗,但是马冬和陶涛两位学者却提出了斯基泰人才是锁子甲的最早发明者和使用者。[13]它最早见于开元六年,是康国贡献的礼物。一般来说锁子甲都是用铁制作的,而李贺笔下的锁子甲却是用黄铜制作的,《贵主征行乐》诗云:"奚骑黄铜连锁甲,罗旗香干金画叶。"

尽管唐朝本土出产的纸的质量非常精良,但是我们发现唐朝人也大量地使用了外来的纸张。这其中的一种书写材料就是扇页树头榈,即生长在南亚的扇叶桐榈的树叶。在唐代,这种书写材料仅仅是以其梵文的读音"贝多"(Pattra,树叶)知名。[14]用裁成合适形状的棕榈叶做成的书叫作"Ollahs",这种书在唐朝人中间又叫"梵夹",取这个名字的意思是因为这种是用两块木板相夹,然后再用绳子捆扎起来的。李贺在《送沈亚之歌》中对这一制作流程做了清楚的记录:"白藤交穿织书笈,短策齐裁如梵夹。"

我们相信,李贺对这种外来"梵夹"的了解与他对佛家经典的熟悉是相辅的。因为从去往天竺的唐朝取经人积极地搜集贝叶经来看,这种书在唐朝并非罕见之物,而在唐朝的各大寺院里,更是可以轻易地见到梵夹。又,李贺诗句中有"楞伽堆案前,楚辞系肘后"的句子,可见他对外来文明的接受不仅在于物质上,而且还有精神上的契合点。《楞伽阿跋多罗宝经》(简称《楞伽经》)对李贺的影响是深刻的,这一点已为学界所共知。[15]

李贺在《秦王饮酒》中还写到了玻璃这种物品:"羲和敲日玻璃声,劫灰飞尽古今平。""玻璃"对中国人而言并不陌生,自从东周以后中国人就已经制作出了玻璃。在汉语中,将玻璃分作两类,一类是琉璃,一类是玻璃。但是在唐代,冰清玉洁的玻璃还仍然被看作是外来的宝物。根据史书记载,这种神奇的原料样品来自罽宾(今克什米尔),"碧玻璃"来自拔汗那(今吉尔吉斯斯坦费尔干纳地区),"红、碧玻璃"来自吐火罗,赤玻璃和绿玻璃则来自拂菻国(意大利前身)。玻璃是吹制器皿,是制作杯盘,罐等器皿的常见的材料。敲击玻璃的声音是清脆空灵的,尤其是当玻璃被打碎的时候。李贺"呕尽心血",运用了一个清脆空灵、金声玉振式的比喻,把敲击太阳的声音同玻璃声联系起来,成为既令人不可思议又不得不拍案叫绝的手笔。

(二)李贺诗歌中的唐代外来奢侈性消费品

李贺诗歌中记载了外来宝石、象牙、香料等奢侈性消费品。在《听颖师弹琴》中,李贺描绘了"水玉"这样一种外来事物:"暗佩清臣敲水玉,渡海蛾眉牵白鹿。""水玉"便是"水晶",它是一种纯净、透明、结晶质的石英。8世纪时,康国首领曾几次向唐朝贡献水晶制品(包括水晶杯),罽宾国也向唐朝贡献过水晶杯。输入唐朝的水晶就突出地表明了水晶纯洁无瑕的特质和水晶工匠精湛绝伦的技艺。水晶不光是一种饰品,它还是身份地位的象征,李贺刻画那位颖师时着重点染了他身上的水晶饰物,既烘托了这位颖师身份的显赫,又暗喻出他品德的高洁如同水晶一般。

李贺对外来宝石的描写璀璨夺目,真可谓"时尚诗人"。但凡他遇见或听闻外来的珍奇宝石,总是用他那彩色绚丽的笔墨将其生动地写入自己的诗歌中。翻开他的诗集,除了"水晶"外,我们还可以看到他对玉石、玻璃、象牙、真珠、玳瑁、珊瑚、琥珀等宝石的描绘。

中国古代的玉就是指软玉,而使用硬玉则是近代的事情。遗憾的是,唐代文献对玉的记载不详,因此,很多被唐人看成是玉的矿物在今天看来显然不是那么回事。李贺《老夫采玉歌》有"蓝溪之水无清白""蓝溪之水厌生人"的句子,《春坊正字剑子歌》有"神光欲截蓝田玉"的句子。学者由此把这种玉称为"蓝田玉",而这种所谓的蓝田玉实际上却是长安以南、终南山的蓝田采掘的一种绿色和白色的大理石。在安史之乱以后,唐代对通往和田的"玉石之路"已失去掌控,和田美玉已经很难输入长安,长安宫中用玉质地下降,将大理石称为"白玉"就是这一事实的反映,甚至连类似冻石、叶蜡石之类的软材料,也都被冠以"玉"的美称。而在这些假玉中,最有名的无疑则是"蓝田玉"。中国古代使用的软玉全都来源于于阗国,而且唐代玉工需要的白玉、碧玉也主要来源于于阗的喀拉喀什(墨玉)河和玉龙喀什(白玉)河,由于阗国供给。在这两条河的水中,于阗"国人夜视月光盛处,必得美玉"[16]尽管对玉石品种的辨析并不一定十分清楚,但丝毫不影响唐人对玉的喜爱。因为这种装饰品象征着高洁和纯净,有护身和辟邪的

功能,所以几千年来都受到人们的钟爱。李贺诗歌中"玉"字出现了"96"次,兹录部分如下:

玉碗盛残露。《过华清宫》
玉轸蜀桐虚。《追和柳恽》
腰围白玉冷。《贵公子夜阑曲》
当唇注玉罍。《送秦光禄北征》
玉壶银箭稍难倾。《河南府试十二月·十月》
紫钗玉股照青渠。《湖中曲》
夜光玉枕栖凤凰。《许公子郑姬歌》
五色丝封青玉凫。《夜来乐》
玉轮轧露湿团光,鸾佩相逢桂香陌。《梦天》
暗珮清臣敲水玉,渡海蛾眉牵白鹿。《听颖师琴歌》
玉蟾滴水鸡人唱,露华兰叶参差光。《李夫人歌》

在这些诗句中,有的是写实,有的是想象。但在诗人的主观世界中所要表达的恰恰就是一种外来的代表着身份地位、具有温润的光泽、雕刻着美丽图案的玉制品。

李贺在诗中还写到了"象牙",具体说是"象床"。唐朝的药物学家甄权说道:"西域重象牙,用饰床座。中国贵之,以为笏。象每蜕牙,自埋藏之,昆仑诸国人以木牙潜易取焉。"在唐代,可以从岭南道、安南都护府的领地及其云南的南诏国等地获取象牙。当时更远一些的象牙产地还有林邑、印度群岛的北邑和堕婆登以及锡兰的狮子国等地。象牙既可以被做成小的饰物,又可以用来装饰大的器物。李贺诗中的象牙以"象床"这样的大件出现,尽管也有提到"鸾篦"和"笏"的地方,但我们不敢妄加断定他们就是用象牙制成的。在《恼公》一诗中,诗人写道:"象床缘素柏,瑶席卷香葱。"《美人梳头歌》里也有"解鬟临镜立象床"的句子。可见,"象床"确实可以烘托富贵的氛围,衬托诗中女性雍容华贵的生活。

唐诗中所写的"玳瑁"是从安南的陆州得到的。这种玳瑁可以制作成妇女的头簪和头饰,还可以用来镶嵌贵重的家具。李贺也在他的诗中写到了这种饰物。《恼公》中有"玳瑁钉帘薄"之句;《潞州张大宅病酒遇江使寄上十四兄》里有"椒桂倾长席,鲈鲂斫玳筵"的诗句。可见,玳瑁在当时已被广泛应用了。

除此之外,李贺在《贾公闾贵婿曲》中还对珊瑚做了记载:"今朝香气苦,珊瑚涩难枕"。这两句是反衬法,"香气本甜而云苦,珊瑚本滑而云涩,富贵骄奢到了极点,以致感觉迟钝,毫无激情。"唐朝的珊瑚主要是从波斯国和狮子国进口的,这种树枝状的样品对唐朝人产生了最为强烈的吸引力,因为珊瑚的形状看来就像是真正的仙境中的灌木和来自长生不老的仙人居住的天宫里的玉树。

李贺在《夜饮朝眠曲》中还描写过一种叫作"琅玕"的东西:"玉转湿丝牵晓水,热粉生香琅玕紫。"叶葱奇先生把"琅玕"解释为玉名。"琅玕紫"解释为"酒后面赤,色如紫玉"[17]。在唐代,确实从西南蛮和于阗输入过一种叫作"琅玕"的物质。有人说"琅玕"就是一种玻璃,即它与被称为"琉璃"的彩色假宝石原料有关,而另外的人则提到一种"石阑干"的物质,或许有些琅玕就是青色或绿色的珊瑚,而有一些则是一种玻璃质的矿产物。

唐朝诗人用"琥珀"形容一种半透明的红黄色"酒"。唐人以为"琥珀"产自拂菻,据考证,唐朝的琥珀系从波斯输入。在《残丝曲》中李贺写道:"绿鬓少年金钗客,缥粉壶中沉琥珀。"《将进酒》有"琉璃钟、琥珀浓,小槽酒滴真珠红。烹龙炮凤玉脂泣,罗屏绣幕围香风"的句子。盛唐大诗人李白在《客中行》中有"兰陵美酒郁金香,玉碗盛来琥珀光"的句子。我们相信李贺在诗中以"琥珀"喻酒显然是受到了李白的影响。

唐人有焚香的习惯,甚至连皇帝身上也佩戴着香囊,在腊日的庆典上,就更是非佩戴"衣香囊"不可了。尽管中国本地的香料质量都非常优异,但来自异国他乡的奇香,尤其树脂和树脂胶——檀香、沉香、婆罗洲龙脑香和广藿香,安息香与苏合香,以及乳香与没药等等——无论品种还是数量都是相当可观的。[18]安息香原产于阿拉伯半岛及伊朗高原,唐《酉阳杂俎》称"安息香树出自波斯国"。后来产自今印度尼西亚、越南、泰国等地的其他香料也称作安息香,如《诸番志》卷下称"安息香出三佛齐国"。汉魏史籍中的"安息"是指西亚古国帕提亚(Parthia),"安息"一名最早见于《史记》卷123《大宛列传》和《汉书》卷96《西域传》(《汉书·西域传》:"安息国,王治番兜城")。"三佛齐国"旧称室利佛逝,就是今天的苏门答腊群岛。

李贺在他的诗中屡屡提到香,以叶葱奇先生疏注的《李贺诗集》为底本,笔者统计出李贺241首诗中共出现"香"字81次。李贺诗中所写的香料大致是一种"混合香"。东西方使用的混合香料是有区别的,他们的不同就在于使用了不同的配料:在西方,混合香料的主要成分是乳香,配以没药,波斯的树脂与甲香;而在东方,主要成分则是沉香,再配以乳香、檀香、丁香、麝香与甲香。

在《贵公子夜阑曲》这首绝句中,李贺具体而微地说明了沉香的重要作用。诗中描写了一位贵公子在孤寂的房屋中等待黎明的情景:"袅袅沉水香,乌啼夜阑景。曲沼芙蓉波,腰围白玉冷。"李贺其他诗中我们也可以见到对沉香的描述:"沉香火暖茱萸烟,酒觥绾带新承欢。""归来无人识,暗上沉香楼。""沉香熏小像,杨柳伴啼鸦。"据万震《南州异物志》载,沉香来自于树木的坚实心材,木质沉重,比重超水,故置水中则沉,名沉香。在中世纪中国的礼仪大典和个人生活中,沉香是一种非常重要的香料。沉香种类繁多。唐朝人使用的沉香来源多元,但主要以林邑、柬埔寨之外来沉香为主。[19]

正史载,沉香是林邑国(今越南中南部)的名产,《梁书》卷54《诸夷传》"林邑国"云:

> 林邑国者,本汉日南郡象林县……又出玳瑁、贝齿、吉贝、沉木香。……沉木者,土人斫断之,积以岁年,朽烂而心节独在,置水中则沉,故名曰沉香。次不沉不浮者,曰栈香也。[20]

《广异记》云,梁武帝时,林邑国曾进献沉香镂枕,"林邑所献七宝澡瓶、沉香镂枕,皆帝(梁武帝)所秘惜"[21]。

有唐一代,林邑国王曾多次朝贡,在玄宗统治时期,曾多次进献沉香。《唐会要》卷98"林邑国"云:武德六年二月,其王范梵志遣使朝贡。……先天开元中,其王建多达摩又献驯象、沉香、琥珀等。占婆(即林邑)出产沉香,还可证之于阿拉伯著作《中国印度见闻录》:

> 随后,船只航行了十天,到达一个叫占婆的地方,该地可取得淡水。沉香木正是从这里来的,叫做"占婆木"。[22]

李贺《啁少年》一诗提到龙脑香:"青骢马肥金鞍光,龙脑入缕罗衫香。美人狭坐飞琼觞,贫人唤云天上郎。"

早在贞观十六年的时候,这种香料就已经由乌茶国国王达摩因陀诃斯遣使者献给了唐太宗,朝廷当时还玺书优答。到了玄宗朝它才因贵妃使用而声名大噪。龙脑香价格昂贵,以至于唐人认为,用得起龙脑香者乃为天上之人,《灵怪集》云:

> 太原郭翰,少简贵,有清标,姿度美秀,善谈论,工草隶……女微笑曰:"吾天上织女也,久无主对,而佳期阻旷,幽态盈怀、上帝赐命游人间,仰慕清风,愿托神契。"……乃携手登堂,解衣共卧。

其衬体轻红绡衣,似小香囊,气盈一室。有同心龙脑之枕。

段成式《酉阳杂俎》卷 18 "广动植之三"云,龙脑香是龙脑香树木心中的香。

> 龙脑香树,出婆利国,婆利呼为固不婆律。亦出波斯国。树高八九丈,大可六七围,叶圆而背白,无花实,其树有肥有瘦,瘦者有婆律膏香。一曰瘦者出龙脑香,肥者出婆律膏也。

> 安息香树,出波斯国,波斯呼为辟邪。树长三丈,皮色黄黑,叶有四角,经寒不凋。二月开花,黄色,花心微碧,不结实。刻其树皮,其胶如饴,名安息香。六七月坚凝,乃取之。烧通神明,辟众恶。[23]

与其他香料相比,丁香还可以作为食物或者药物使用,但唐朝人经常将丁香用来作为调剂焚香之类的芳香配料。唐诗中的"丁香"通常可能都是指中国土生的"紫丁香",而不是指进口的丁香。所以尽管李贺诗中有"丁香筇竹啼老猿"的句子,这种丁香仍不是舶来之物。我们可以肯定李贺对这种外来的鸡香是熟悉的,他在《酒罢张大彻索赠诗时张初效潞幕》这首诗中就说:"金门石阁知卿有,豸角鸡香早晚含",与前一首诗中提到的"丁香"并不混淆。而中晚唐诗人所说的"鸡舌香",简称"鸡香"的,才是外来的丁香,这种鸡舌香是从印度尼西亚进口的。

除对日常消费和奢侈性消费的描绘刻画以外,外来马匹是李贺着墨最多的外来物种。李贺著名组诗《马诗》二十三首通过咏马、赞马或慨叹马的命运,表现志士的奇才异质、远大抱负及不遇于时的感慨与愤懑。在这些诗中,诗人除了吟咏历史上的名马和"伯乐",如赤兔马、项羽的马外,还刻画了一些现实中的马。这些马虽然以喻体的形式出现,但是作者将它们描画得活脱逼真,经考证这些马来自西域诸国、大食、罽宾等地,属于舶来品。清人方扶南有言:"皆自寓也。人人所知,次第用意,略与《南园》诗同。……此二十三首,乃聚精会神,伐毛洗髓而出之,造意撰辞,犹有老杜诸作之未至者。率处皆是炼处,有一字手滑耶?五绝一体,实做尤难。四唐唯一老杜,此亦摭实似之;而沉着中飘萧,亦似之。"[24]

《马诗》其一中说:"龙脊贴连钱,银蹄白踏烟。"从"龙脊""连钱""银蹄"中我们可以断定这种马大致是突厥马。突厥马是阿拉伯马的一种,头部硕大,高鼻梁,母羊式的脖颈,身材纤细,四肢修长。"龙脊"似指"双脊","连钱"指"虎纹","银蹄"是突厥马的特殊成分,即那种黑身白蹄的品种。大凡古人都喜欢将"龙"与"马"联系起来,李贺的《送沈亚之》歌中有"掷置黄金解龙马"一句,《周礼》上记载"马八尺以上为龙",显然,龙马是良马的代称。当然,我们还要注意到,皇帝的马一般也冠以"龙马"的美称,因为这些马是"真龙天子"的坐骑,而皇帝骑马狩猎的地方则又美其名曰"天苑"。

在《马诗》其八中诗人还写到了两种不同类型的马,以此作对比:"赤兔为人用,当须吕布骑。吾闻果下马,羁策任蛮儿。"诗人把赤兔马同果下马对举,显然有意贬视果下马。唐代的果下马在高祖时期已经由朝鲜半岛西南部的百济国进贡到中国。[25]这是一种娇小玲珑的马,它的作用主要是用来拉皇太后乘坐的辇车。7世纪时,唐朝风气严厉而尚武,人们的审美视野多集中在硕大剽悍的"天马"。到了8世纪唐玄宗统治时期,代之而起的是更儒雅、更浮华的"文治"时代。这时,小巧娇柔的小马则进入了贵族的审美视野。可以想见,在李贺生长的中唐时期,这种果下马还正在流行。诗人一反当时的社会风气,蔑视这种外来的不堪重用的小马,流露出了心中常含的郁勃不平之气、英雄失路托足无门之悲。

在唐代的外来马匹中,最有名的当属唐太宗亲冒石矢与群雄逐鹿中原时骑乘的"六骏"。唐太宗为纪念他在开国时的武功,将其征战时所乘的 6 匹战马雕置于昭陵北面祭坛东西两庑,史称"昭陵六骏"。这六骏的名字是飒露紫、拳毛䯄、青骓、白蹄马、特勒骠、什伐赤。虽然就气质而言,太宗的六骏全都具有西方马匹的血统,从它们的名字看出,有些马必定是太宗从突厥那里得到的。李贺《马诗》其十六描写了"六骏"中的一匹马,从他的诗中,我们可以进一步认识这匹马的来源。"唐剑斩隋公,拳毛属太宗。莫嫌金甲重,且去捉飘风。"清人王琦说:"玩诗意,拳毛䯄必隋之公侯所乘者,其人既为唐所杀,其马遂为太宗所得。虽事遗无考,而诗语甚明。"葛承雍谓"这匹骏马也可能来自突厥人之手或粟特人之手"[26]"拳毛䯄"体形特征是头部硕大,高鼻梁,母羊式的脖颈,身材不高,蹄大快程,属于蒙古骏马种系。7 世纪中叶倭马亚王朝(白衣大食)时,阿拉伯人发现突厥人在吐火罗(Tokharian)山区的养马人占主导地位,并由拔野古部族人将名为 birdaun 纯种马献给大马士革王庭,这种良骑与"拳毛䯄"似乎接近。"birdaun"一词源于中世纪拉丁语,与阿拉伯语含义一样都是"拖马"(牵引的马),有体形不大、身躯粗壮、毛发茂密的特征。在《马诗》的第二十二首中,诗人还提到了唐人所周知的汗血马:"汗血到王家,随鸾撼玉珂。少君骑海上,人见是青骡。"

(三)李贺追捧外来文明的原因

在谢弗论著中,唐代李白、李珣、李贺 3 位诗人与外来文明关联最紧。由于李贺存诗较少,所以堪称濡染外来文明中甚为突出的一位。他对外来事物抱有极大的热情,其中深层次的原因值得分析。

时代背景下所产生的猎奇和追忆盛世繁华的心态。李贺所处的时代是一个表面"中兴",实则千疮百孔的时代。"安史之乱"以后,社会衰败,经济贫瘠,人民流离失所。唐宪宗登基之初,很有点"励精图治"的样子。他重用了一批有才干的文臣武将,如杜黄裳、裴度、李绛、白居易、高崇文、李愬等人,进行了一系列大刀阔斧的改革。但稍见成绩,宪宗便得意忘形,露出了他固有的弱点,如宠信宦官,骄奢淫逸,广事征敛,信神求仙,妄图长生,对人民的死活却无动于衷,以致朝政昏昏,危机四伏。由于宦官弄权,使得"官家有程,吏不敢听"的局面一直持续了 10 年之久。至元和十四(819)年,淄青等 12 州藩镇叛乱才算平定下来。《资治通鉴》说:"自广德以来,垂六十年,藩镇跋扈河南、北三十余州,自除官吏,不供贡赋,至是尽遵朝廷约束。"可是这时李贺已经去世 5 年了,在诗人的有生之年一直没有看到现状的改变。李贺身处乱世,他用激愤的眼光注视周围的一切时,思绪不可避免地与盛唐文化相碰撞。当他的抱负在现世的空间受重挫时,他便转而将梦想嫁接在昔日辉煌的盛世上。但这样的盛世毕竟一去不复返了,宛如一座坍塌的大厦,只留下断壁残垣供后来者凭吊和感怀。而外来物品就是那昔日大厦中最为光亮的点缀物。大肆追忆这些残留的或正在流行的舶来品多少可以给这位宗室后裔以身份认同和精神慰藉。

  李贺苦闷的心理造就了他对宇宙人生等形而上问题的思索,外来物品充当着他认识外在世界的媒介。李贺属于唐高祖李渊的叔父大郑王李亮这一系,是一个不折不扣的皇室裔孙,然而仕途偃蹇、生活困踬、多病早衰、妻室早逝、遭人打击、寄人篱下,现实的残酷取代了美好的理想,多方面的原因,形成了他极其忧郁的性格。在有限的短暂生命中,诗歌成了他生命的宣泄,同时也是生命的寄托。他那可怕的写作状态,像膏烛的消融一般煎熬着自己的生命,使他的创作焕发出奇异的想象力和神经质的创造力。他充满奇幻色彩的作品很容易让人联想到童话,就像诺瓦利斯给童话下的定义,"有如毫不连贯的一幅梦中图画,是种种令人惊叹的事物和事件的汇集"[27],然而他诗中却根本缺乏童话的天真感觉,不如说充斥着过于早熟而病态的少年幻想。他全部的诗歌都可以称之为抒写内心的苦闷,他的诗歌艺术,一言以蔽之就是苦闷的探索。这种苦闷的心理促使他对生死问题、宇宙问题产生了极大的好奇。从而营造了一个又一个寒冷、幽暗、悲凉、朦胧的诗境。王思任《昌谷诗解序》中说李贺"喜用鬼字,泣字,死字,血字。"[28]他的诗歌从时间上表现出对过去、现在、将来的展现,从空间上考察,则表现为对自己周围可知世界、半可知世界,包括冥界、仙界的展现。因为其时的中国人尚未在头脑中建立地球这个概念,所以在他们的眼里,大唐以外的空间都是模糊和神秘的,和现在人们所知道的宇宙合而为一。李贺对外来世界的记述小而言之是猎奇,大而言之是对个体以外的世界和宇宙的求索。外来物品既然能引起诗人对异域的想象,它顺理成章地契合了李贺对宇宙世界追慕的心理。因此我们可以大胆地说李贺大量的描写外来事物还与他对宇宙人生的苦苦思索、茫茫求索有关。在艺术表现上,则如钱钟书先生所言:"长吉文心,如短视人之目力,近则细察秋毫,远则大不能睹舆薪;故忽起忽结,忽转忽断,复出傍生,爽肌戛魄之境,酸心刺骨之字,如明珠错落。与《离骚》之连忏荒幻,而情意贯注,神气笼罩者,固不类也。"[29]

　　与同时代其他诗人的交往中形成并深化了李贺猎奇的心态。与韩愈、孟郊等人的交往,也使他的诗歌染上了一层虚荒诞幻的色彩,是他诗歌中大量出现外来风物的一个原因。韩愈赏识李贺的才华,同情他的遭遇,作《讳辩》为他鸣不平。韩愈的诗风向怪奇一路发展,始于贞元中期,至元和中期已经定型,在此后的几年中,更是以丑陋之事之景入诗,写落齿,写鼾睡,写恐怖,写血腥,形成了以俗为美,以丑为美的特点。[30]他本人提倡作诗要务去陈言,戛戛独造,追求雄奇怪异的诗歌美学风格,这不可避免地对李贺造成了影响。清代管世铭说:"昌谷、樊南,退之之属国也。"[31]吴闿生也说:"昌谷诗上继杜韩,下开玉谿,雄深俊伟,包有万变,其规橅意度,卓然为一大家,非唐之他家所能及。"[32]虽赞誉过甚,然不失中规。因此,李贺的诗歌刻意追求艺术思维的逸出常轨,遣词造句的刺激狠透,修辞设色的惨淡经营,意象结构的古怪生新。对外来意象的钟爱,正是他猎奇的表现,是建构"长吉体"中不可或缺的一环。李贺诗歌因其具有独特性而被誉之为"长吉体",关于李贺诗歌的独特性,历代诗家做过不少评价。《旧唐书》称其诗歌"其文思体势,如崇岩峭壁,万仞崛起,当时文士从而效之,无能仿佛者"[33]。正是搜肠刮肚得来的成果,既玉成了李贺独特的诗风又影响到他以后的诗坛,扩大了汉语的词汇量,拓展了诗歌的表现范围和描写题材。

二、《张四姐大闹东京宝卷》与"大闹"题材的演变

（一）《五鼠闹东京》与《大闹天宫》："大闹"题材的来源与流变

研究"大闹"故事的文本，围绕《西游记》"大闹天宫"故事前后翻检，宋代以前有《五鬼闹判》、元代杂剧有《神奴儿大闹开封府》，明代有小说《新刻全像五鼠闹东京》（图3-2-1）[34]《包龙图判百家公案》第58回之"决戮五鼠闹东京"，晚清有狭义公案小说《五鼠闹东京》[35]，民国有宝卷《张四姐大闹东京》。"大闹"题材本于何处？

在我国新疆发现的古代语言残卷中，有古和阗文的《罗摩衍那》，在焉耆语（吐火罗A）

图3-2-1 清代"书林"刻本
《五鼠闹东京包公收妖传》

里有《罗摩衍那》的故事。[36]季羡林先生早就指出在中印文化交流的初期，使用吐火罗语的部族曾在中间起过桥梁作用。在中印佛教经典的交流中，吐火罗语"闹魔宫""闯炼狱""化身斗法""斗智论道""魔怪劫妻""仙圣救难"等，这些险象丛生、诡奇百出、情节生动、悬念强烈的故事最容易在各民族之间不胫而走。其中传播的情形有模拟、增删、传递、改变，创造与改良等。胡适上世纪初就提出孙悟空的原型是受印度《罗摩衍那》中的神猴哈奴曼影响而仿造的。[37]著名史学家陈寅恪认为鸠摩罗什翻译的《大庄严经论》（3）第15故事"顶生王升天"和印度著名史诗《罗摩衍那》第6编故事缀合为一，是《西游记》孙行者大闹天宫故事的源头。[38]

在印度神话中，仙人如舍罗婆俄"大闹天宫"，最后征服了天宫，让罗摩居住而罗摩不去。[39]印度神话传说哈奴曼降生之后曾"大闹天宫"：哈奴曼一出生就饥肠辘辘，他一眼瞥见了太阳，以为是水果，于是就跳跃着追逐太阳，太阳飞走了，哈奴曼到达了因陀罗的天国。因陀罗用他的雷电击伤了哈奴曼的颌，于是哈奴曼就落在了尘世间。但哈奴曼的父亲风神伐由因因陀罗打伤了儿子的下巴很生气，便钻进众神的身体里使他们腹痛难忍，众神求助于因陀罗，因陀罗只好向风神伐由道歉，并同意哈奴曼将获得长生不老。[40]

在印度神话中，类似的"大闹天宫"神话还有：

1.希罗尼耶格西布（梵语本义是"穿金色衣服的人"）靠自己的极度苦行换得了梵天的恩惠，即无论是天神、野兽还是人类，无论是在白天还是在黑夜，无论是什么样的武器，都不能伤害他。于是，希罗尼耶格西布凭借梵天的这个恩惠，变得不可战胜。他"大闹天宫"，打败了天兵天将，霸占了天帝的宫殿。[41]

2.婆奢拉迦改邪归正，携妻子到森林里隐居起来。可是，天帝因陀罗却趁着婆奢拉迦出门的时候，变成一只猴子，闯进他的家里捣毁家具、恐吓其怀孕的妻子。虽然婆奢拉迦在梵天的劝说下放弃了仇恨，可是他尚在母亲腹中的儿子多罗迦却没有放弃。多罗迦通过苦行，获得了梵天的恩赐，即只能由刚出生不到七天的孩子杀死他。于是，多罗迦组织了一支强大的军队，向天帝因陀罗宣战。天兵天将与阿修罗之间展开了一场残酷的战争。成千上万的将士战死了，尸首遍野，血流成河。最后，多罗迦凭着梵天的恩赐，占领了天界，成为三界之主。[42]

3.印度的《薄伽梵往世书》第8篇第15至13章讲述了毗湿奴化身为一侏儒与伯力斗智斗法的故事，而其中的伯力，也曾大闹天宫（在印度神话中，打败过天神因陀罗，从而占据天宫的恶魔颇多），伯力的祖父是布勒赫拉德。一次,他的师父太白金星仙人为伯力举行了一次祭祀。祭祀中,伯力得到了宝铠甲、神车、神弓和永远装满箭的神箭壶。伯力穿上铠甲,手持神弓箭,坐上神战车,在人间和地界,建立了自己的神威。伯力征服了人间和地界之后又想征服因陀罗天界。于是他率领着强大的军队包围了整个因陀罗的领地。因陀罗听从了天师祭主的忠告,撤出了天界。于是,伯力成了三界的主人。[43]

综上可见,《西游记》"大闹天宫"神话的"大闹"题材源于印度。笔者认为《五鼠闹东京》之"大闹"题材却来源于中国本土的禳灾祭祀民俗仪式"五鬼闹判"。

翻检中国民间的"五鬼闹判"题材,笔者认为,该题材来源于驱逐"五毒"的端午祭祀民俗。夏历关于五月五日的记载:"此日蓄药,以蠲除毒气。"(《夏小正》)因为端午后天气转热,而端午这一天是阳气最盛的一天,所以要蓄药以辟除毒气。《大戴礼》也说:"五月五日蓄兰为沐浴。"兰是兰草,要用兰草熬成的汤药浴。据《礼记》载,端午源于周代的蓄兰沐浴。

《吕氏春秋》中《仲夏记》一章规定人们在五月要禁欲、斋戒。在古代,人们普遍认为五月是个毒月,五日是恶日,相传这天邪佞当道,"五毒"并出。蛇、蝎、蜈蚣、壁虎、蟾蜍"五毒"侵害人类,容易流行瘟疫,让人生病。民谣说:"端午节,天气热,'五毒'醒,不安宁。"五月初五这一天被人们认为是"九毒"之首,所以民间便流传了许多驱邪、消毒和避疫的特殊习俗,驱"五毒"逐渐成为端午节的民俗仪式,具体禳祓仪式包括如下内容:

1. 张贴五毒图。在屋中贴五毒图,用红纸印画5种毒物,再用5根针刺在"五毒"的上面,就认为毒物被刺死,再不能横行了。民间剪纸作品中有《剪五毒》(图3-2-2),寓意剪除"五毒"。从辟邪的角度来说,五月五日侍奉之神灵,一定是能够以毒攻毒,从法力和恶相上

163

都能压倒诸路邪灵的张天师、钟馗、天神等。《燕京岁时记》称:"每至端阳,市肆间用尺幅黄纸,盖以朱印,或绘画天师钟馗之像,或绘画五毒符咒之形,悬而售之。都人争相购买,粘之中门,以避祟恶。"在江西等地,至今还有人家在门口贴上红纸,上书咒语:"五月五日午,天师骑艾虎。蒲剑斩妖邪,虫蚁落地府。"至今,凤翔镇宅辟邪木板节令画中,还有《张天师降五毒》(图3-2-3)的题材。《岁时杂记》:端五都人画天师像以卖,又合泥做张天师,以艾为头,以蒜为拳,置于门户之上,苏子由作《皇太妃》合端五帖子云:"太医争献天师艾,瑞雾长萦尧母门。"艮斋先生魏元履词云:"挂天师,撑着眼,直下觑。骑个生狞大艾虎,闲神浪鬼,辟慑他方远方,大胆底,更敢来,上门下户。"在民间文学中,天师被视为法力高超,驱邪禳灾的职业术师,能够帮助人间芸芸众生渡厄禳灾。民间艺术中的端午剪纸,也多以避恶、泄毒、镇病为主题,因而多有"辟邪艾虎""吸毒葫芦"之类,俗称老虎具有降魔吃鬼之功能,葫芦常用黄纸剪成,上书"散灾大人本姓雷,见了葫芦速转回"几个红字,或者用红纸剪成五毒图案贴于黄纸,象征着五毒被吸入葫芦。

图3-2-2 陈耀剪纸作品"剪五毒"

图3-2-3 凤翔镇宅辟邪木板节令画《张天师降五毒》

2. 佩戴五毒兜。端午这一天,小孩子要带"五毒兜",上面有绣织的五毒图,寓意是以毒攻毒,确保健康。妈妈或奶奶会在兜里放一个温热的鸡蛋,或者用温热的鸡蛋在小孩子的肚子上滚几遍,边做边说"一年不会肚子痛"一类的话。

3. 戴香包。"香包襟上戴,娃娃逗人爱。"给孩子戴香包,这是普遍流行的习俗。香包是用棉织品和丝线绣成的,包里除了装些雄黄、苍术外,还要装香草配成的香料,戴在身上起驱虫除秽的作用。

4. 系端午索。端午索有许多别称,从材料的色彩着眼,称朱索、五色丝、五彩缕、五色缕、五彩缯等;从辟兵的角度着眼称辟兵缯;从延寿的角度着眼,称寿索、长命缕、续命缕、续命丝、延年缕、长寿线、百索、百岁索等等。不管名称如何,端午索的形制和功用则是大体相同的,或系于小儿手臂,或挂在床帐、摇篮等处,或敬献尊长,以辟灾除病、保佑安康、益寿延年。

5. 画门符。端午节这天,人们将"五毒"形象的剪纸做成门符,贴在门上,这样做可以驱"五毒",防瘟疫。

6. 穿五毒鞋。五毒鞋因其鞋身上缝制了五毒虫而得名,五毒鞋是在端午节那天一早穿起,一直到次年,再换新鞋,直到小孩三周岁。端午节穿五毒鞋的习俗,就是通过以毒攻毒,赶走五毒。

7. 食用五毒饼。端午应节食品中的"五毒饼",是一种用刻有蝎子、蛤蟆、蜘蛛、蜈蚣、蛇"五毒"形象的印子盖在酥皮儿上的玫瑰饼。五毒饼馅料多是玫瑰馅,既做贡品,最后也落的家人分食,慢慢细嚼,且有对那五毒之物"咬牙切齿"的趣味呢,也有着以毒攻毒、无灾无病的寓意。

8. 炒五毒。把银鱼、韭菜、虾米、茭菜、黑豆腐干等一起炒成一盘"黑菜"。这是出于驱毒等需要。农历五月初五,是蛇、蝎子、蜈蚣等毒虫出动的时节,而古代的消毒技术不像现在这么发达,吃了这些菜就可以起到一定的消毒作用,如"五黄"中一定要有雄黄酒。此外,为了对付五毒,在端午节还要赐扇,捕蛤蟆,沐浴兰汤,贴永安符,举行钟馗赛会,等等。

据笔者所知,端午节"五毒妨人",人想方设法镇压"五毒",最后这一民俗仪式转化为象征性仪式—故事表述:《神奴儿大闹开封府》杂剧,《五鼠闹东京》故事的演变,其中间形态是"张天师降五毒""五鬼闹判"和"五鼠闹东京"。[44]所以,追溯《张四姐大闹开封府》之"大闹"题材源流,还要从"五鬼闹判"和《五鼠闹东京》故事流变说起。该题材故事的演变以包公加入与否为分界,划分为两个传播演变阶段。

第一个阶段,无包公判案情节的"五鬼闹判"和"五鼠闹东京"。至少在明万历三十年(1602)前很长时间就广泛流传"五鬼闹判"仪式剧。约写于明隆庆二年(1568)至万历三十年间的《金瓶梅词话》65回,李瓶儿死后,演出百戏便包括《五鬼闹判》。

其实,搜检民间戏剧,前文所述,民间端午节有祛除"五毒"蝎子、蛇、壁虎、蜈蚣、蟾蜍的民俗仪式。驱逐"五毒"民俗演化为"五鬼"大闹人间,判官捉鬼、杀鬼、斩鬼的主题传统,贯穿于剪纸、年画、仪式剧和小说之中。《东京梦华录》卷7"驾登宝津楼诸军呈百戏":"又爆仗一声,有假面长髯,展裹绿袍靴筒,如钟馗像者,傍一人以小锣相招和舞步,谓之'舞判'。"[45]《斩鬼传》也有相关描述。在地方戏曲中,往往(跳)舞判,就是(跳)舞钟馗。五鬼闹判,就是五鬼闹钟馗。从史料记载来看,《舞判》从宋代流传到明清,又叫《跳判官》,即《跳钟馗》,民间舞蹈中也有《调判》《闹钟馗》的称谓,《五鬼闹钟馗》或亦作《五鬼闹判》的渊源,都可追溯到北宋时代百戏中的《舞判》。[46]

根据目前文献,明代首次以杂剧《庆丰年五鬼闹钟馗》将五鬼的题材正式搬上舞台,再演变为"五鼠"幻化文人,祸害人间,其中有一个漫长的民间演变过程,经世代累积而成,并随着传播环境屡次变异。

在地方戏曲中,据笔者了解,山西、陕西、山东都有(跳)舞闹判的仪式剧,就是(跳)舞钟馗。

今天这种民俗仪式成为"非物质文化遗产",还活态的保留在山西、山东等地。其中山西省临汾市襄汾县赵康镇赵雄村的傩舞表演"花腔鼓"中有"五鬼闹判"仪式剧。王潞伟对此专门做过田野调查(图3-2-4,图3-2-5)。[47]五鬼闹判上街演出时,五个被冤枉的小鬼和一个判官六人组合而成。五个小鬼他们头戴2尺多高的圆锥形纸帽,身穿红、白、黄、蓝、绿5色长衫,手举状纸,披头散发,

图3-2-4 山西省临汾市襄汾县赵康镇傩舞表演"花腔鼓""五鬼闹判"

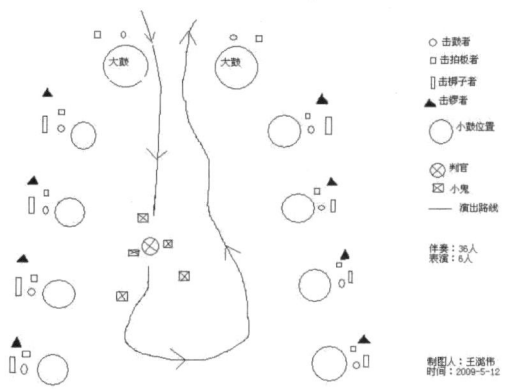

图3-2-5 山西省临汾市襄汾县赵康镇傩舞"花腔鼓""五鬼闹判"示意图

鬼脸扮相,蹦蹦跳跳地闹着判官喊冤叫屈。它们在社火表演队伍中,可以跑前跑后。五个小鬼在戏弄判官时,步伐必须是蹦蹦跳跳,不能正常行走,否则便失掉鬼的形态。判官在行进中表演时没有规定的步伐,在五鬼闹判戏耍时,他一会儿手摇铃铛向五鬼示威,一会儿双手翻阅生死簿,寻找被冤枉屈死的名单。这个节目在街头表演时,主要应突出一个"闹"字。"闹"是有冤要喊,有屈要申。判官头戴圆翅儿官帽,两鬓插红耳毛,身着红色官服,腰系绿色玉带,左手拿着"生死

簿",右手摇着"铃铛",红脸红须扮相的判官打扮,扭捏着行走在表演队伍中。

由人扮演的五鬼明显是这个仪式剧的核心。戏剧由固定程式组成,五鬼大闹判官,判官与五鬼程式化的周旋之后,象征性地斩杀五鬼,恢复被五鬼挠乱失序的人间秩序。

明杂剧《庆丰年五鬼闹钟馗》是记载最早的"五鬼闹判"戏,有明万历四十三年校本,由清常道人抄校。[48]剧中,五鬼对人类时期的钟馗尽情戏弄。在五道将军庙中,鬼方"偷唐巾",青鬼"偷斓衫"(头折)。钟馗在睡梦中,被大耗鬼率领的五鬼,弄至衣衫不整,在众鬼的闹哄中,成为被欺凌的角色。第四折中,钟馗在五鬼头上放"三个神爆仗"。"爆仗声高","五鬼唬倒"。剧中钟馗逐鬼、捉鬼,"刳其目,然后擘而啖之"。第四折中钟馗被封为"天下都判官领袖"。钟馗"为难"五鬼,由"五鬼闹钟馗",变而为"钟馗闹五鬼":以五鬼头上的3个神爆仗,辟去邪祟,"将黎民灾祸消"。除了辟邪之外,钟馗更为新年带来祝福。3个神爆仗,每爆放一个,便代表一种祝福:第1个"保圣寿无疆",第2个爆仗响处"万民无难",第3个"保五谷收成"。百姓无灾,丰盛收获,代表平安、富足的祝祷。通过大闹突出吉祥剧的节日气氛。

《庆丰伟五鬼闹钟馗》一剧,钟馗的"作用",便是辟邪和祈福。钟馗在五鬼头上放爆仗,便有辟邪之意,用以驱除凶邪。放爆竹便是种反抗巫术(antipathy magic)。[49]《三宝太监西洋记》第90回"灵曜府五鬼闹判",出现国殇后,冥府中受苦的五鬼,哄闹判官。

后世五鬼闹钟馗之"五鬼"又演变为包公故事《"五鼠"闹东京》中的"五鼠"。这与包公死后成为五殿阎王,往来三界降妖除魔的民间流行观念有关。[50]

按照潘建国的考证,截至明代万历时期,民间尚流传着两种不同的"五鼠闹东京"故事。令人庆幸的是,明代文献恰好保存有两种不同的文本。《轮回醒世》卷17所收《五鼠闹东京》,主干情节为:宋代符州穆均及妻彭氏,因"淫逸之行"被阴府勾去,仍判作来生夫妇,但须受"群妖魔障"。两人转世为绿萍县柳舒及妻梅氏,归宁途中遭遇五鼠精,两鼠化作假柳舒、假梅氏,为辨真假,先后由绿萍县令、张天师、天子审断,而三鼠、四鼠、五鼠次第变为假县令、假天师、假天子,大闹东京。最后大慈从西天佛祖处借来"金睛火眼白猫",才降伏五鼠。此篇题下标"宋时",但尚难判断是否产生于宋代。构思显然借鉴了《西游记》第57、58回真假猴王一段。言鼠精出身灵山,听佛演经得道,也与《西游记》中白毛老鼠事相同。[51]

《金瓶梅词话》第65回"愿同穴一时丧礼盛,守孤灵半夜口脂香"描写李瓶儿死后,"十一日白日,先是歌郎并锣鼓地吊来灵前参灵,吊《五鬼闹判》《张天师着鬼迷》《钟馗戏小鬼》《老子过函关》《六贼闹弥陀》《雪里梅》《庄周梦蝴蝶》《天王降地水火风》《洞宾飞剑斩黄龙》《赵太祖千里送荆娘》,各样百戏吊罢,堂客都在帘内观看。参罢灵去了,内外亲戚都来辞灵烧纸,大哭一场"[52]。

《梼杌闲评》第2回描写临清每年迎春时节的情景,有"春花插鬓映乌钞,春柳侵袍迎绿绶。牡丹亭唐王醉杨妃,采莲船吴王拥西子。步蟾宫三元及第,占鳌头五子登科。吕纯阳飞剑斩黄龙,赵玄坛单鞭降黑虎。数声锣响,纷纷小鬼闹钟馗;七阵旗开,队队武侯擒孟获。合城中旗幡乱舞,满街头童叟齐喧"。

明末戏曲理论批评家徐复祚在《傩》一文中又云:"然亦有可取者,作群鬼狰狞跳梁,各据一隅,以呈其凶悍。而张真人'天师'出,登坛作法,步罡书符捏诀,冀以摄之,而群鬼愈肆,真人计穷,旋为所凭附,昏昏若酒梦欲死。须臾,钟馗出,群鬼一见辟易,抱头四窜,乞死不暇。馗一一收之,而真人始苏,是则可见真人之无术,不足重也。"[53]

169

鲁迅在《中国小说史略》一书中论及《三宝太监西洋记通俗演义》时说:"所述战事,杂窃《西游记》《封神传》,而文词不工,更增支蔓,特颇有里巷传说,如'五鬼闹判''五鼠闹东京'故事,皆于此可考见,则亦其所长矣。"

……五鬼道,"纵不是受私卖法,却是查理不清。"阎罗王道,"那一个查理不清?你说来我听着。"劈头就是姜老星说道,"小的是金莲象国一个总兵官,为国忘家,臣子之职,怎么又说道我该送罚恶分司去?以此说来,却不是错为国家出力了么?"崔判官道,"国家苦无大难,怎叫做为国家出力?"……这五个鬼人多口多,乱吆乱喝,嚷做一驮,闹做一块。判官看见他们来得凶;也没奈何,只得站起来;喝声道,"咦,甚么人敢在这里胡说!我有私,我这管笔可是容私的?"五个鬼齐齐的走上前去,照手一抢,把管笔夺将下来,说道,"铁笔无私;你这蜘蛛须儿扎的笔,牙齿缝里都是私(丝),敢说得个不容私?"……(第九十回《灵曜府五鬼闹判》)[54]

"大闹"题材发展到第2阶段,包公情节开始加入。四川木里藏族所传《五鼠闹东京》故事,叙张老实与妻子杨翠花,居住在大山边,年遭大旱,张老实外出做生意,5只鼠精来到杨家觅食,变成丈夫模样与杨氏取乐,张老实归家后无法分辨,诉至官府,鼠精变为假县令,再告至包公处,鼠精变为假包公,最后告至皇帝处,鼠精又变为假皇帝,众人无可奈何,幸有一位老者经商路过,他通过模仿动物叫声,探知妖怪乃鼠精幻化,老者从波斯借来3只猫,第1只猫半路见到鱼跑脱,变成水猫,第2只猫去追赶松鼠,变成野猫,第3只猫终于大展神威,咬死5只鼠精。由于民间传说,尤其是边远地区少数民族口耳相传的故事,往往有着较为久远的渊源,口头文学中的"五鼠闹人间"故事,应该和明代"五鼠闹东京"小说文本之间存在互文关系。无包公情节且纯为精怪传说的"五鼠闹东京"故事应该源于"五毒""五鬼闹判"等仪式剧的结构。所以说《轮回醒世》保存了"五鼠闹东京"故事的"原初形态"。[55]

明代公案小说中,包公和钟馗常一起共事,其故事结构和角色的社会功能基本一致。《百家公案》第22回"钟馗证元弼绞罪"中,包公请钟馗作证,判元弼杀人罪。[56]《百家公案》第3回"访察除狐妖之怪",包公和钟馗一样能降妖伏魔,其法器为照妖镜。

> 时包公因革停猴节妇坊牌案,临属县,偶见其家有黑气冲天而起。包公即唤左右停止其处,亲谒其宅,左右问其故,包公曰:"此间有妖气,吾当亲往除之。"……凡四日,而包公俟到,仗剑登门,观者罢市,美人错愕失措,将欲趋避,包公以照魔镜,略照知其为狐,遂乃大叱之曰:"妖狐安往?"

后世五鬼闹钟馗之"五鬼"又演变为公案故事《五鼠闹东京》中的"五鼠"。[57]这是包公故事角色由判阴曹地府判官,到往来三界降妖除魔的开始。故事发展的后期,包公和方相、钟馗、阎王等实现结构功能的同构,成为传统故事结构中的"判官"。[58]

用文献看,明代万历二十二年,《包龙图判百家公案》第58回《决戮五鼠闹东京》,包公首次上升为"判官"。该故事的核心情节是:宋代清河县秀士施俊赴东京应试,途中被鼠精毒酒迷倒,鼠五变作假施俊,返家与其妻何氏取乐,之后次第由王垂相、仁宗天子、国母、包公审断真假,而鼠四、鼠三、鼠二、鼠一依次变作假垂相、假仁宗、假国母、假包公,大闹东京,最后包公阴魂上天庭,从西天借来"玉面猫",始降伏4个鼠精,但第4鼠逃脱。

"颜查散"原本是道光、同治时期说唱"三侠五义"故事中的人物,清乾隆六十年(1795)刊本《霓裳续谱》卷7"莲花落"[59]载:

> 替天行道的宋公明,把你的替天行道是且靠后,听我表宋朝

一大臣。宋朝有个包丞相,昼断阳来夜断阴,黑驴儿告状救主难,定远县里断乌盆,草桥也曾断过后,一根丁断出两根丁,因为错断了颜察散,才惹的五鼠闹东京。成了精的耗子,你就算不了事,听我说上一部反《西厢》。

《霓裳续谱》的编者是津门曲师颜自德,点订者为直隶大兴(今北京)人王楷堂,两人均生活于清初雍、乾时期,全书所收为当时流行于河北、山东等地区的俗曲曲词。从文中"成了精的耗子"一句来看,此处的"五鼠闹东京",所指仍为明代以来的精怪故事,而"因为错断了颜察散,才惹的五鼠闹东京"一句,则牵扯到道光、同治时期说唱"三侠五义"故事中的人物"颜察散"。由此我们从《霓裳续谱》的记载可知,至晚在乾隆年间的包公案故事中,颜查散就已经出现,而且还与精怪"五鼠闹东京"的发生,存在因果关系。"错断了颜查散"情节在首都图书馆藏车王府曲本《包公案》《三侠五义》,故宫博物院图书馆藏升平署抄本《包公案》,日本东京大学东洋文化研究所藏石韵书抄本六种、王茂斋抄本《龙图公案》、谢蓝斋抄本《龙图耳录》以及光绪刊本《三侠五义》小说诸文本中已经被删改。流行于东北地区的二人转传统曲目《五鼠闹东京》(又名《包公错断颜查散》),却依旧保留着这一珍贵的故事:民女柳金蝉被贼人李宝杀害,柳父诬陷外甥颜查闪(散,由于各种抄本有异文,本书中保留原貌。)所为,包公错斩颜查闪,颜氏尸体不倒,包公魂游阴府,又错杀五鬼,遂引出五鼠闹东京,宋主命12岁宰相"干罗"处治,最后从西天王母处借来狸猫降伏五鼠。河西宝卷保存了《包公错断颜查散》故事但情节变异较多,具体详见后文。

另外,包公在明代以后成为判官代表,所以妖怪魔鬼等"大闹"人间,最后处置收场的任务就非包公莫属。最早《三遂平妖传》明代万历刻本[60],第11章专门写了一个精通幻术的弹子和尚"恼乱了东京城,鼎沸了汴州郡"[61],追本溯源,这同样也是"大闹"题材的延续和变异。

文学题材一旦形成,常与时代精神和文化相表里,因此常常草蛇灰线,伏脉千里。小说第 12 回"包龙图下令捉妖僧",毕竟和尚怎地去恼人?小说 11 回借王太尉的口说道:

> 且不说别事,如王某昨日在后花园内亭子上赏玩,从空中打下一个弹子,弹子内爆出一员圣僧来,口称是五台山文殊院化主,问某求斋。某斋了他,又问某化三千贯铜钱,不使一个人搬去,把一卷经从空中打一撒,化成一座金桥,叫下五台山行者、火工、人夫,无片时都搬了去,和尚也上金桥去了。凡间岂无诸佛罗汉!"包待制见说,口中不道,心下思量:"这件事又作怪"渐渐天晓,文武俱入内朝罢,百官各自回了衙门,鼎沸了东京城,大闹了开封府。恼得做公的看了妖僧捉他不得,惹出一个贪财的后生来,死于非命。正是:只因酒色财和气,断送堂堂六尺躯。

民间傩戏、说唱曲艺及其历史传承往往有古老的文化大传统做背景。民间文化文本"五鬼闹判""五鼠闹东京"的演变,存在一个由"驱逐五毒""五鬼""五鼠""五盗将军"反转为"五道将军""五义"(晚清《七侠五义》)的角色置换过程。"大闹"的对象则由民众,置换为"判官""天宫""地狱""东京"等,由于社会伦理规范以及细民百姓对鬼怪的恐惧和谄媚,对鬼怪的控制由最初的镇压、收复到最后的顶礼膜拜,最终,鬼怪也因此被建构成一种政权的建设性力量——"五义"。

(二)三种《张四姐大闹东京宝卷》的表述变异

"张四姐大闹东京"的故事流传久远,意蕴深厚。后人对此加以传播和记录,出现了多种宝卷。本文主要以《张四姐大闹东京宝卷》(简称《河西卷》)、《张四姐大闹东京宝卷》(简称《酒泉卷》)、《月宫宝卷》(简称《靖江卷》)为例,从"表述的变异""叙事方式"等角度对其进行比较,探讨故事在表演过程中的叙述变异规律,认为口头传统中,故事的表述出现删减、突出等变异现象,而这些变异规律和人的个人记忆、集体记忆、叙述逻辑等内在关联。

"张四姐大闹东京"故事,情节跌宕起伏,耐人寻味,堪称中国民间故事的瑰宝,该故事的情节是:玉帝第四女张四姐下凡,与秀才崔文瑞(原是天上金童)结为夫妻,利用仙术帮崔文瑞母子脱离困境。后因丈夫崔文瑞被员外王半城陷害,与杨家将、天兵天将几番交战,大闹东京。最终,因张四姐是玉皇大帝的第四个女儿,一家人都被玉帝召回天宫。

宝卷中收录多种"张四姐大闹东京"宝卷,《中国宝卷总目》中,编号为1083。又名《张四姐宝卷》《天仙宝卷》《闹东京宝卷》《摇钱树宝卷》《仙女宝卷》。《总目》著录清嘉庆、同治、光绪等版本九种、民国三种。

本文主要以三种《张四姐大闹东京宝卷》(《河西宝卷真本校注研究》收录,简称《河西卷》)[62];《酒泉宝卷》收录简称《酒泉卷》[63];《月宫宝卷》,《中国靖江宝卷》收录,简称《靖江卷》[64])为例,探讨该故事在口头编创过程中出现的删减、突出等变异现象及其根源,明确口传文学传播变异的基本规律。

宝卷从根本上说是纯粹的口头传统和传抄书写传统之间的存在形态。在民间口头传播之中,受宣卷人、宣卷情境、编创者水平等因素的影响,文字详略、情节删减、细节增添等均在变动之中。我们看到的抄本,就会出现同一宝卷版本异文众多的情况。本文主要从人物、情节、叙事方式三方面分析三种《张四姐大闹东京宝卷》变异情况及其背后的规律。

三种《张四姐大闹东京宝卷》的人物比较。三种《张四姐大闹东京宝卷》中的女主人公皆为张四姐,是玉帝的第四个女儿。"张四姐"可以说是这个故事的识别标志,所以三种宝卷都高度一致。只是《靖江卷》中的描述则更为详细。"惟有那张四姐,她既文且武,又能歌善舞,是七姐妹中性情最活泼豪爽的一个。"也正是因为性情活泼豪爽,才会不受阶级束缚,下凡配与穷困潦倒的秀才,乐善好施。在三种宝卷中,男主角无一例外都是宋仁宗年间的秀才崔文瑞,因家道中落,不得不和母亲沿街乞讨为生。但是对于崔文瑞的背景描述,三种宝卷就有了细微差异:《河西卷》中崔文瑞是金童下凡,与结尾处的描述"崔文瑞本是李老君的金童"相呼应。《酒泉卷》简化为"他乃是李老君的看炉童儿"。而《靖江卷》中却说,"他崔文瑞本是天宫文曲星,不是久留凡间人"。可见靖江本对于崔文瑞的背景介绍与其他两个本子是有差别的。虽都是天宫中人,但是具体"仙藉"细节是有出入的。这些细节的不同正好符合了故事讲述者的记忆特征,即保持对故事核心信息不变的情况下,细节存在嫁接位移等特征。

这一点同样体现在对崔文瑞母亲情况的叙述中:《河西卷》中崔文瑞的母亲是"王氏女,年老体衰",而在《靖江卷》中又变成"赵氏":"东京汴梁城北三里太平村,一人姓崔,名叫祝明,同缘赵氏夫人。"在《酒泉卷》中未提到姓氏。《河西卷》中写道"他的母亲本是月里婆婆",酒泉宝卷也说是月里婆婆。靖江宝卷未提。

栽赃陷害崔文瑞的恶徒,《河西卷》中名叫王钦,外号王半城。在《酒泉卷》中名字就是王半城,《靖江卷》却变成王辉堂。《河西卷》与《酒泉卷》中的张知县,与《靖江卷》中的"木不仁"相对应。更为细微之处的差异在于张四姐对于王母娘娘的称呼。《河西卷》与《酒泉卷》中张四姐称王母为母亲,在《靖江卷》中却称为"奶奶"。在后面的"大闹"——即情节高潮处,《靖江卷》只调动了杨家将,《河西卷》和《酒泉卷》则调动了呼、杨家将,甚至还有哪吒、火龙太子等天兵天将,《酒泉卷》还专门提到了"让穆桂英关了帅印,带了两家女将前去擒拿女妖"[65]。

民间故事的核心在于情节守恒与变异。由于时代情境和表演空间的不同，故事的情节处于不断的变动中。但是故事主干情节完全相同，如《张四姐大闹东京宝卷》"崔家落难""四姐下凡""与崔结亲""崔遭陷害""大闹东京""包公擒妖""全家重返仙藉"等等。但是在具体性的情节，或者细节上，三个本子出入明显。

1. 四姐下凡。《河西卷》写道："一日在斗牛宫闲坐，忽见一股恶气冲天，掐指一算，方知金童有难，在凡间受罪，不觉暗动芳心，何不借来东海龙王三太子的镇海宝贝，一来去救金童，二来和他配成夫妻。"《酒泉卷》描述道："这一日四姐正在斗牛宫闲散，忽然观见下界怨气冲天，仔细看时原是金童凡间受苦，思想一会自语道：'我不免偷下凡间，与他成就这段姻缘，岂不甚好'。"《靖江卷》却写道，张四姐与众姐妹趁王母不在，便变成七只仙白鹤，飘飘荡荡下凡来。张四姐不会游水，便用慧眼镜张望，见到"形端表正，举止斯文，唇红齿白"的乞丐，"顿生怜爱之心"。情节类似中国传统的牛郎织女的民间故事。可见《河西卷》与《酒泉卷》对于四姐下凡的描述更为接近，而《靖江卷》与这两个本子的描述是大相径庭的。

2. 克化秀才。《河西卷》中张四姐向秀才崔文瑞袒露心声，欲与其结为夫妻，但崔因家贫拒绝了四姐。四姐便用仙术，克化崔，使其全身无力，饿得他眼花耳聋。文中还附有"五更调"，详细地展现出崔文瑞的煎熬痛苦，颇费周折后才带四姐回去面见母亲。《酒泉卷》的描述与《河西卷》也是一致的，只是没有细节描写。靖江本中却没有张四姐使用仙术"为难"崔文瑞的情节。张四姐提出要与崔文瑞结为夫妻，崔文瑞只说要先带其回去面见母亲，婚姻大事由她做主。这在3个本子中是一致的，父母之命，媒妁之言，是中国古代的传统思想。民族的集体记忆、道德传统决定了这一细节存在的一致性。

3. 宝物来源。张四姐用神奇宝物对付追捕她的官兵，这些宝物从何而来？《河西卷》在开头只笼统地描述张四姐借来了东海龙王三太子的镇海宝贝，但是没有具体地介绍是哪些。《酒泉卷》也未作介绍。而《靖江卷》清楚地写道："她从宫里拿出七盏琉璃杯，一个吸将瓶，一棵摇钱树，一只响铜铃。"可见《靖江卷》的描述更为详细，也使得情节更为丰富。

4. 夫妻乞讨。《河西卷》与《酒泉卷》中都没有张四姐与丈夫崔文瑞上街乞讨的情节。在四姐下凡与之成亲后，便立即着手重修旧宅。而《靖江卷》中在重修旧宅之前却增添了夫妻乞讨的情节。"相公，我们没早饭吃不要紧，不能把婆婆饿坏了。走，我们一同出门，把早饭要回来给母亲吃。"这一细节的描写使张四姐的形象更加丰满高大。"百善孝为先""孝敬公婆父母"是古代传统美德。这也是靖江宝卷劝诫世人的暗藏的道理。夫妻乞讨的情节也再现了当时社会底层穷苦人民的生活场景。"大户人家钱多、粮多，把点我们如雁身上拔根毛，它照样飞，照样跑。如果人家开大恩，说不定要一次回去可以吃一春。""哎，你哪是叫花子的祖师？还有哪家肯这样施舍？"张四姐与崔文瑞的对话显现了社会阶层生活水准差距极大，大户人家都是自扫门前雪，很少有人接济贫苦的底层人民。这一情节的增加，也使得宝卷更接近生活原貌，更具吸引力。由于宝卷的受众大多数都是底层民众，类似的生活场景描写更容易使其产生共鸣感。

5. 崔生受刑。崔文瑞被陷害逼供，《河西卷》与《酒泉卷》的描写有着惊人的一致性。《河西卷》写道："众衙役，听一言，不敢怠慢，拿起了，铁钉子，钉在前庭。把文瑞，拉地下，滚了几滚，从东边，到西边，毫不留情。浑身上，皮和肉，尽行滚烂，就好像，鱼剥了，皮儿一层。叫人役，拿出了，烧红铁绳，缠住他，且看看，招不招承。崔文瑞，当地子，受刑不过，不由得，信口说，只得招承。"[66]《酒泉卷》写道："指挥此时气红眼，又命人役用酷刑。三斗三升毛铁钉，铺在堂下地当中。便把文瑞扯下去,拉来滚去不消停。东边滚到西边去,浑身上下血淋淋。身上皮肉都滚破,好似鱼儿剥掉鳞。快快招承为强盗,若还不招再加刑。快把铁绳烧红了,缠在腰里再拉紧。文瑞听言着了忙,此番受刑命难存。牙关一咬心一横,当堂招认落贼名。"[67]这一部分,《靖江卷》这样写道:"一头套进铁索扣,一头用麻绳对面收。接连上了三夹棍,痛得死去又还魂。眼睛冒金星,皮肉在抽筋。一个'冤'字不曾喊得出,活跳鲜鱼丧残生。"并且在《靖江卷》中崔文瑞并没有招供。"崔文瑞叹了口气。心上想'看来这是一个昏官,滥施淫威,逼打成招。如此,我招也是死,不招也不得活。唉,在这生死关头,我也不能苟且偷生,胡乱招认。'"[68]

6. 释放罪人。《河西卷》与《酒泉卷》均描述张四姐救得相公崔文瑞后随即解救了牢内所有罪人,并放火烧了牢房。如《酒泉卷》写道:

夫妻走出牢门外,罪人各个哀告声:

求你大姐放了我,早晚烧香报你恩。

四姐一听心软了,口念真言咒语经。

轻轻用手只一指,罪人枷锁尽离身。

几百罪人都放了,又将牢房用火焚。

刹时大火冲天起,牢狱顿时化灰尘。[69]

河西卷写道:

却说张四姐在监中救出丈夫,众犯人看得真切,都齐跪到地下求告,说:"奶奶,把我们也救出监狱。我们永远忘不了你的深恩。"四姐听言,念动真言咒语,那些犯人的铁索木枷一齐落到地上。众人忙与四姐谢恩,各自回家去了。四姐便使了三昧真火,烧了监狱。夫妻二人到家中商量:杀王钦满门。[70]

《靖江卷》中并没有释放罪人这一情节的描写,只说张四姐救得相公后便策马而去。

7. 大闹东京。《张四姐大闹东京宝卷》的高潮部分,3个版本所展现的场面虽都是激烈的,但是《河西卷》《酒泉卷》与《靖江卷》的描述也存在差异。《河西卷》中与张四姐交战的有呼杨二家将、水龙太子、哪吒太子、孙悟空等天兵天将。《酒泉卷》中出场的有呼杨将、火龙太子、哪吒、杨戬、孙悟空及10万天兵天将。其描述基本和《河西卷》一致,而靖江本中只有张四姐与以穆桂英为主将的杨家将交战。后文中写道王母对张四姐说:"本来,你父王发怒,命托塔天王带天兵天将来捉拿你回去,狠狠的处治于你。我听到这话,随即和你的六个姐妹去你父王面前求情,说是神仙也有犯错的时候的。"于是也就少了张四姐与天兵天将交战的情节。

8. 重返天宫。三种版本中,谁有"仙藉",表述不一。《靖江卷》中王母劝其回宫,四姐以死要挟王母,要带丈夫回宫,王母不得已而应之。《酒泉卷》中张四姐是在重返天宫的半路上遇到劝其回家的王母及姐妹的。《河西卷》描述的却是王母和众姐妹来到崔宅劝其回家,张四姐提出崔文瑞是仙界金童,要带丈夫、婆婆一同回宫,王母应允。三种宝卷的结局也是不同的。《河西卷》写道:"却说玉皇问她:'崔文瑞是上界的哪位神人?'旁边一位神人忙奏道:'崔文瑞本是李老君的金童,他的母亲本是月中婆婆。'玉皇听了这话,便说道:'既然都是上界的神人,你们都各自回宫去吧。今后无我的钦令,不许任何神人下凡。'"[71]《酒泉卷》写道:

玉帝问道"他是上界什么仙童?"四姐口尊父王:"他乃是李老君的看炉童儿,他娘是月里婆婆。只因瞌睡打盹,炼坏了一炉金丹,李老君将他打下凡间受苦。"玉帝道:"既是李老君的童儿,命他领回也就是了。"正是:"老君领了童儿去,月里婆婆回月宫。天上人间都一理,最深不过父母恩。"[72]

而《靖江卷》却写道:"玉主听王母这么一说,对他母后也无可奈何。罢、罢、罢——'四女也到月宫去,三人同去重修行。文瑞陪吴刚酿桂酒,四女伴嫦娥抒广袖。'"从文本可以看出,《河西卷》和《酒泉卷》中都是各自回宫,归为三处。张四姐仍然回宫做仙女,文瑞回到李老君处当金童,崔母回到月宫当月里婆婆。而靖江本的结局却是截然不同的,三人都回月宫,归为一处。这也正好满足了中国传统的大团圆结局的受众视野。

9. 包公擒妖。《河西卷》中包公听说了张四姐大闹东京,心中暗想:这样的清平世界,哪有妖精?这张笃平时为官不正,早想除他,只是没有机会。今日他来禀我,倒叫我老夫放心不下。包公于是叫起王朝、马汉,快点兵马,带上照妖镜一起去看。却说包公叫人役拿来照妖镜。四姐说:"文曲星,你若照出我来,就算你的本事不小。"包公用照妖镜,照了又照,总不见妖形。不能打败四姐,包公上殿参拜仁宗天子,请主上发大兵前去捉拿。又大败,唬得仁宗皇帝无计可施。忙派包公到天波府再搬救兵。太君听言,两眼流泪。说:"我杨家为了宋家江山,不知死了多少儿郎。待我前去捉拿妖精,为国除害。"包公听说,心中大喜,说有杨家女将出阵捉妖,必定成功。最后又落败。包公不得不前往阴曹地府。

> 不如我到阴曹地府和天宫查访一趟。想罢,急忙上殿奏与仁宗天子。仁宗听罢,授与金印,要他速去速回。正是:却说十阎君听了包公言,叫判官去查阴司各部,看看何处走脱鬼神。判官领命,十八层地狱查遍,并未走脱一处鬼神。包公听罢,辞别阎君,又往西天雷音寺,见了我佛如来。参拜已毕,照说东京出妖一事,请求佛爷查询。如来派人遍查十八罗汉、八大金刚、三十六天,他们俱在,无一走脱。包公急辞佛爷一时三刻来到南天门,到天宫去查访。[73]

《酒泉卷》中,张指挥打不过四姐,急忙打马来到开封府,包公将张指挥迎入客厅,指挥言道"东京城内崔文瑞家出了妖精,名叫张四姐,神通广大,变化无穷,下官拿她不住",遂又将四姐如何拷打自己,杀死官差,放了犯人、烧掉牢房,杀了王半城全家等情讲说一遍。包公听了甚是不安。和《河西卷》共同的一个细节是,两种卷子都有包公暗自盘算的心理描写。包公暗暗想到"这东京城内乃是万乘皇都,黎庶聚集的繁华京师,怎能容得妖精横行无忌。便命王朝、马汉、张龙、赵虎点起人马前去擒妖。"穆桂英擒妖失败,包公奏仁宗道:"此女神通广大,非一般妖怪可比,凡间兵将拿她不得。依臣之见不如暂且息兵,臣有过阴床、还魂枕,待臣到天宫地府察看一回,是何妖精下凡,再请天兵天将擒拿于她。"却说包公将入地府、去西天、上天庭查看妖女来历的经过向宋仁宗详详细细地奏了一遍。[74]

仔细分析这部分的口头表述,我们知道,故事表演者大多是当地德高望重者。他们见多识广,比当地其他人有着更为深刻的社会阅历,是当地历史记忆的代表和讲述者,其行为是在积极延续当地的口头传统,其故事和知识来自于对历史和传统的掌握。讲述的魅力在于将过去与现在联系在一起,通过聆听故事,人们知道了现在的生活是对过去的延续,更加理解当下生活的意义和合理性。因此,这种讲述活动不仅是知识、道德及宗教信息的传输,而且让一个地方的文化传统在代与代之间得到不断传承,使当地人从故事中获得生活时空坐标上的恰当认定。《河西卷》和《酒泉卷》标志性故事情节和细节表述非常接近,让我们有理由相信它们之间有一个共同的祖本。也让我们理解了,故事讲述者是当地传统文化和历史的保护者,是一个民族或族群记忆的保持者。因为民间故事属于"过去"或历史,是对过去记忆的意识的母体。他们神圣的责任和目的就是让传下来的意识母体再传下去。

(三)三种《张四姐大闹东京宝卷》叙事方式的比较

三种《张四姐大闹东京宝卷》都采用韵白相间的叙述来表现故事

情节,只是侧重点不尽相同。《河西卷》与《酒泉卷》都是以唱为主,说为辅,《靖江卷》则与之相反,采用以说为主,唱为辅。比重不同,艺术效果则不同。[75]《酒泉卷》的叙述极为简洁,《河西卷》相对比较详细。例如张四姐克化崔文瑞一段的描述。《河西卷》写道:"只见四姐用手一指,崔文瑞便昏昏迷迷;糊涂了一会,醒来便不见张四姐了。他便摸出城去找母亲。不知怎的,浑身疼痛,四肢无力,难以行走。只见前面有一破窑洞,便爬了进去,将就安身。忽然想起老母一天来米没沾牙,不知现在怎样,不觉两眼落泪,好不伤心。"后面又附有"五更调",表现崔文瑞身心受尽折磨。《酒泉卷》却简述道:"手执金钗指一指,刹时天昏又地暗。文瑞一时迷了性,才知小姐是仙人。叫声小姐休烦恼,学生出言失分寸。同我去见生身母,婚姻大事由她定。"《河西卷》与《酒泉卷》的情节相一致,只是叙述详略不同,所以我们基本可以判断,《酒泉卷》似乎是《河西卷》的简本。

《靖江卷》的整理者除了明显的错误外,尽量保存讲经宝卷的原始面貌。[76]但是靖江本的对于许多情节的叙述都是繁缛的。比如重修旧宅部分,《靖江卷》详细地写了崔文瑞带着银子到砖瓦窑买砖瓦,买木头,又请五匠的细节,也展现了当时的民俗民风。《靖江卷》中介绍了五匠"木匠、瓦匠、雕匠、漆匠、还有装饰金银的银匠",其中包工的风俗"大工开支一百五,小工每天八十文。在我陆地上砌堂灶,酸甜咸淡自烹调"。还"择个吉日逢黄道,把姜太公请来镇邪妖。用梅红纸裁成长条,上写'姜太公在此百无禁忌,贴在宅前宅后,东邻西舍的左右,来往行人口念姜子牙,避凶避恶避妖邪"。《靖江卷》在叙事上有着靖江宝卷的"套化倾向",这无疑增加了本子的篇幅,但也使得情节更为丰富,更具吸引力。

口头艺术的意义、内容、形式、功能似乎均有着多重指向,其中一部分会随着语境的不同而发生相应的变化,而另一些部分则保持着相对的稳定性,它们形成了口头艺术可以辨识、命名和谈论的那些文类特征,由此看来,文本自身也的确具有一定的自足性。如何把语境的视角与文本中那相对稳定的内核的探究相结合?这个问题尚有待未来更深入的探索。

著名学者施爱东在故事传播与记忆的实验中发现,同一个故事在传播过程中也会发生相应的变异。宝卷作为口传文学,始终处于一种流动状态,它并不是一锤定音的,而是由故事的讲述者与受众多方面参与完成的,在长期的传播过程中逐渐发生变异现象。变异的模式包括细节的精雕细刻删繁就简、某一序列中次序的改变或颠倒、材料的添加或省略、主题的置换更替,以及常常出现的不同的结尾方式等。[77] 经过具体分析,得出的规律大致如下:

没有意义的空间时间符号会被省略掉,例如名字、地点、时间等。他们对于故事的讲述者没有太大的吸引力,对故事的关键情节没有多大帮助,不具备故事功能。因为人对于自己感兴趣的,或者比较重要的东西更容易记忆,所以这些内容在传播中往往会被省略或者更改。比如《河西卷》中的崔母姓王,在《酒泉卷》中省略掉姓氏,而在《靖江卷》中则被改为赵氏。知县在《河西卷》与《酒泉卷》中姓张,在《靖江卷》中则变为"木不仁"。人对于故事的记忆是靠高度概括的情节单元实现的,人记忆的只是梗概,细节过于细腻的故事不易传播。[78]

源故事在传播的过程中有些微小的细节会被省略,但是有些细节就会被精雕细琢地铺排开来。人对于事物的记忆不是机械地复现,而是在不经意间或多或少地增添了自己的理解与看法,从而使源故事生发了许多枝节。例如《河西卷》中增加的"五更调",形象地表现出崔文瑞在破窑洞里饱受饥苦,身心遭受折磨。《靖江卷》中对重修旧宅过程的细致刻画,采用了惯用的套化叙事方式,不仅对翻新后金碧辉煌的崔宅做了一番详细的介绍,还植入原生态的民间包工、封建习俗,这些都是讲述者在故事传播过程中的再创造。正如洛德说过,为了顺应听众并展示自身的才能,达到既定目的,歌手会把他自己的表演搞得像武士的装备,或是各式武器的荟萃一般。[79]这些传播过程中的再创造,无论是有意或无意,都使源故事发生了变异,但是这些变异却又都保持在一定的范围之内。

图式结构的应用。皮亚杰把人们在认识世界的过程中逐步形成的独特的认知结构称为图式。人们在传统的民间故事中汲取的认知经验,往往会自觉或者不自觉地在讲述重复新的故事时有所投射,使旧的认知结构融入新故事中,从而使新故事在传播过程中发生变异。例如《靖江卷》中四姐下凡的情节,与《河西卷》和《酒泉卷》是不同的。《靖江卷》中张四姐是与众姐妹趁王母不在,化成鸟飞到湖边洗澡,四姐碰巧看到乞讨的崔秀才而一见钟情的。仙女下凡洗澡,是我们所熟知的民间传统故事织女与牛郎,七仙女和董永中的故事情节。"化为仙鹤"同样也是受既定的认知结构的影响形成的。1600多年前东晋文学家干宝在《搜神记》里记述:"豫章新喻县男子,见田中有六七女,皆衣毛衣,匍匐往,得其一女所解毛衣,取藏之,即往就诸鸟。诸鸟各飞去,一鸟独不得去。""下凡洗澡"与"化为鸟",表明了讲述者在故事的传播过程中,根据以往既定的民间故事图式结构,把旧故事中的情节融合到新故事中,两者发生同化作用,从而使源故事发生了变异现象。

主体价值观的介入,在一定程度上也会影响故事的传播过程。主体对于客体的认识是能动的,而非机械的,人处于一定的社会阶层,其认识必然带有某个阶级的思想烙印。那么他所传播的意识,总会掺杂着个人的价值观念,这势必会引起相关细节的植入。《靖江卷》中张四姐大闹东京故事的结局是圆满的,三人归为一处,这与《河西卷》《酒泉卷》的结局是不同的。《靖江卷》的结局是带有儒家思想的印记的。

统治者为了维护社会秩序,巩固其统治,经常鼓励以大团圆为结局的创作,打压以悲剧结尾的创作,以此来麻痹人民。有时候为了使故事得以生存,创作者或者传播者们不得不给它披上政治的外衣,这就使得源故事在传播中换了包装,有着细小的改动。

叙述方式不同有时也会引起源故事某一序列次序的改变。《河西卷》与《酒泉卷》中都是采用顺叙的叙述方式,先讲众牌军前来捉拿四姐,张四姐知道崔被关押后,打散了牌军,去牢里救夫,再进行复仇。而《酒泉卷》在这一序列的叙述中采用了平叙的叙述方式,这边讲崔在牢里受苦,那边讲张四姐见崔未归,在崔母的催促下,来到王府,得知崔被关押的消息,先复仇,再去牢里救夫。这样不仅可以增强表达效果,而且可以使受众得到立体的感受。

所以,在故事的传播过程中,每一个故事的传播者同时都可能是一个创作者,口传的内容、形式、特定的时空、口传活动的参与者、研究者与社会文化背景,共同构成了一个特定的演说舞台。[80]口传文学没有固定的版本,它始终处于开放性的状态,任何一个微小的细节,都有可能使源故事在传播过程中发生改变。

民间口传艺术的变异是其基本特征,宝卷作为口头传统,在底层民众的口耳相传中得以生存,变异是其存在的特征。正如拉德洛夫所说,歌手某次特定的演唱既不是完全靠记忆复诵,也不是在每次表演时都要彻底创新,而是表演传统的一种艺术惯制允许演唱在一定限度之内发生变异。[81]本文主要以三种《张四姐大闹东京宝卷》为例,进行具体的比较分析,总结出了《张四姐大闹东京宝卷》在传播过程中出现的变异规律。活形态的民间口头文学是丰富宏赡的宝藏,值得我们进行深入的研究,而要更为准确地把握宝卷在传播过程中出现的变异规律,仍然有很长的一段路要走。

三、河西走廊与《包公错断颜查散》宝卷

河西走廊作为古代西北丝绸之路的枢纽,历史上一直是农耕文明与草原文明交汇的锋面和前沿地带,是民族大迁徙、大融合的历史舞台,不仅如此,这里还是世界古代四大文明的交汇融合之地。也许是文明交往繁荣后的一段历史起伏,河西走廊在历史上几经喧嚣之后归于平静。但是在历史的长河里,大禹、周穆王、张骞、玄奘、鸠摩罗什,乃至上古世界中的伏羲、神农、黄帝,乃至近代史上的林则徐、范长江、张大千,都曾经在这里走过峥嵘岁月。作为中原连接西北乃至中西亚的咽喉和纽带,河西自古以来就有拱卫中原、护翼宁青、保疆援藏的战略地位和独特的文化通道区位优势,是璀璨夺目的华夏文明源头之一。

在多元一体的中国文明起源以及统一的多民族国家形成过程中,河西走廊发挥了独特的作用。河西四郡的武威、张掖、酒泉、敦煌,及其周边的许多县区都不约而同地如此记述着历史的演变:距今5000年前,先民们在这里狩猎游牧,繁衍生息。战国以来,西戎在这里拓荒,羌在这里生活。秦时被乌孙和月氏占据,后来匈奴赶走了月氏。随着张骞的"凿空"行动和骠骑将军的河西大战,大汉天子一统河西,开通了彪炳史册的"丝绸之路"。这里,成了河西政治、经济、军事、文化的中心。

在对华夏文明存续的历史贡献上,河西走廊的历史地位举足轻重。史家陈寅恪在《隋唐制度渊源略论》中慨叹道:"西晋永嘉之乱,中原魏晋以降之文化转移保存于凉州一隅,至北魏取凉州,而河西文化遂输入于魏,其后北魏孝文宣武两代所制定之典章制度遂深受其影响,故此(北)魏、(北)齐之源其中亦有河西之一支派,斯则前人所未深措意,而今日不可不详论者也。"[82]"秦凉诸州西北一隅之地,其文

化上续汉、魏、西晋之学风,下开(北)魏、(北)齐、隋、唐之制度,承前启后,继绝扶衰,五百年间延绵一脉","实吾国文化史之一大业"。魏晋南北朝民族大融合时期,中原魏晋以降的文化转移保存于江东和河西(此处的河西指河西走廊),后来的河西文化为北魏、北齐所接纳、吸收,遂成为隋唐文化的重要来源。因此,在华夏文明曾出现断裂的危机之时,河西文化上承秦汉下启隋唐,使华夏文明得以延续,实为中华文化传承的重要链条。

(一)河西走廊与民间故事宝卷

河西走廊的甘肃、青海等地,宝卷质量高、分布广、影响大。宝卷是中国口头传统在近古以后,以儒、佛、道三教的教义思想或三教合一的说教为主题,用通俗的韵白、诗、偈子、曲牌、十字佛(亦称攒十字)等凑集成文,以演说宗教教义、法规、戒律、仪式等特定内容,劝人向善,或阐明某种宗教教义,以期实现禳灾救劫目的的口头传统。[83]它的原始雏形是唐、五代时期的俗讲、变文及讲经文。

敦煌的讲经文中保存有俗讲的底本,其中所用语言的口语特色十分鲜明。体现佛教文学特点的作品包括佛教寓言、劝善书、佛本生故事等。这些作品在中国家喻户晓,广为流传。对这些讲经过程的生动描写见于《高僧传》、外国旅行者在中国的见闻札记(如圆仁《入唐求法巡礼行记》)、古典小说传奇、敦煌文献(如英藏 S.2144《庐山远公话》)、轶事文献等等。

梅维恒较为详细地论述了佛教传入对中国俗文学形成的影响。印度佛教文学在经过西域进入中国的路途上,受到这些中亚转口站的民族语言的影响,有吐火罗语、粟特语和于阗语等等。[84]根据来华胡僧的传记,这些来自中亚的译经僧到达中国时已经是成年人,比较容易学会汉语口语,且往往马上着手译经工作,他们几乎很难充分掌握文言并进行有效的翻译。即使这些翻译依靠汉地助手或合作者把译稿用汉语记录下来,最终写成文言文,这种文言文中也仍然掺入口语直译成分。其结果便是,在佛经翻译初期产生了常见的佛经口语表达混合汉语文言这种特殊类型的表达形式。事实上,佛教混合汉语口语在某种程度上被当作文言的一种变种,贯穿了整个汉地佛教发展史,即使公认更为汉化的译者,如被称作"敦煌菩萨"的月氏人竺法护,以及有着罽宾和吐火罗血统的鸠摩罗什,他们的翻译同样显现口语化的特点。在佛教传入中国之前,中亚地区口头上一定有过繁荣的佛教俗语"文学",我们可以把不依赖书面形式的口头讲述和戏剧表述传统称作"口述文字(dicture)"。[85]

中国本土文学本来缺少宗教诵唱传统。印度、伊朗给中国传入了梵呗、偈颂、首卢迦、赞、陀罗尼和曼特罗等,这些宗教赞美诗的细致与庄重很大程度上丰富了中国文学的审美范式。仅就祝祷性的口诵佛名(念佛)的方式,就足以让民众对集体吟诵的口语力量留下深刻印象。随着佛教引进的印度诗律对中国世俗诗歌产生了非常实在的影响。[86] 由于文言明显属于文人阶层,对于普通民众和那些没有机会和途径接受文言教育的人而言,俗语作为书面表达工具更容易掌握。考虑到植根于社会土壤的佛教的这些特点,以记音为主的白话文赋予识字不多的底层民众参与文化活动的权利。变文中的散说部分,有的是浅近的文言文,有的是四六骈体,还有的是当时的口语。韵文唱词部分主要为七言,少部分用六言、五言甚至是杂言,每段唱词至少二句,至多则达上百句,有的唱段一韵到底,而大多都要转韵若干。通常都是偶句用韵,少部分唱段则奇偶句都用韵,还包括头韵、交叉韵、间隔韵、句中韵(也称"暗韵")等用韵形式,十分多样。受佛经翻译影响形成的变文文体和俗讲活动,对中国说唱文学形式宝卷的产生至关重要。

郑振铎曾经描绘了变文对中国说唱文学的整体发展产生影响的

大致情况。邱镇京将变文看作宋元时代的"评话"和后来所有说唱文学的前驱。李世瑜认为"宝卷"是从变文和宋代的"说经"发展而来的。变文对于后代俗文学的重大影响主要有两个方面,第1是俗文学完整跌宕的故事,说唱相间、韵散结合的表现形式;第2由于佛教变相配合变相表演的传统,俗文学形成连续性图画与文字相配合的形制,内容的直观性和表现力得到提升。前一方面的影响对于传奇、宝卷、诸宫调、鼓词、弹词等体裁的发展具有重要的意义,而后一方面的影响对于通俗短篇故事和小说的产生来说更为深刻。据说藏族民间的曲艺拉麻玛尼,也是受变文影响形成的。

从文献看,故事宝卷的文类渊源可以追溯到唐代初年就存在的面向俗众讲经说法的"俗讲"。俗讲当时主要在年三月(即每年的正月、五月、九月,叫三长斋月举行)。有的学者认为俗讲制度在隋以前即已确立。[87]若从讲唱程式看,隋末唐初,此种面对大众的讲经说法活动已颇受时人欢迎。《续高僧传》云:

  释宝岩,住京室法海寺。气调闲放,言笑聚人,情存导俗,时共目之说法师也,与讲经论名同事异。论师所设,务存章句,消判生起结词义。岩之制用,随状立仪,所有控引多取《杂藏》、《百譬》、《异相》、《联璧》、《观公导文》、《王孺忏法》,梁高、沈约、徐、庾、晋宋等数十家,包纳喉衿,触兴抽拔。每使京邑,诸集塔寺肇兴,费用所资,莫非钱贝。虽玉石通集,藏府难开。及岩之登座也,案几顾望未及吐言,掷物云崩,须臾没座,方乃命人徒物?谈叙福门,先张善道可欣,中论幽途可厌,后以无常逼夺终归长逝。提耳抵掌,速悟时心,莫不解发撒衣。书名记数克济,咸其功焉。时有人云:"夫说法者当如法说,不闻阴界之空,但言本生本事。"岩曰:"生事所明,为存阴入无主,但浊世情钝,说明、界者昏睡也。故随物附相,用开神符,可不佳乎?"以贞观初年卒于住寺,春秋七十余矣。[88]

由于李唐王朝崇道,所以初唐时期文献中少见佛教俗讲的记载。100多年后的唐玄宗开元十九年下了禁断俗讲的诏书。

说兹因果,广树筌蹄,事涉虚玄,渺同河汉……近日僧尼此风犹甚。因缘讲说,眩惑闾阎;溪壑无厌,唯财是敛。津梁自坏,其教安施;无益于人,有蠹于俗。或出入州县,假托威权;或巡历乡村,恣行教化。因其聚会,便有宿宵;左道不常,异端斯起。自今以后,僧尼除讲律之外,一切禁断。六时忏怀,须依律仪。[89]

诏书认为,僧尼们"出入州县""巡历乡村",聚众教化,在进行俗讲活动普及的同时,存在世俗僧众依托官府聚敛钱财的问题。可以想象,那时这种俗讲已经十分普遍,从寺庙宫观深入到宫廷市井,乃至集镇乡村,几乎随处可见。韩愈《华山女》诗描述道:"街东街西讲佛经,撞钟吹螺闹宫廷";"观中人满坐观外,后至无地无由听。"[90]这种俗讲在流传过程中,逐渐离经叛道,其内容之构成,大抵皆是敷演经典,而采用通俗易懂且引人入胜之方式,在人物、背景的描写上加以润色,或巧妙地融合中国思想,强调救母孝行之类,兼采丰富的譬喻与寓言,在布教的同时,亦兼顾民间文学之适应性。长庆年间,还出现过关于俗讲僧文溆的一桩公案:文溆"善吟经,其声宛畅,感动里人"[91]。

宋代,佛教僧众为世俗信徒做的各种法会道场活动中也"讲说因缘"。车锡伦认为在上述各式各样的法会道场和结社念佛的活动中,孕育和产生了宝卷。[92]所以,不论演释《金刚经》的《销释金刚科仪》,还是说唱传统因缘故事的《生天宝卷》,都出现了弘扬西方净土,乃至于劝导信众"持斋念佛"的说教,这也是宝卷与同题材的讲经文、缘起和变文在内容上的发展。从笔者梳理的材料看,郑振铎的观点更接近实际情形。如果从俗讲和变文的形式、内容、宣讲场合与是否配合图画等区别角度看,宝卷的产生和变文同样关系密切。

表2 俗讲和变文诸要素比较

类型 项目	俗讲	转变
性质	宣导佛教经典的故事讲唱	配合图画的故事讲唱
底本名称	讲经文(部分押序文独立)	变文(义名变、缘、阅缘、缘起)
底本体裁结构	韵散相间;首尾常有押座文;以经文为结构为骨干;散文解说经文;韵文复述散文解说	韵散相间;首尾偶用押座文;散文展开情节,韵文解说"变相",表达对话内容
题材	佛教大乘经典、其中的佛教故事	佛本生、本行故事,民间传说
表演者	俗讲僧(法师、都讲、梵呗等)	僧人、艺人
场所	寺院,宫廷	变场,街头,宫廷
唱辞音乐	梵呗,经文转读,偈赞吟唱,曲子联章	呗赞,转读,曲子和其它民间歌词

从《河阳宝卷》也可以看到,它的形式和敦煌变文有着千丝万缕的因果关系。例如变文中的《悉达太子修道因缘》(日本龙谷大学藏卷),另有《太子成道经》《八相变》等,在河阳宝卷中更世俗化地演变成2个卷本《悉达卷》《雪山卷》,都是演绎太子成佛如来的故事,而且都配有图画。

河西走廊作为佛教东传的必经通道,这里较早就建立了多处石窟和寺院,由于深厚的佛教文化传统,受佛经俗讲影响而成的宝卷在这里有深厚的文化土壤,至今宝卷是这一地区重要文化事项。河西地区的宝卷在全国整理出版最早,首批进入全国非物质文化遗产名录。2009年前正式出版的河西宝卷有:

1. 郭义等选编整理《酒泉宝卷》上编,甘肃人民出版社,1991年版。

2. 酒泉市文化馆编印《酒泉宝卷》中编,2001年版。

3. 酒泉市文化馆编印《酒泉宝卷》下编,2001年版。

3. 方步和编著《河西宝卷真本校注研究》,兰州大学出版社,1992年版。

4. 段平编选《河西宝卷选》,台湾新文丰出版社,1995年版。

5. 段平编选《河西宝卷选续》,台湾新文丰出版社,1995年版。

6. 何登焕编辑《永昌宝卷》上、下册册,永昌文化局印,2003年版。

7. 张旭主编《山丹宝卷》上、下册,甘肃文化出版社,2007年版。

8. 王奎、赵旭峰整理《凉州宝卷》,武威天梯石窟管理处编印,2007年版。

9. 徐永成主编《金张掖民间宝卷》一、二、三册,甘肃文化出版社,2007年版。

10. 王学斌编著《河西宝卷精粹》二册,中国人民大学出版社,2010年版。

(二)佛教与绘图叙事艺术的东渐

产生于南亚的印欧语系民族印度的佛教,由印欧语系民族的希腊人和塞种人传播到中亚地区(安息、康居、罽宾、贵霜),再通过塞种人的东进,佛教得以跨越葱岭和帕米尔高原,播散到同样是以印欧语系民族为主的新疆和田与龟兹一带,再波及塔克拉玛干沙漠东缘的罗布泊地区(图3-3-1)。追溯佛教走向中土的传播路线,我们发现,所谓佛教"征服"中国,[93]其实是倚靠玉石运输之路做跳板,通过佛教造像和佛寺修筑,沿着玉石之路的驿站城市,逐级东进逐渐完成的。东汉时,贵霜王迦腻色伽王大兴佛教,并大力将希腊化的造像艺术运用于佛像塑造与洞窟的开筑上,创造出灿烂的犍陀罗艺术。贵霜与东汉保持密切的往来,并在佛教造像艺术东传的过程中起到了非常重要的用。今天我国新疆著名的克孜尔千佛洞[94]、敦煌石窟、洛阳龙门石窟与大同云冈石窟,均可见犍陀罗艺术的影响。

如果从绘画叙事角度考察佛教绘画和造像传统对中国的影响,我们发现,和世界各民族一样,中国绘图叙述的源头来自远古的岩洞壁画,但在发展过程中受到佛教绘画和造像传统的影响。

图3-3-1 佛教起源的印度图像叙事:悉达太子出家像

在人类早期阶段,绘画和雕塑是信仰的表达或巫术的工具。神话理论家认为,当时的人们常赋予描绘动物更多的神话和集体记忆的功能,于是那些遍布世界各地的岩洞壁画成了民间传统的档案馆,成了族群认同的地方,成了召唤图腾祖先和追忆大事的圣地。[95]所谓"古代神祠,首崇画壁",远古以来的神祠图绘壁画传统源远流长。[96]

最早可能配合图像叙事的文学作品是《诗经·大雅》里的《大明》《绵》《皇矣》《生民》《公刘》等作品,它们是祭祀时的图赞诗。

古籍《山海经》《九歌》的成书都与图画有关。《山海经》本一直配有插图——《山海经图》,如古图、汉所传图、梁张僧繇画图、明胡文焕图等。[97]据说绘图本《山海经》就是巫师讲说的蓝本。宋朱熹《记山海经》一文中说:"予尝读《山海》诸篇,记诸异物飞走之类,多云东向,或云东首,皆为一定而不易之形,疑本依图画而为之,非实纪载此处有此物也。古人有图画之学,如《九歌》《天问》皆其类。"[98]

193

1500多年前,晋代著名诗人陶渊明《读〈山海经〉十三首》有"流观山海图"的诗句,晋郭璞曾作《山海经图赞》,在给《山海经》作注时又有"图亦作牛形""在畏兽画中""今图作赤鸟"等文字,可知晋代《山海经》尚有图。而且,在《山海经》的经文中,一些表示方位、人物动作的记叙,明显可以看出经文似乎是对图象的说明。[99]傅修延发现其文本特点是"缺少动词意味着缺少叙事",并把它归纳为"静态叙述",而"某些叙述中之所以缺乏行动,乃是因为它们的功能是图注画赞",而"这种现象说明先秦时代文字与图像之间存在着密切的共生关系"。[100]由此可知,后世著书立说,图文并茂是古老的叙事传统。

但是,由于中国长期以来"言不尽意""得意忘言"的诗学传统的存在,远古以来绘画叙述传统并没有延伸到神圣人物的偶像崇拜中去。中国思维大致认为,终极真理往往"微妙玄通",深邃到只有意会不可以言传,理所当然,通过画像这种写实的具象形式,苍白无力,不但不能表达完全的神性,相反可能固化或者矮化对偶像的理解和对神性崇祀。

在佛教传入并产生重要影响之前,中土叙事文学存在图、文传播乃至相互配合传播是毋庸置疑的历史事实,而且,图、文传播还促成了一些特殊文体如像赞的产生,也促成了文学在图像空间的特殊表现形式如榜题之类。[101]佛教造像传入以后,这一情形发生了很大的变化。从公元前80年开始,小乘佛教就由克什米尔传播到了和田,到公元2世纪大乘佛教在贵霜王朝兴起后,佛教沿着"丝绸之路"进入新疆,再到河西走廊。佛教造像传入中国后不久,便成为包括比丘与比丘尼、在家众,或贫或富的功德主在内的所有佛教徒的宗教生活不可分割的一部分。随着佛教修行,造像悄然进入各行各业信徒的日常生活,大到宫殿,小至造钟匠的作坊,佛像随处可见。[102]巨型佛像的建造从犍陀罗也传播至于阗和龟兹,再从新疆传到河西走廊。如今河西走廊的安西榆林窟、玉门昌马石窟、酒泉文殊山石窟、张掖金塔寺石窟、马蹄寺石窟、童子寺石窟、武威天梯山石窟等正是佛教造像和绘画的活化石（图3-3-2）。随着大乘佛教偶像崇拜的兴起，佛陀的教化事迹进入到绘画传到中土，中文文献中常以"像教"来指代佛教，佛教造像和绘画传统对中国绘画叙述传统产生了深刻的影响。

图3-3-2　武威天梯山石窟
（公元412—439）

北魏吉迦夜、昙曜译《付法藏因缘传》卷1载雨舍为阿阇世王：

> 图画如来本行之像：所谓菩萨从兜率天化乘白象，降神母胎，父名白净，母曰摩耶。处胎满足，十月而生。生未至地，帝释奉接，难陀龙王及跋难陀吐水而浴。……阿私陀仙，抱持占相，既占相已，生大悲苦，自伤当终，不睹佛兴。……厌恶出家，夜半腧城。……舍至树下，六年苦行，便知是苦，不能得道。尔时复到阿利跋提河中洗浴。……于是女人便奉菩萨，即为纳受而用食之。然后方诣菩提树下，破魔波旬成最正觉。于波罗捺为五比丘初转法轮，乃至诣于拘尸那城力士生地入般涅槃。如是等像，皆悉图画。[103]

此处所谓"如来本行之像"，实指八相成道图，"降魔故事"亦在其中。当然，无论"八相""四相"还是"十二相"，它们往往是佛传的统称而已，并不代表仅绘制8个、4个或12个佛传故事。

在中国，纪念碑性质的雕塑、石窟浮雕、壁画和金属造像，基本上都是通过制作佛教造像逐步演化而成。在佛教的画像、造像的影响下，中国绘图叙事传统逐渐接受了造像的神圣、灵验的观念，并深信损毁造像和佛陀画像会受到惩罚和报复。[104]更能说明造像就是佛陀真身降临世间的是一种专为造像"开眼"的仪式:在一尊佛教造像即将完成之际,工匠要把以陶土、木头或金属制成的尚无生气塑像转化为能够容纳神灵栖身的仪式。在所有流行佛教的地区,人们通过为塑像点上眼睛这类的仪式来实现这一转变,否则它便不完整。[105]

石窟造像和佛教本生故事壁画相伴而生。唐代以后的"降魔"壁画在敦煌至今还保存着18幅,其中最大的一幅"降魔"壁画画幅宽12.4米,高3.45米,如此巨大的画面包含着十分丰富的内容。以第9窟为例,这一壁画绘有近50个情节,这些情节的排列不遵循变文的故事顺序,而是根据画面构成的内在逻辑,采取唐代壁画确立的对立式构图,先将变文故

图 3-3-3 释迦牟尼讲经图

(引自《中国版画百图》)

事解体为若干个人物和情节,再根据构图的需要,将这些解体的故事片断重新组合。这些壁画故事不再依附于文学性叙事,成为画家创作的独立的图画性叙事。(图 3-3-3)[106]

后世历代文人面对图画赞颂的说唱文艺形式,就是在下层艺人面对画像讲诵的基础上发展起来的。画像或者造像神圣,对绘图或者画像的颂赞文自然也具有神圣特性。部分古代佛教造像中藏有咒语一类的经卷,这些经卷通常被认为具有神力或者是"神授天书"。和为新造塑像点睛"开光"相比,这种做法遵循一套更为直接的逻辑:无须通过仪式去请求或召唤神性进入造像,而是在造像中直接置入本身具有神力的物品(经

卷或者舍利），二者的宣示神意的效果是一样的。

从事中国绘画叙事起源研究的美国学者梅维恒认为，中国配图讲唱传统都源于印度，变文就是在"变相"基础上的产物，元代平话也是这种配图讲唱传统的延续，他支持郑振铎"宝卷是变文的嫡传子孙"的观点，认为宝卷是典型的印度式的韵散结合的教化宣讲艺术，和图画讲唱也一脉相承。[107]笔者认为，从印度传入的画像造像，在经卷宣讲使用中转化为变文等文体，在宗教传播中有了以本生、本事、因缘、譬喻等叙事类佛经为讲说内容的俗讲等活动，这些都继承了造像、绘画叙事传统中的神圣观念。

如果要仔细划分，宝卷中的佛教宝卷源于俗讲，而故事宝卷则源于变文。从叙述传统的角度看，宝卷绘图叙述是在印度佛教本生壁画与中国本土祈禳叙述传统相结合中逐渐形成的，尽管中国先秦就有诸子和史传两个叙述传统，但不同的是，宝卷这种叙述传统其意图是要"嫁接"佛教造像与壁画使用中的"神圣力量"。在早期阶段，典型的佛教宝卷宣卷大都配合图像进行。对此，曾跟随郑和远洋船队航行的郑和秘书穆斯林马欢，在他1416年的航行报告中，对爪哇国的宣卷活动记录如下：

> 有一等人，以纸画人物鸟兽鹰虫之类，如手卷样。以三尺高二木为画杆，止齐一头。其人蟠膝坐于地，以图画立地，每展出一段，朝前番语高声解说此段来历。众人环坐而听之，或笑或哭，便如说平话一般。[108]

据笔者推测，爪洼国宣卷可能用的是水陆画。从现存的资料看，至明清时期，水陆法会已成为一种超度水陆亡灵，为生人消灾延寿的寺庙文化活动，广泛流行于社会。每年农历七月十五日，全国各地的大型寺院、道观都要举行水陆法会。水陆法会仪式举行时，大殿内悬挂上百幅水陆画。

这些画像大多采用工笔重彩画囤法,勾勒、渲染十分细腻,毫发入微,即便是衣服上细小的图案纹样都画得十分精致。人物造型形神兼备,线条流畅,色彩鲜亮,层次、质感、疏密、气氛无不动人心魄,表现出明清时代民间绘画事业的发展和特色。

顾颉刚认为,"元明以来,宝卷多作为影戏的剧本,其体制极为合度,似非偶尔采用者所能做到。因此可知其在变文尚未成为宝卷时代即已与影戏结缘,或者即为宣传者所利用,以之宣传教义,因之两者并盛行焉,亦属意中之事",[109]此论颇是。

梅维恒则认为,在连接东西方的丝绸之路的文化交流中,伊朗语地位关键,至少从7世纪开始,粟特语就是西部和北部中亚广大地区的混合语,直到它被另一种伊朗语——波斯语取代为止。中亚重要的佛国于阗的民众也讲一种伊朗语,他们和敦煌的汉人有着密切的联系。由于在中亚存在一种巨大的文化混合现象,以至各种来源的艺术、宗教、文学、语言等很难保持自身的"纯粹性"。因此,中亚的佛教吸收了伊朗的因素,而中亚的摩尼教则吸收了印度的成分。配有图画散韵相兼地说唱故事的技法源于印度,由佛教化的伊朗族"伯父"和突厥族"伯母"培养长大,最后由中国"双亲"收养,这直接体现在中国的佛教变文和说唱宝卷的特点之中。[110]

梅维恒的研究并不是唯一的结论。1953年发掘的沂南古画像石墓被认为有"从印度传来的佛教艺术的最早的影响,这种佛教因素揉合于中土原有的图像之中,是佛教艺术在中国萌芽时期的一种特有的色彩"。[111]直接把佛教图像称为"变""变像"的文字记载则首见于东晋。王齐之的《萨陀波伦赞》则谓"因画般若台,随变立赞",[112]"随变立赞"是说根据不同的佛教图画来题写赞诗。至若称佛教图像为"变相",则至唐

才蔚为风气。变相的用途归结起来,大致分为以下几种:

1. 和佛经抄写一样,初唐西域甚至以变相作为死者的供养之物,用于追亡祈福。

2. 观想之用。唐善导《观念阿弥陀佛相海三昧功德法门》云:"又若有人,依观经等画造《净土庄严变》,日月想观宝地者,现生念念除灭八十九亿劫生死之罪。又依经画变,想观宝树宝池宝楼庄严者,现生除灭无量亿劫阿僧祇劫生死之罪。"[113]观想念佛是释家修行方式之一,它通过观看佛的变相来想象佛国土的种种庄严从而导人正悟之途,它在净土宗中极为流行。

3. 醒世之用。《唐朝名画录》云吴道玄所绘景云寺《地狱变相》:"时京都屠沽渔罟之辈见之而惧罪改业者往往有之,率皆修善,所画并为后代之规式也。"[114]足见其震撼人心之强。

4. 辅助变文讲唱,针对底层信众,提高说唱效果。有关这种记载,不胜枚举,如房翰《大唐扬州大都督府六合县冶山祇洹寺碑》云:"真仪火已,图像俨然,可以导利迷途,可以发明觉路……令上座怀亮、寺主惠勖、都师德本、道裕、元逸、惠瑳等,扬枹净域,鼓拽法流,发四蹄之良音,辩百非之妙旨……虽佛在虚空,固难闻见,而人瞻影像,或易凭依。"[115]

有一些学者关注并论述了敦煌变文与河西宝卷在表现内容及说唱形式上的渊源承继关系。郑振铎先生认为"所谓变文之变,当是指变更佛经的文本而成为口头'俗讲'之意(变相是变佛经为图相之意),后来,'变文'成了一个具有白话特点的韵散结合的表达的'专称',便不限定是敷演佛经之故事了。"[116]变文演出,有的辅以图画已是不争的事实。《敦煌变文集》原题中"变"和"变文"的数十部作品中,都明显看出有配图痕迹,有的在题目中有配图说明类,如《大目犍连冥间救母变文并图一卷》《汉

199

八年楚灭兴王陵变一铺》等;有的原文和图画并行的,如伯 4524 本《降魔变文》、斯 3491 本《破魔变文》,其一面为图,另一面是说唱辞;有的行文中有"时""而为转说""处"等按图讲唱的痕迹的,如《李陵变文》中说:"且看李陵共兵士别处若为陈说","看李陵共单于火中战处";《破魔变》中有"魔王当尔之时,道何言语"。还有的文中有配图说明的一类。如《王昭君变文》中说:"上卷立铺毕,此入下卷。";《王陵变》中有"从此一铺,便是变初"。为此,根据上述特征,周绍良先生统计敦煌变文共遗存 17 种,其中的 7 种题材来源于佛教故事,10 种题材来源于历史故事。

尽管"变相"的表演本身看来在宋代(960—1277)就逐渐消亡了,但是看图讲故事仍然流传下来。在中国唐代以后还存在有看图讲唱,甚至这种普通民众宗教与世俗性的配图口头说唱艺术,直至 20 世纪 50 年代还并没有完全消失。[117]

翻检大量留存的宝卷印本,我们发现,宝卷叙事直接继承了变文"看图说话"的叙事模式,其中有相当数量的精美插图,在过去公众场合的念卷仪式上,在墙上往往悬挂佛像或地狱图,念卷配以图画,这和变文的演唱几乎是一脉相承。[118]

谢生保在《酒泉宝卷与敦煌变文》中进一步阐述道:

变文配合画图的遗迹,在宝卷讲唱时并没有完全消失。解放前夕,我亲自看到酒泉钟楼寺的和尚,指着大殿《西游记》题材的壁画,给庙会上的香客、游人讲说唐僧取经的故事。谭蝉雪先生在《河西的宝卷》一文中说:"武威每年五月为朝莲花盛会,由当地的万元会(商会)主持,城内设四五处,每处墙壁上张挂一幅大布画,上画天堂、地狱、轮回等图,由一人一手拿宝卷,另一手拿一木棍,站在桌上,连说带唱,边指画面,听众自由来往,男女老少围听,名之曰:讲善书。"由此说明变文讲唱时有画配合,宝卷在有条件的情况下,也是配合图画讲唱的。[119]

根据过去的老艺人回忆,清初无锡民间盛行的说唱形式"念十王",就是以《十王卷》为内容的宣卷活动。其演出时也要悬挂画有十殿阎王、地狱、鬼神的图画,"念十王前先把十王图挂在某村中间的一家门上或壁上,先敲木鱼吸引观众,接着开始宣《十王卷》,开宣时手执一根小竹竿指着图上的十阎王,一个一个说唱,唱十个阎王的职权、唱所有鬼怪的职责、唱何等罪受何等刑罚以及进什么地狱等"[120]。苏州昆山农村在丧事荐亡法会上宣讲《十王宝卷》,也要在灵堂的东西两面墙上张挂描摹十殿阎王及其所属地狱惨烈景象的图像。宣卷者围绕死者行走,每到一殿的图画之前,就停下来,对图宣说该殿的情状与地狱果报。这种绘图说法和荐亡法会的情境合二为一的演述,"耸人听闻"的说辞与狰狞夸张的地狱情景相结合,往往会产生感人至深的艺术效果。

段平《对河西念卷活动的剖析》一文中载,甘肃高台县的念卷艺人,"还有人在解放前跑去千佛洞临摹来壁画上的天堂、地狱图,挂起来一面念《目连三世宝卷》,一面指着图解说"。[121]《苦节图宝卷》[122]又名《苦节宝卷》《张彦休妻宝卷》《白玉楼宝卷》。该宝卷在情节推进中有"苦节图",看"苦节图",讲"苦节图"的情节,在主人公命运的变化,故事的情节发展中起有重要作用。《苦节图宝卷》中的女主人公白玉楼被叔母诬陷遭休弃之后,历尽磨难,上吊后被金驸马搭救收为干女儿。白玉楼九死一生,"在金府日夜啼哭不止,身染疾病,饮食不进,身体日益沉重。金秀云小姐对母亲说了,老夫人问:'玉楼,你得了什么疾病?'玉楼说:'母亲,孩儿死多活少,请你给我拿个主意。'小姐说:'姐姐,我倒有个主意,你把自己的苦处给我细说一遍,我绣一幅苦节图张挂出去,若有人看见就知道了

201

你的苦心,你也落个贤良人的名声。"玉楼听说得有理就答应了,小姐叫随从丫鬟取来丝布一匹,老夫人对玉楼说:"孩儿你将你的苦情说来,秀云与你描画。"玉楼睁开眼睛,泪流满面,把自己的遭遇给她们说了。正是:

玉楼开言道,妈妈你且听。提起奴家事,件件都是苦。
请尊堂,和贤妹,细听在心;画破房,贫寒人,劝把书读。
画贫妇,去讨饭,手提饭篮;你画我,在灶房,拿柴吹火。
门外边,画贼人,手拍双环;画张彦,面带怒,手提笔杆。
画贫妇,苦哀告,跪在面前;再画上,钱氏婆,恶眉恶眼。
不讲情,她还骂,怒气满面;画夜晚,把玉楼,辱骂百般。
她说奴,在外边,与人偷奸;我丈夫,他言说,亲眼看见。
画贫妇,观音堂,卧倒在地;画张彦,饥饿形,来到门前。
画奴家,捆马上,有人后赶;直赶到,江岸边,扶下马鞍。
有玉楼,将贼人,推入江中;波涛翻,用石头,连打二三。
画上了,彩棚下,人有千万;在马上,骑着个,青春少年。
回头看,手接彩,二位家人;画少年,面失色,催马加鞭。
画恶人,打丑妇,头发散乱;画少年,乘着马,站立面前。
画李彪,接银钱,低头含笑;再画上,假男子,当堂改变。
多亏了,老爹爹,来救此难;老夫人,心发酸,低头言道。
我女儿,真金子,不怕火炼;守节志,全凭着,计谋双全。
虽女流,比得那,古圣先贤;日久后,与张彦,同侣同伴。
白玉楼,听此言,泪流满面;叫母亲,和妹妹,画图几幅。
起名儿,苦节图,万古流传。

河北省沧县的宣卷人使用同样成套的图画。这套图画最初是10卷,仅丢失了其中的1卷。沧县的讲宝卷人把他们的这套挂画叫作"水陆"。

与甘肃的卷画一样,这些画描绘的也是地狱里的各种场景,特别是十殿阎罗的地狱的恐怖。沧县的表演者属于白莲教的一支,被称作天地门。这种关系显示出这类佛教通俗文学具有民间宗教的性质。这一套卷子被称作"水陆",可能是因为宣讲宗卷最早曾经作为水陆斋的一部分,在举行水陆斋时,要为水中和陆地上的亡灵们供奉食品。

(三)三种"包公错断颜查散"故事变异

前文已经述及,《五鼠闹东京》故事在明代以前曾经单独流传,与包公判案故事并没有直接关系。明代公案小说《包龙图判百家公案》第58回有《决戮五鼠闹东京》,潘建国认为该篇改编自明成化词话本《五鼠大闹东京记》(万明成化本的翻刻本)。[123]

我们由清乾隆六十年刊本《霓裳续谱》卷7"莲花落""因为错断了颜察散,才惹的五鼠闹东京"一句记载可知,最晚在乾隆年间的包公案故事中,颜查散就已经出现,而且还与精怪"五鼠闹东京"的发生存在因果关系。前文已经述及"错断了颜查散"情节已经在流传过程中被删改。流行于东北地区的二人转传统曲目《五鼠闹东京》(又名《包公错断颜查闪》),却依旧保留着这一珍贵的故事:民女柳金蝉被贼人李宝杀害,柳父诬陷外甥颜查闪所为,包公错斩颜查闪,颜氏尸体不倒,包公魂游阴府,又错杀五鬼,遂引出五鼠闹东京,宋主命12岁宰相"干罗"处治,最后从西天王母处借来狸猫降伏五鼠。

河西的山丹、张掖、酒泉都曾经流传着"包公错断颜查散"故事宝卷,给这一故事的流传又增加了一个分岔,其分岔标志是在有包公的《五鼠闹东京》故事中,是否有李保或者施俊。兹列表如下:

表3 《五鼠闹东京故事》情节演变与分岔示意

唐代	宋代	元代	明代	清代	当代	情节分岔	
		元代戏文《金鼠银猫李宝》1卷,收《永乐大卷》13972。			东北地区的"二人转"传统曲目《五鼠闹东京》。[124]	有李保有五鼠	
			1. 明中成化"说唱词话"《新刊宋朝故事五鼠大闹东京记》 2. 明万历十二年(1594)《百家公案》第58回《决戮五鼠闹东京》[125]。 3. 明万历二十五年序刊本《三宝太监西洋记通俗演义》第95回。 4. 明万历书林文萃堂刊本《新刻全像五鼠闹东京》4卷。 5. 明《龙图公案》第52则《玉面猫》。	清代翻刻本《五鼠闹东京包公收妖传》2卷。	有施俊 有五鼠	有包公
				清道咸以降京津地区的石派说书。清谢蓝斋抄本《龙图耳录》第34—39回。[126]	河西多种宝卷《包公错断颜查散》版本。	无施俊无李保	

续表

唐代	宋代	元代	明代	清代	当代	情节分岔
五鬼闹判	万历聚奎堂刊《轮回醒世》卷17。"宋时"故事《五鼠闹东京》					无包公

在河西的山丹、张掖、酒泉都曾经流传着"包公错断颜查散"故事的说唱宝卷多种,名称分别有《包公立断严查山宝卷》《包爷三下阴曹》《严察山宝卷》《包公三断颜查散宝卷》《包公错断颜查散宝卷》《花灯宝卷》《闫叉三宝卷》《红葫芦宝卷》,在《凉州宝卷》(一)、《永昌宝卷》(上)、《山丹宝卷》(上)、《酒泉宝卷》(下)、《金张掖宝卷》(三)都有本子收录。[127]该故事的源头可以追溯到元代《金鼠银猫李宝》戏文。

历史上包公是宋代名臣,又是家喻户晓的文学形象,他以铁面无情、秉公执法著称。历史上有关包公的文学作品不胜枚举。[128]河西流传的"包公错断颜查散"故事具有深厚传统和特殊的意义。包公作为著名的清官,《百家公案》和《龙图公案》都是关于包公断案如神的小说。"包公错断颜查散"则以更为曲折的情节讲述包公错断颜查散案件,后经过三下阴曹反复侦查后,案件真相才浮出水面的故事。

我们以《包爷三下阴曹》(简称永昌卷)[129]、《包公宝卷》(简称凉州卷)[130]、《包爷错断颜查散》(简称张掖卷)[131] 3 种"包公错断颜查散"故事为蓝本,探讨故事传播过程中特定情节传播中的变异特征,省略与强化以及故事中一些"不合理"的人物和细节设置及其模式化趋势的形成,借以说明口头传播的文学故事和谣言传播的规律的内在一致性。

首先,口传文学有自身的发展变异的规律。如说唱表演者与听众的互动是制约口传文学随意变动的重要因素,规范着口传文学的精神观念与生存空间。通过对"包公错断颜查散"故事的统计分析，我们发现，无论异文间如何千差万别，但几乎所有异文都有一些共同的"节点"。这些节点是保证该故事被认定为"包公错断颜查散"故事的基本要素，是程式性的故事类型。如"柳金蝉出身富贵""凶手害死柳金蝉""判官篡改生死簿""包公三下阴曹""柳金蝉和颜查散结亲""颜查散中状元"等。"柳金蝉出身富贵"情节，张掖《包爷错断颜查散》中柳金蝉是鼓楼街前柳员外柳郊的女儿，在凉州《包公宝卷》中柳金蝉是"已经病故当朝尚书柳天官的女儿"。而且一个故事往往和一丛民俗事象紧密联系。在南阳民间的道具舞蹈中有包公错断颜查散故事改编的独角兽舞。[132]

"口传的艺术与其说是记忆的复现，不如说是艺人在同参与的听众一起进行表演的一个过程。"[133]变异并非随意的改变，事实上，在流传过程中，作品不归一人所有，人人可以改动，所以每一次的抄写行为都在更大程度上成为再创编的行动，只要这种编创植根于活形态的传统，植根于演述中的创编，那么就会在每一次抄写中重新生成。[134]作品是一种不断处于变化中的相对稳定，于是就产生了同一"母题"（motif）的不同"异文"或版本。"包公错断颜查散"故事宝卷的三个版本，就是在基本故事情节一致情况下的"异文"，其中凉州本和永昌本比较接近。在关键情节的语言表述上三种本子非常相似：比如包公冤杀颜查散后，颜老妇人来到南阳（南衙）府讨说法的一段，凉州本为：

却说严夫人从梦中惊醒，却是南柯一梦，放声大哭了一场。便叫丫鬟：拿了我的龙头拐杖来，与我同上南阳。此时包公正坐早堂，手下人役报到严夫人来到。包公听说，急忙下堂迎接到大堂，分宾主坐下。严夫人问道：包大人，我的儿现在何处？包公说道：我错断了你的孩子。那严夫人道：人人说你包公是包青天，从此案看来，你做官不清，断事不明，冤屈死好人，难道就罢了不成？带说着顺手拿起龙头拐杖便打包公。包公急忙陪情道：夫人且息雷霆之怒，你在我府中

<u>等候,待我三下阴曹察明此事再作去处</u>。

永昌本这样写道:

> 却说闫老夫人,梦中惊醒,急忙起身,拿了龙头拐杖,来到南阳府,此时包爷正在堂上,人役报道,闫老夫人来了,包爷听言,急忙出来迎接,请到大堂坐下。闫夫人说道:"<u>我儿子哪里去了</u>?"包爷说道:"你儿子死了!是我错断了此案。"闫夫人骂道:"你这包文正。原来也是做官不清,断案不明,屈害好人,乃道(难道:笔者注)饶你不成,说着举起龙头拐杖要打。"包爷忙道:"夫人且慢,你今晚就住我府,待我三下阴曹回来再做道理。"闫夫人只好到城隍庙看儿子去了。包爷当即叫人役抬了铜铡,带了人役三下阴曹去了。

张掖本这样写道:

> 却说颜查散鬼魂给母亲托梦后离去不提。那颜老夫人从梦中惊醒,暗想:适才我儿来到面前,醒来却又为何不见?不由得一阵阵心惊肉跳。看见天已大亮忙忙起来,手拿龙头拐杖往南衙府而来。那包爷正坐早堂,有人役禀告颜老夫人来到。包爷听说急忙下堂迎接。颜老夫人坐定,开口就问:"<u>我儿现在何处</u>?"包老爷一时哑口无言。颜老夫人又说:"你枉为青天,做官不清,断事不明,屈死我儿,难道就此罢了不成?"说话间拿起龙头拐杖要打包公,包公赶忙赔情道:"<u>老夫人暂息雷霆之怒,你且在我府中等候,待我再下阴曹查明此事,再作去处可好</u>?"颜老夫人听了只得下堂而去。包老爷叫王朝、马汉、卢青、李贵抬了虎头铜铡,一起同下阴曹。

相比之下,永昌本语言书面色彩浓厚,张掖本的语言表述就距离书面语较远。凉州宝卷和永昌宝卷二者还都滋生并穿插了"妖龙作怪摄公主,石义救主遭迫害"的情节。

一方面,我们强调情节的生长是随机的、无序的,因人而异。另一方面,"包公错断颜查散"故事的考察中,我们发现所有异文的结局都是

"大团圆"。通过对几种样本的统计分析就可以看出,无论最终颜查散的被诬陷、屈打成招、死而不倒、包公三赴阴曹等等,总是以"团圆"这一理念为旨归。

其次,口传文学承载着现代人对于传统文化的想象与重构,这种文化重构也是一种精神资源,传承人的讲述是具有主体性的,渗透着讲述人的人身感悟和价值观念,它超越了书写所用语言的先验决定性,也超越了他们所采用的集体和公共形式,个体的叙事表达了不同主体的独特性和不确定性,但这种不确定性又保持在一定的限度内,是个体性和集体传统的统一。[135]凉州《包公宝卷》中就有先讲国事兴旺、百姓赏灯等情况,再深入正文写柳金婵落难和石义遭害故事。和凉州卷相比,永昌卷的语言更富有文人风采,在宝卷中细节描写尤为突出,散文和韵文交替描写,尽详致细。因为两种宝卷的渊源关系较近,所以都有一些可以辨析的雷同细节:比如和包公一起三下阴曹的房官崔爵(凉州本作崔脚),由于劳累饥饿,误食了一顿地府街上的羊肉包子,失去了再还阳的机会,因此接替张洪掌管了阴曹的生死簿。

我们知道,每一个讲述者的每一次讲述,都是一次带着文化传统这一镣铐的创造性的舞蹈,都生产了一个相对独立的文本(异文)。比如还阳禁忌这一"地方知识"早在《太平广记》中就有记录,僧人告诫:"'不可食,食之则无由归矣',少殷曰:'饥甚,奈何?'僧曰:'唯蜜煎姜可食。'"[136]所以,民间文学在流传过程中,一方面不断增多异文,另一方面又趋于模式化。相对稳定的模式,对听众而言是一种心理的"预期"和文化的皈依,对演说人而言是倾听传统的声音并与传统模型的风云际会。任何一次说唱都有意无意因循着传统模式。

民间文学的传承性,实际上指的就是传播的模式相对稳定。落实到文本,就是"叙事范型"或"故事范型(storypattern)"的相对稳定。宝卷中"包公错断颜查散"故事尽管有《包公立断严查山宝卷》《包爷三下阴曹》《严察山宝卷》《包公三断颜查散宝卷》《包公错断颜查散宝卷》《花灯宝卷》《闫叉三宝卷》多种,但基本模式不外"错断—蒙冤—伸冤"模式。"在口头传统中存在着某种叙事的模式,围绕着这种核心模式的故事会千变万化,但是这种模式具有强大的文化传统支持和生命力。它在口头故事的文本的创作和传递过程中起到组织的功能。"[137]凉州宝卷和永昌宝卷因为都有王恩谋害石义,红葫芦告状伸冤的情节,我们据此判断,二者系从同一系统发展而来。"在口头传统中存在着诸多叙事范型,无论围绕着它们而建构的故事有着多大程度的变化,它们作为具有重要功能并充满着巨大活力的组织要素,存在于口头故事文本的创作和传播之中。"[138]

"包公错断颜查散"故事中,柳金蝉冤魂和判官张洪的斗争这一情节,永昌卷中判官张洪让牛头马面将柳金蝉的冤魂游过18层地狱,后再打入阴山,永世不得超生。于是鬼魂押着柳金蝉先后经过"无间地狱""油锅地狱""碾磨地狱""大锯狱""刀山狱""血湖地狱""炮烙狱"等,最后过奈河桥把柳金蝉押入了枉死城。在地狱目睹冥刑的叙事在《太平广记》中就已经有,卢弁目睹"磨边有妇女数百,磨恒自转,牛头卒十余,以大箕抄妇人置磨孔中,随磨而出,骨肉粉粹,苦痛之声所不忍闻"[139]。宝卷中该部分都以韵文形式详细描写,又穿插进了和故事毫无关系的妖龙摄走百花公主的情节。凉州卷也有妖龙摄走百花公主的情节,但没有柳金蝉游地狱的具体情节。张掖卷中多出了柳金蝉到阴曹阎王那儿状告判官张洪,张洪不肯放行,条件是做了夫妻才肯放行的情节,并有柳金蝉怒骂判官张洪的韵文:

> 判官张洪太无行 阴曹地府作弊端。柳小姐,骂张洪,大胆欺心;阎王爷,评道理,你倒欺人。此一去,连判官,一齐告上;把贼子,千刀剐,剜了心肝。我想那,阳世间,欺人毁誉;阴司里,也有那,奸人掌事。有张洪,听得骂,冲冲大怒;这女子,好大胆,敢骂我身。喝一声,

休撒野,将她捆住;压在了,阴山下,永不翻身。有判官,使小鬼,再生巧计;将黄蜡,塞住耳,不叫听音。这张洪,压魂灵,扬长去了;哭坏了,柳金蝉,有谁知闻。

和孟姜女故事中,秦始皇想和孟姜女成亲的情节"枝蔓"一样,该情节和整个悲情故事基调相比很不合情理,所以很难在其他版本中被采纳,更不能成为相对稳定的经典情节。一般来说,故事发展过程中呈现孳乳和简化的双向互动,形成繁简版本同时存在的情况。故事在传播过程中简化表明,故事与其所处情境整个生活方式的不相称,故事在该环境中,或在该故事讲述者所处的时代现实意义很薄弱。[140]

从王恩害死石义、妖龙摄走百花公主等情节,我们基本可以判断,张掖本似乎是凉州本和永昌本祖本的删节本或简本,凉州本和永昌本是不同歌手说唱的同一底本。其中永昌本更为详尽,并留有公案小说的判词情节的痕迹,我们据此判断,永昌本大致改编自明代的公案小说。

包公又奏了柳员外诬告闫察三一案,是他三下阴曹,得以审明。宋王听了说道:"柳员外洞事不明,诬告好人,念他年迈之人卧,不予降罪。包文正做官清正,官加三级,擢升太子太保,龙图阁大学仕。"包爷谢恩,回到府中,命王朝、马汉将卜子虫,王恩用芦席卷了,在当街大十字铡成三段。事完之后,又命闫察三,柳金蝉完婚。

包公错断颜查散故事在戏剧中又被称为"五鼠闹东京""包公游阴""探阴山""铡判官"等,戏剧多出了包公游地狱又错杀五鬼,引出五鼠闹东京的情节,这在宝卷中却没有。

"包公错断颜查散"情节成为模式化的故事不断地说唱,同样受到记忆规律的影响。颜查散被冤枉这一情节中,凉州《包公宝卷》中"严查山"把表妹的衣物送往舅父家被诬陷为凶手并告到了南阳府。包公对"严查山"动用酷刑,上了"枷床",严的母亲严老夫人拿着万岁爷赐的龙头拐杖见包公。张掖《包爷错断颜查散》故事情节大体相同,只是对柳金蝉的鬼魂做了专门描写,颜查散上的是"匣床"而再非"枷床"。永昌卷上"闫察三"上的是"辖床"。这一细节惊人的一致,但具体又有所不同。包公二下阴曹情节中,颜查散被屈打成招,赴刑场三绞而亡,但"尸首不倒",这一细节在三种本子中完全一致,成为推动故事发展的重要情节。在传播过程中,"尸首不倒"必有冤情,这一关键性细节可以说是民族的集体认知传统所预设的。

在时间信息上,三种宝卷都把时间定在大宋仁宗年间,正月十五看灯之际。凉州本甚至重复了《百家公案》《明成化说唱词话八种》中的雷同说辞:"文有丞相王颜林,武有狄青等大将保定江山,天下太平,百姓安居乐业。"[141]等程式性话语。

在非关键性的情节中,叙事繁简常带有随意性,颜查散被冤枉这一情节中韵文部分前两句和凉州本都是"关着门儿安静坐,偏从天上掉下祸"。但凉州《包公宝卷》以韵文部分交代的内容详尽,更多情节在张掖宝卷中是以散文形式出现的。张掖宝卷还交代了阴司里判官张洪,在阳世做官时和颜查散父亲有仇,那李保是他的外甥,为了泄愤早将生死簿改了,今见李保害死柳金婵,就把李保的名字扯下捻成一个纸团儿,另行写了"颜查散害死柳金婵"。包公第一次赴阴错断的原因是十殿阎王前的判官张洪包庇外甥卜虫子,把卜虫子名字换成了"宋仁宗四年,山东鼓楼城放花灯,闫察三害死柳金蝉"。凉州本宝卷,张洪用人皮把卜虫子的名字贴掉。只是永昌卷和凉州卷都没有交代嫁祸严查山(闫察三)的原因,只有张掖卷交代阴司里判官张洪,在阳世做官时和颜查散父亲有仇,所以嫁祸颜查散。张掖卷中多出了柳金婵到阴曹阎王那儿状告判官张洪,张洪不肯放行,条件是做了夫妻才肯放行的情节,其他两种本子均没有这样的表述。害死柳金婵的凶手,凉州《包公宝卷》是城南门外寒窑中的卜虫子,出城回家时看见柳金蝉,柳金蝉珍珠汗衫价值不菲,于是动了歹念,骗到家用麻绳勒死金蝉,把尸体扔进白水江。张掖《包爷错断颜查散》中情节变为,城外屠夫李保在大风过后出城回家,听见柳金蝉啼哭声,李保遂起歹心,假扮金蝉的大舅,和妻子一起用一根猪毛绳勒死了柳金蝉,并把尸体抛下竹桥,再用石头压着。永昌《包爷三下阴曹》情节和凉州卷基本相同,只是卜虫子说自己叫李虎,是金蝉的远方姑表兄妹,显得更为合情理。对金蝉先是茶水中投毒,再用绳子勒死中毒昏迷的柳金蝉,把尸体扔进白水江前还绑上了石头,这和金张掖宝卷不同。我们明显感觉到,永昌宝卷和凉州宝卷大致是从同一宝卷蓝本传承而来。

在同等资质条件下,一个故事讲述者对相关、相近的民间故事和说唱传统掌握的信息储存越多,他的故事知识系统中的元故事构成就越丰富,其再现过程中记忆提取的空间就越大,细节引进的可能性也越大。也就是说,越是故事能手,长袖善舞,他所讲述的故事变异幅度也就越大。在包公三下阴曹情节中。凉州《包公宝卷》和永昌《包爷三下阴曹》中,阎王和包公打赌,并抬出油锅,"如果查出来,我赴你铜铡,若是查不出来,你赴我油锅。包公答应"[142]。在张掖《包爷错断颜查散》中则没有打赌情节。包公查明真相后,凉州卷和张掖卷中,包公将判官张洪铡作两段,又要铡阎王,牛头马面一看情况不妙,忙去请东岳大帝,又请来了地藏王菩萨。永昌卷请来了天尊和地藏王菩萨。

张掖卷中由于东岳大帝和地藏菩萨说情,包公没有铡阎王,有韵文予以描述,凉州《包公宝卷》和永昌《包爷三下阴曹》本都是散体叙述,较为简略。

二位天尊来说情 包公饶了阎君命

地藏王,东岳帝,齐来说情;包老爷,才饶了,阎君性命。二天尊,说完情,起身走了;十阎君,来谢恩,叩别包公。有包公,转回身,往前所行;又来到,阴山下,收了冤魂。阴还阳,来到了,南衙府中;忙吩咐,众人役,快拿凶犯。[143]

最后凉州《包公宝卷》和永昌《包爷三下阴曹》结尾都是把卜虫子、王恩问斩。三种宝卷结尾都是包公为媒,柳金蝉和颜查散结为夫妻,后颜查散中头名状元,高官厚禄。

三部"包公错断颜查散"宝卷都交代柳金蝉被风刮走。在凉州《包公宝卷》中柳金蝉是"已经病故当朝尚书柳天官的女儿",而且被风刮到城外的黑松林,细节非常具体。永昌卷和张掖卷没有了柳金蝉父亲已经病故的内容,卷中却穿插进王恩害石义红葫芦告状的情节。在我们认为的简本张掖《包爷错断颜查散》中柳金蝉是鼓楼街前柳员外柳郊的女儿,这一点和永昌卷相同。张掖卷故事开头紧紧围绕柳金蝉和丫鬟小琴正月十五看花灯的准备工作,中间没有王恩害石义红葫芦告状情节和刮风原因的表述。"员外"是一个人所共知的富贵人家的统称,所以两种本子都把柳金蝉的父亲定格在"员外"这一角色上。"黑松林"和被刮的原因"正月十五灯台内单单没有供奉清风洞的风神"以及"王恩谋害石义红葫芦告状"的情节由于过于具体或者怪诞、不合理,不利于记忆,在3种本子中只出现过1次,而且在简本中都没有出现。所以,在细节转换上,长期传播的故事由于记忆的选择,不熟悉的或相对不熟悉的名字立刻转换成更加熟悉的名字。[144]

文人作品一经文字出版,进入流通,就可以说是大体固定下来了。而活形态的口头文学,如史诗,随时处于变动之中的,所以它就没有一个所谓"权威的"版本。国外的田野调查,特别是美国著名学者米尔曼帕里和艾伯特·洛德在20世纪30年代及其后在南斯拉夫所做的史诗田野工作,通过大量的实证研究手段,再清楚不过地表明:即使是同一位歌手的同一曲目的两次演唱,彼此间也有差别。口头传统是"表演中创作",这一过程中,母题、听众的角色、故事及其组成部件的多重构型、说书者和听众的互动使故事呈现多种变异。"变异的模式包括细节的精雕细刻、删繁就简、某一序列中次序的改变或颠倒、材料的添加或省略、主题的置换更替,以及常常出现的不同的结尾方式等等。"[145]具体分析,其变异的情况

大致如下:

(1)最初的流传中含有的信息越多,传到下面一站时信息的丢失也越多。情节与结构的稳定必须以相关的共同知识为基础,反之,知识结构的差异可能导致特定知识背景下的故事冲突的遗失。重细节的叙事是很难成为广为流传的故事的,而细节的缺失就为民间故事的不断演生变异提供了空间。"包公错断颜查散"故事中,在第一次赴阴被判官张洪蒙蔽后,包公对颜查散动用酷刑。张掖卷就创造性地增加了颜查散半夜伤心,哭起"五更调"的情节,这在凉州卷和永昌卷均没有。

[哭五更]

一更里来泪汪汪,我今受罪好凄惶。何人杀死金婵妹,人命赖在我身上。皮开肉绽下狱中,今日实在太冤枉。我的天啊!不知何人能知闻?二更里来冷飕飕,浑身上下血淋淋。板子打来夹棍夹,疼痛难忍泪纷纷。家丢老母何人养,几时才得见娘亲?我的天啊!何时才能见娘亲?三更里来夜正深,想起老娘好伤心。今日落入苦海中,浑身疼痛血染襟。老母如今在何处,为何不救儿的身。我的娘啊!为何不救儿的身?四更里来金鸡鸣,饥饿疼痛更难忍。南衙如同阎罗殿,我和老娘难见面。有冤难伸心中怒,身坐狱中叫苍天。我的天啊!身坐狱中叫苍天。五更里来天渐明,不知来日吉与凶。苍天有眼辨真情,水落石出救残身。若是老天有灵验,报答祖宗众神灵。我的天啊!报答祖宗众神灵。

人对故事的记忆是靠高度概括的情节单元实现的,换句话说,人记忆的只是个梗概,细节过于细腻的故事不利于记忆传播。

(2)强化了某些可以使传播消息的结构更加合理的细节或组成部分。源故事中的一些定量的细节在再现时可能会减弱或遗失,如故事发生的地名、主人公的姓名、明确的数字等,但许多定性的细节会得到展开,原本简单的人物行为可能衍生出许多丰富的动态变化。这些变化倾向于更加夸张,并且可能多次反复。比如颜查散被上了"枷床",在被处死后尸首不倒,这些推动故事不断发展走向高潮的关键性细节,虽然荒诞离奇,但是因为符合乡民的地方性宗教信仰知识传统,所以在所有版本里都得到了有效的保留。这种"膨胀原理"可以产生使故事脱离平庸琐碎领域的效果,因而有助于保持它作为某种社会关系尺度所具有的价值:在我们中间循环往复的东西必定有其存在的价值,也就是说,它必定具有某种能够突出我们的关系本身之重要意义的价值。

强化了某些可以使传播消息的结构更加合理的细节或组成部分。包公在野史里"日断阳,夜断阴",并能赴阴、还魂,3种"包公错断颜查散"故事无疑充分展示了包公还魂和赴阴曹地府向掌管生死薄的判官张洪了解案情的能力,其实质是进一步强化了民间包公的固有形象。心理学的规律告诉我们,重复的次数和个人记忆的准确率成正比,对于一个民族的集体记忆大致也是如此,高频率的反复出现的形象,就会镶嵌在民族集体记忆中。

(3)口传文学在不间断的传播中会降低信息的专指程度,形成一种收放自如的开放性文本结构。柳金蝉是富家小姐,颜查散是贫寒读书人,落难公子和富家小家的故事结构很具有民族特色。在"包公错断颜查散"故事中被充分展开,扩展后的结构:柳金蝉父亲是"员外""吏部尚书""柳天官"等,母亲是"一品诰命妇人",有御赐的"龙头拐杖",这个龙头拐杖在民间文学中曾经掌握在"佘太君""包公"等等这些拱卫皇权而"满门忠烈"的人手中。又如杀害柳金蝉的凶手的名字,凉州本和永昌本都做"卜虫子",而张掖本做"李保"。在不同的本子里,这类人物的名字可能都互不相同。胡适说包公是"箭垛式人物"[146],所传播时代清官的断案事迹和包公同时代范仲淹等人的事迹也都以不同方式被包公"吸附",这是一种集体无意识的社会心理在起作用。而这种典型的吸附现象是民间口头编创的普遍现象。

(4)传播过程中寻求合理化。源故事中那些不为讲述者所属社会群体所认可的表现形式,总会在其后的传播中逐渐趋于合理化。这前后的变化表明作品情节设计和社会心理之间进行"双向理解"。合理化(rationlisation)是一种重复再现的过程,巴特莱特认为"其过程表明了一种需要,实际上每位受过教育的观察者都可感觉到这一需要,即一则故事应当有一个一般的情景。开始时,不存在一种简单接受的态度。呈现的每则故事,必须联结成整体,而且,若有可能,也应当考虑到它的细节必须与其他东西相联系。在这种情况下,一些特殊的,而且可能是孤立的细节,立即被转换成更熟悉的特征"[147]。也就是说,故事说唱者不会是一种单纯的按原样输入和输出的过程,而是表现为用自己更熟悉更容易理解和记忆的方式对底本情节进行符合情境和自身知识结构的加工。永昌宝卷中柳金蝉被风刮走之前,设计了她和丫鬟在城西郊放风筝的情节。这为下文柳金蝉被风刮走做了情节上的铺垫和提示。和谣言传播的时间地点相对固定不一样,故事传说往往超越具体的历史和社会情境。因而,同一传说可能会在不同的地点、不同的时间反复出现,呈现出多个包含了最新信息的、本土化的"版本"。

进一步推论可以认为:越是封闭的知识圈、传播者知识结构中共同知识所占的比重越大、来自系统外部的信息量越少,故事就越稳定。反之,越是开放的知识群、个体掌握的信息量越大、传播者知识结构中共同知识所占的比例越小,蝴蝶效应的实际临界点就越多,故事也就越不稳定。"包公错断颜查散"包公二下阴曹情节中。凉州宝卷严察山屈打成招,赴刑场三绞而亡,尸首不倒,命主朝马汉,张龙赵虎,朱清黄忠,刘主崔脚等人抬上狗头铜铡要三下阴曹再断此案。张掖卷和永昌卷中都有把颜查散的尸首暂且存在城隍庙里的情节,张掖卷是等第二天下阴曹查看究竟。凉州卷和永昌卷都是立刻带了八员大将三下阴曹查办案件。

首先,民间文学中的文学活动和经典化、文本化的书写文学之间存在对立、差异和张力。文学生态由口头传统进入编纂的书写传统,题材来源、成书过程、编撰者之文学及道德观念、文本体制、时代文化背景、阅读者口味等文学内外因素都对通俗小说情节衍变有一定的影响。经过书写的技术化、逻辑化、合理化后,会形成半独立的文本世界,给人们提供了一条认知途径,但同样侵蚀、遮蔽,甚至边缘化了细节生动的口语(方言)世界,建构了一种意识形态。社会心理学的研究告诉我们,凡是符合或迎合人们主观愿望、主观印象或主观偏见的信息(比如谣言),最容易使人相信,并乐于被人传播,而且还有可能依据传播者特定的心理倾向被随意进行加工。[148]

其次,倘若将视野略加扩展的话,中国俗文学品种丰富,除小说戏曲之外,尚有版本由简而繁或由繁而简,我们不能简单判断是繁本在前还是简本在前,这不是线性的谁先谁后的问题。我们借助次生口头传统宝卷,能复原文学生态的诸多缺失的中间环节,或者调查其他正在"演化"中的口头传统,我们发现过去关于繁简版本孰先孰后的论争本身是因为我们置身于传统的文本文学观念的缘故。真正的情况是繁本和简本或不同系统的版本在最初都同时存在过,并且都曾经被编写或记录为书面传统。但随着时代的变迁,读者、传播成本、主题、文体、音律,或说书艺人等因素都在版本选择性演变中起过关键作用。最终这些因素共同促成了今天的经典化的小说面貌,甚至可以说今天的所谓通行本也是一次时代性的版本选择而已。

口传的内容、形式、特定的时空,口传活动的参与者,研究者与社会文化背景,共同构成一个特定的演说舞台,文学的活动过程远远超越了文学的意义而表现为以故事为纽带的个人与个人、个人与社会的多向互动,这种互动表达了种种特定的社会情境的集体意识,种种社会关系和文化历史脉络。因之,神话、故事、传说、歌谣、谣言的诗学逻辑都是个体心理、社会心理环境和集体记忆的产物,有着高度的内在同一性。[149]一个传说可能被认为是一个固定下来的谣言。更确切地说,它是道听途说中一再出现的某些传闻中的不同寻常的部分,在经过一段时间的歪曲后,它不再变化,一代又一代地传了下来。所以,在某种意义上,传说就是已经成为一个民族口头遗产一部分的谣言。从语言学上讲,这两个概念可以经常交换使用。[150]而谣言如果从广泛和普遍的意义上讲,是在"典型场景"具备的情况下的某种"故事范型"的一次次展演。鲍曼(Richard Bauman)主张,应关注口承文艺表演的过程、行为(actaction),以及叙述的文本与叙述的环境之间的联系。深入思考,我们发现,民间故事的诗学同样适用于谣言、传说和各种舆论的传播扩散模式,因为他们的规则都源于人的记忆、忘却、想象及渲染等集体无意识的精神世界。

由于人对源故事的回忆,实际上必须是一次"双重提取":对记忆表象(特定源故事)的提取,对抽象的原型(元故事)的提取。前者体现为对具体形象和场景的提取,后者体现为对功能和功能间关系的提取。在这一双重提取的过程中,记忆表象是进入故事回忆的关键支点。由于不同个人之间形象记忆的差异,不同的源故事可能成为不同被试进入回忆的关键支点。这一源故事(关键支点)就成了占主导地位的再现情节,也即"砧情节"。从元故事中提取的、砧情节之外的功能就是"接穗"。[151]奥尔波特(G. W. Allport)和波斯特曼(L. Postman)对信息的传递做了一个有趣的实验:一个人面对一张描绘日常生活场景的照片,凝视几秒钟,然后将其所见转述给第二者,第二者再转述给第三者……最后共7—10人加入其中。试验结果是惊人的:在开始时的那幅照片和第8个人所叙述的内容之间相差很大。整个信息的传递环节中,它可以以故事、谣言、传说等不同形态存在,他们之间有几个共同的传播特点,即源头信息的失落、强化、吸收。[152]弗里指出,"变异的模式包括细节的精雕细刻、删繁就简、某一序列中次序的改变或颠倒、材料的添加或省略、主题的置换更替,以及常常出现的不同的结尾方式等等"[153]。

智库建议

建议:宝卷这个中国相对边缘的文类,已经随着翻译、流通成为达姆若什所谓的"世界文学"的一部分,哈佛大学藏中国宝卷汇刊已经出版,哈佛大学伊维德教授等专门研究翻译了中国的《目连宝卷》和《黄氏女宝卷》。

美国一直是一个有全球战略的国家,在西欧、中东和亚太地区的战略布局,干预全球事务,搅动着世界各个国家的神经。如今的亚太再平衡战略,对中国周边的战略空间造成不小的压力。"一带一路"战略是中国的第一个全球战略,与全球战略相适应的是全球视野和全球史观。在史学研究领域对应的是以中国为立场的全球通史观念的重建。在文学领域是以中国为文化立场的世界文学史的重写。我们不能再让西方集体的东方想象独占话语权力。但近20年来,由于缺乏相应的话语立场和身份确认,中国的世界文学史和世界文学作品选编纂严重滞后,这使得中国话语一直处于失语状态。

注　释

[1]张广达:《碎叶城今地考》,《北京大学学报》,1979年第5期。

[2]向达:《唐代长安与西域文明》,河北教育出版社,2007年版。

[3][唐]段成式:《酉阳杂俎》,曹中孚点校,上海古籍出版社,2012年,第2页。

[4]初盛唐诗里与胡有关的称谓很多。例如胡人、胡姬、胡床、胡笳……。葛晓音认为,这些与其说是文化和风俗"胡化"的反映,还不如说是汉魏至南北朝以来社会生活中习见事物的遗存以及诗歌传统中习用语汇的延续,而并非在隋唐时才传入的新鲜的外来事物。安史之乱后,两京屡遭胡兵扫荡,国势衰落,对社会风俗胡化的忧虑也随之产生。捍卫传统道德、排斥外来文化的呼声越来越高,正是士大夫在唐王

朝衰落过程中对自身力量缺乏信心的表现。中唐人对风俗胡化的批判,已经不是文化的批判,而是政治的批判。外来文化被视为乱华的重要因素。佛教即因其为"夷狄之教"而遭到强烈反对。参见葛晓音:《唐前期文明华化的主导倾向——从各族文化的交流对初盛唐诗的影响谈起》,《中国社会科学》,1997年第3期。

[5]叶葱奇:《李贺诗集》,人民文学出版社,1998年,第174页,以下引诗出处同,不再标注页码。

[6]箜篌,《文献通考》卷137,《乐考十》:"……旧说皆如琴制,唐制似瑟而小。其弦有七,用木拨弹之,以合二变,故燕乐有大箜篌、小箜篌。"《通典》卷一四四:"竖箜篌,胡乐也,汉灵帝(刘宏)好之。体曲而长,二十有二(一作三)弦,竖抱于怀中,用两手齐奏,俗谓之擘箜篌。"

[7]林梅村:《古道西风——考古新发现所见中西文化交流》,三联书店,2000年,第183页。

[8]林梅村:《丝绸之路考古十五讲》,北京大学出版社,2006年,第122—123页。

[9]爱德华·谢弗:《唐代的外来文明》,吴玉贵译,陕西师范大学出版社,2005年,第182页。

[10]李时珍:《本草纲目》,中国中医药出版社,1998年,第828页。

[11]爱德华·谢弗:《唐代的外来文明》,吴玉贵译,陕西师范大学出版社,2005年,第257页。

[12]爱德华·谢弗:《唐代的外来文明》,吴玉贵译,陕西师范大学出版社,2005年,第272页。

[13]马冬、陶涛:《锁子甲的起源形制及传入中国》,《中国典籍与文化》,2005年第1期。

[14]爱德华·谢弗:《唐代的外来文明》,吴玉贵译,陕西师范大学出版社,2005年,第332页。

[15]陈允吉:《李贺与楞伽经》,《唐音佛教辨思录》,上海古籍出版社,1988年,第165页。

[16]爱德华·谢弗:《唐代的外来文明》,吴玉贵译,陕西师范大学出版社,2005年,第285页。

[17]爱德华·谢弗:《唐代的外来文明》,吴玉贵译,陕西师范大学出版社,2005年,第165页。

[18]爱德华·谢弗:《唐代的外来文明》,吴玉贵译,陕西师范大学出版社,2005年,第211页。

[19]温翠芳:《唐代外来香药研究》,重庆出版集团,2007年,第78页。

[20]《南史》卷78,《夷貊传》上"林邑国"条,《通典》卷188"边防四·南蛮下"之"林邑国"条略同。

[21]李昉:《太平广记》,中华书局,1961年,第2666页。

[22]阿布·赛义德:《中国印度见闻录》,穆根来等译,中华书局,1983年,第9页。

[23]段成式:《酉阳杂俎》,曹中孚点校,上海古籍出版社,2012年,第110页。

[24]王琦:《三家评注李长吉歌诗》,上海古籍出版社,1998年,第303页。

[25]爱德华·谢弗:《唐代的外来文明》,吴玉贵译,陕西师范大学出版社,2005年,第103页。

[26]葛承雍:《唐韵胡音与外来文明》,中华书局,2006年,第163页。

[27]韦勒克:《近代文学批评史》第2卷,杨自伍译,上海译文出版社,1989年,第104页。

[28]吴企明:《李贺资料汇编》,中华书局,1994年,第200页。

[29]钱钟书:《谈艺录》(补订本),中华书局,1984年,第46页。

[30]袁行霈:《中国文学史》,高等教育出版社,1999年,第351页。

[31]吴企明:《李贺资料汇编》,中华书局,1994年,第349页。

[32]吴企明:《李贺资料汇编》,中华书局,1994年,第386页。

[33]刘昫:《旧唐书》卷137《李贺传》,中华书局,1975年版。

[34]据目前所知,《五鼠闹东京》存世有2个版本:1.广州明文萃堂本《新刻全像五鼠闹东京》四卷,今藏香港大学冯平山图书馆。2.柳存仁发现的英国博物院藏本,清代"书林"刻本《五鼠闹东京包公收妖传》2卷。参见潘建国:《海内孤本明刊〈新刻全像五鼠闹东京〉小说考》,《文学遗产》,2008年第5期。从故事题材来看,《五鼠闹东京包公收妖传》故事经历过2次重大的改变,第1次是受到明代公案小说的影响,

增入了包公判案情节。第2次是在清代中后期,受到侠义公案说唱及小说的影响,"五鼠"形象由精怪蜕变为侠客,而正是因为与不同时期流行小说的不断结合,"五鼠闹东京"故事才拥有如此绵长的生命力。从传播途径来看,"五鼠闹东京"则经历了两个重要的轮回,即从早期的民间口头传说,转写为明万历时期的多个小说文本。又由清代中前期的案头文本,重新融入民间的说唱表演,而正是由于下层文人与民间艺人的双重创造,"五鼠闹东京"故事才能保持新鲜的文学活力。因此,梳理"五鼠闹东京"故事的历史流变,庶可为探究古代小说、古代俗文学的演进规律,提供一个独特的学术个案。

[35]《五鼠闹东京》取材自小说《三侠五义》,书中"五鼠"分别是钻天鼠卢方、彻地鼠韩彰、穿山鼠徐庆、翻江鼠蒋平、锦毛鼠白玉堂,他们原是江湖侠客,后来受包青天感化收归门下。京剧、粤剧、越剧、川剧、琴书都有此剧目。

[36]季羡林:《〈西游记〉与〈罗摩衍那〉》,《文学遗产》,1981年第3期。

[37]胡适:《中国章回小说考证》,安徽出版集团,2006年,232—233页。

[38]陈寅恪:《〈西游记〉玄奘弟子故事之演变》,《金明馆丛稿二编》,三联书店,2001年版,第218—219页。

[39][印度]蚁垤:《罗摩衍那》,季羡林译,译林出版社,2002年,第24页。

[40][英]韦罗尼卡·艾恩斯:《印度神话》,经济日报出版社,2001年,第135—137页。

[41]杨怡爽:《印度神话》,陕西人民出版社,2010年,第41页。

[42]杨怡爽:《印度神话》,陕西人民出版社,2010年,第59—60页。

[43]薛克翘:《印度民间文学》,宁夏人民出版社,2008年,第83页。

[44]钟馗斩鬼最早的记载见于唐高宗麟德元年(664)奉敕为皇太子于灵应观写的《太上洞渊神咒经》,而该经最初的10卷成书时间约在陈隋之际。敦煌写本标号为伯2444的《太上洞渊神咒经·斩鬼第七》关于钟馗是这样写的:"今何鬼来病主人,主人今危厄,太上遣力士、赤卒,杀鬼之众万亿,孔子执刀,武王缚之,钟馗打杀(剎)得,便付之辟邪。"而另一篇标号为伯2569中写道:"驱傩之法,自昔轩辕,钟馗白泽,统领居(仙)先。怪禽异兽,九尾通天。总向我皇境内,呈祥并在新年。"钟馗不但负责打杀恶鬼,更具辟邪功能。钟馗的名字画像、打鬼都具辟邪"效果"。

[45][宋]孟元老等《东京梦华录》,中华书局,1962年,第43页。

[46]李楠:《〈跳钟馗〉源流研究》,中国艺术研究院2004届硕士学位论文,第3页。

[47]王潞伟:《山西襄汾赵雄"花腔鼓"调查报告》,《中华戏曲》第40辑。

[48]庄一拂:《古典戏曲存目汇考》,上海古籍出版社,1982年,第651页。

[49]巫术中的反抗律,见 J. Gordon Melton ed. , Encyclopedia of Occultism & Parapsychology, Detroit: Gale Research, 1996, p. 1273.

[50]冥界判官中影响较大的有"崔判官"和"钟馗"。钟馗广为人知:因判官、钟馗都是管鬼、收鬼的官,形象都正直无私,而且传说中钟馗被阎王任命为判官,《孤本元明杂剧》中《庆丰年五鬼闹钟馗》第四折中就说钟馗被封为"天下都判官领袖",因此民间往往以钟馗为判官的代表。北京、南京等地民间称钟馗为"判儿""判官",称钟馗画像为"判子"。着装上,天津杨柳青年画中钟馗一般着大红吉服,持剑,目视上方飞来红蝠,正上方钤"镇宅神判""双喜神判"(对开)、"恨福来迟""驱邪逐魔"等印。崔判官即崔珏,又称崔府君,其事多得诸传闻。目前较早关于崔判官的故事保存在唐代敦煌变文《唐太宗入冥记》和唐人笔记张𬸦《朝野佥载》中,主要写冥府中崔子玉帮唐太宗还阳一事。

[51]李梦生:《五鼠闹东京传》词条,中国古代小说百科全书编委会:《中国古代小说百科全书》,中国大百科全书出版社,1993年,第578页。

[52]《新刻绣像批评金瓶梅》,《李渔全集》第12卷,浙江古籍出版社,1992年,第104页。

[53]见翁斌孙抄本《花当阁笔谈》,引自徐复祚:《曲论》,《中国古典戏曲论著集成》(4),中国戏剧出版社,1959年,第240页。

[54]鲁迅:《中国小说史略》,上海古籍出版社,1998年,第120—121页。

[55]参见潘建国:《海内孤本明刊〈新刻全像五鼠闹东京〉小说考》,《文学遗产》,2008年第5期。

[56]王汝梅、朴在渊:《韩国藏中国稀见珍本小说·包公演义》,中国大百科全书出版社,1997年,第218页。

[57]《五鼠闹东京》藏于英国伦敦博物院,共二卷,封面题有"五鼠闹东京包公收

妖传",讲述西方佛祖座下五鼠幻化魅惑人界、扰乱朝堂,后经包公借来如来佛玉面神猫得以平乱的故事。参见刘世德等主编《古本小说丛刊》第十五辑前言,中华书局,1991年。

[58] 李永平:《祭祀仪式与包公形象的演变》,《中华戏曲》第48辑,文化艺术出版社,2014年。另收入《包公传播研究》,花木兰出版社,2016年版,第347—366页。

[59]《霓裳续谱》原刻本为乾隆六十年(1795)文茂斋刊本,内封题"乾隆六十年新镌""秣陵王楷堂点订""板存前门外杨梅竹斜街中间路南文茂斋刻字铺"。乾隆六十年(1795年)序"集贤堂"梓行本,北京大学图书馆藏。参见潘建国:《海内孤本明刊〈新刻全像五鼠闹东京〉小说考》,《文学遗产》,2008年第5期。

[60] 名题作《三遂平妖传》,共4卷20回。书首有"武胜童昌祚益开甫撰重刊平妖传引。"卷1至卷3各卷,正文前题"东原罗贯中编次,钱塘王慎修校梓"。第4卷正文前题"东原罗贯中编次,金陵世德堂校梓。"正文每半叶9行,行20字。正文中有合左右2个半叶为1幅的插图,共30幅。

[61] 罗贯中:《三遂平妖传》,北京大学出版社,1983年,第74页。

[62] 方步和:《河西宝卷真本校注研究》,兰州大学出版社,1992年,第125—162页。该卷是冯强搜集的武威张义堡王斌、蔡政学、徐祝德抄本。

[63] 西北师范大学古籍整理研究所:《酒泉宝卷》,甘肃人民出版社,1991年,第309—335页。民国三十二年,田上海抄本。

[64] 尤红:《中国靖江宝卷》,凤凰传媒集团出版社,2007年,第335—363页。

[65] 西北师范大学古籍整理研究所:《酒泉宝卷》,甘肃人民出版社,1991年,第324页。

[66] 方步和:《河西宝卷真本校注》,兰州大学出版社,1992年,第138页。

[67] 西北师范大学古籍整理研究所:《酒泉宝卷》,甘肃人民出版社,1991年,第317页。

[68] 尤红:《中国靖江宝卷》,凤凰传媒集团出版社,2007年,第352页。

[69] 西北师范大学古籍整理研究所:《酒泉宝卷》,甘肃人民出版社,1991年,第319页。

[70] 方步和:《河西宝卷真本校注》,兰州大学出版社,1992年,第142页。

[71]方步和:《河西宝卷真本校注》,兰州大学出版社,1992年,第159页。

[72]西北师范大学古籍整理研究所:《酒泉宝卷》,甘肃人民出版社,1991年,第334页。

[73]方步和:《河西宝卷真本校注》,兰州大学出版社,1992年,第143—152页。

[74]西北师范大学古籍整理研究所:《酒泉宝卷》,甘肃人民出版社,1991年,第320—329页。

[75]黄靖:《宝卷笔记》,江苏人民出版社,2011年,第247页。

[76]尤红:《中国靖江宝卷》编辑范例,凤凰传媒集团出版社,2007年。

[77](美)约翰·迈尔斯·弗里:《口头诗学:帕里—洛德理论》,朝戈金译,社会科学文献出版社,2000年,第101页

[78]李永平:《三种"包公错断颜查散"故事的变异与传播规律探讨》,《社会科学家》,2012年,第12页。

[79](美)约翰·迈尔斯·弗里:《口头诗学:帕里—洛德理论》,朝戈金,社会科学文献出版社,2000年,第100页。

[80]李永平:《三种"包公错断颜查散"故事的变异与传播规律探讨》,《社会科学家》,2012年,第12页。

[81](美)约翰·迈尔斯·弗里《口头诗学:帕里—洛德理论》,朝戈金,社会科学文献出版社,2000年,第23页。

[82]陈寅恪:《隋唐制度渊源略论》,中华书局,1963年,第2页。

[83]唐代讲经曾盛极一时,文溆和尚在长安兴福寺讲经时为吸引听众,讲得甚俗,夹杂"淫秽鄙亵之事",听众趋之若鹜。姚合诗称:"远近持斋来谛听,酒坊鱼市尽无人。"宋代讲经出现了《大唐三藏取经诗话》,后则有明小说《西游记》。印度人也讲经,后来却形成史诗《罗摩衍那》和《摩诃婆罗多》,我国纳西族讲《东巴经》,后来成了史诗《崇般图》《董埃术埃》《鲁般鲁饶》。这就值得我们思考,印度的讲经最后变成史诗,纳西族讲《东巴经》也形成史诗,为什么汉民族的讲经却发展为宝卷和章回小说?这种不同民族历史上人类学事象给文学活动带来的不同结果及其规律性,是文学人类学要研究的核心内容之一。

[84](美)梅维恒:《内陆欧亚研究文选》,徐文堪编,兰州大学出版社,2014年,

第 177 页。

[85]（美）梅维恒:《内陆欧亚研究文选》,徐文堪编.兰州大学出版社,2014 年,第 100—107 页。

[86] Mair and Mei, "The Sanskrit Origins of Recent Style Prosody," *Harvard Journal of Asiatic Studies*, 1991,51（2）, pp. 375 – 470.

[87]王昆吾:《汉唐音乐文化论集》,台湾学艺出版社,1991 年,第 184 页。

[88]高楠顺次郎:《大正新修大藏经》卷 50,1992 年,新文丰出版有限公司,第 705b 页。

[89][宋]宋敏求:《唐大诏令集》卷 113 "诫励僧尼敕",中华书局,2010 年。

[90]《全唐诗》卷 341。

[91]段安节:《乐府杂录》,中华书局,1985 年版,第 38 页。

[92]车锡伦:《中国宝卷研究》,广西师范大学出版社,2009 年,第 51—64 页。

[93]（荷）许理和:《佛教征服中国》,李四龙等译,江苏人民出版社,2005 年。

[94]和阿富汗的巴米扬大佛一样,克孜尔石窟洞窟里曾经有许多大佛,玄奘记载西城门外立有两尊九丈(28 米)高的佛像,在五年一度的大法会上受到礼敬。今天克孜尔石窟的窟壁上有很多壁画都是在 1914 年"一战"爆发前被挖走的挖走了。世界上所有重要的东亚艺术收藏机构都有来自克孜尔的壁画,画上所用的青金石蓝和孔雀石绿还鲜艳如新。克孜尔石窟如今已经空空如也。季羡林等编:《大唐西域记校注》,中华书局,1985 年,第 61 页。

[95]（法）埃马努埃尔·阿纳蒂:《艺术的起源》,刘建译,中国人民大学出版社,2007 年,第 50 页。

[96]刘师培:《古今画学变迁论》,刘申叔遗书影印本卷 13,南京:江苏古籍出版社,1988 年。

[97]马昌仪对此问题有较详细的梳理。参《山海经图的传承与流播》,《广西民族学院学报(哲学社会科学版)》,2004 年第 2 期,第 69—79 页。

[98]《记山海经》,朱熹:《朱子语类》卷 138,中华书局,1986 年。

[199]如《大荒东经》记王亥:"两手操鸟,方食其头。"《海外西经》"开明兽……东向立昆仑上"等等

[100]傅修延:《先秦叙事研究——关于中国叙事传统的形成》,东方出版社,1999年,第141、147页。

[101]李小荣:《图像与文本——汉唐佛经叙事文学之传播研究》,福建人民出版社,2015年版,第24页。

[102](美)柯嘉豪:《佛教对中国物质文化的影响》,赵悠、陈瑞峰、董浩辉等译,中西书局,2015年,第52—53页。

[103]高楠顺次郎:《大正新修大藏经》卷50,新文丰出版有限公司,1992年,第299页。

[104](美)柯嘉豪:《佛教对中国物质文化的影响》,赵悠、陈瑞峰、董浩辉等译,中西书局,2015年,第77页。

[105](美)柯嘉豪:《佛教对中国物质文化的影响》,赵悠、陈瑞峰、董浩辉等译,中西书局,2015年,第67页。

[106](美)巫鸿:《礼仪中的美术——巫鸿中国古代美术史文编》,郑岩等等,三联书店,2005年,第346—389页。

[107](美)梅维恒:《绘画与表演——中国绘画叙事及其起源研究》导论,王邦维、荣新江、钱文忠译,中西书局,2011年。

[108]冯承钧:《瀛涯胜览校注》,中华书局,1955年,第15页。

[109]顾颉刚:《孟姜女故事论文集》,中国民间文学出版社,1983年,第112页。

[110](美)梅维恒:《绘画与表演——中国绘画叙事及其起源研究》,王邦维、荣新江、钱文忠合译,季羡林审校,中西书局,2011年,第77页。

[111]曾昭燏:《沂南古画像石发掘报告》,文化部文化管理局,1956年,第68页。

[112]《佛藏要籍选刊》第3册,上海古籍出版社,1994年,第1107页。

[113]高楠顺次郎:《大正新修大藏经》卷47,新文丰出版有限公司,1992年,第24页。

[114]《文渊阁四库全书》第812册,第384页。

[115]董诰等:《全唐文》,中华书局,1983年,第3576页。

[116]郑振铎:《中国俗文学史》(上),商务印书馆,1998年影印版,第190页。

[117](美)梅维恒:《绘画与表演——中国绘画叙事及其起源研究》导论,王邦维、荣新江、钱文忠合译,季羡林审校,中西书局,2011年,第3页。

[118]西北师范大学古籍整理研究所编:《酒泉宝卷》上,甘肃人民出版社,2001年版前言。

[119]西北师范大学古籍整理研究所编:《酒泉宝卷》上编,酒泉市文化馆,2001年,第5页。

[120]朱海容:《宗教观念与民间说唱艺术融合的奇葩——无锡地区"说因果"调查》,上海民间文艺家协会编《中国民间文化研究》第6集,学林出版社,1992年,第203—204页。

[121]段平:《对河西念卷活动的剖析》,《河西宝卷的调查研究》,兰州大学出版社,1992年,第45页。

[122]徐永成主编:《金张掖民间宝卷》(2),甘肃文化出版社,2007年,第685—706页。

[123]潘建国:《明说唱词话〈新刊宋朗故事五鼠大闹东京记〉考——再论"五鼠闹东京"之故事流变及其学术意义》,《文学遗产》,2015年第2期。

[124]就依旧保留着这一古老故事:民女柳金蝉被贼人李保杀害,柳父诬陷外甥闫查伞所为,包公错斩闫查伞,闫氏尸体不倒,包公魂游阴府,又错杀5鬼,5鬼化为5鼠精,大闹东京府,宋主命12岁宰相干罗(即甘罗)处治,后从西天王母处借来狸猫降伏5鼠精。

[125]韩国藏本《包公演义》第58回《决戬五鼠闹东京》结尾有"此段公案,名《五鼠闹东京》,又名《断出假仁宗》,世有二说不同,此得之京本,未知孰是,随人所传。"《韩国藏中国稀见珍本小说》(4),中国大百科全书出版社,1997年,第384页。

[126]故事叙书生颜查散赴京赶考,借住于未婚妻柳金蝉家,后被柳父冤指谋杀、门下绣红,幸得侠客"锦毛鼠"白玉堂暗中相助,仆人雨墨至包公府替主告状,白玉堂则潜入包府,飞刀留谏,上书"颜查散冤",包公接状后提审诸人,明辨是非,颜查散冤情得以昭雪,无罪释放。大闹东京的"五鼠"也由精怪置换成侠客。

[127]车锡伦:《中国宝卷总目》,北京燕山出版社,2000年,第10页。

[128]2001年复旦大学杨绪容以《百家公案》为题完成了博士论文。徐忠明《包公故事:一个考察中国法律文化的视角》,从法律角度解读包公文学的价值和意义。1999年台湾辅仁大学丁肇琴《俗文学中的包公》整合众多民间故事资料,并搜罗各地的包公传说,在资料采集方面用力甚勤。李永平《包公文学及其传播》,以传播的控

制、内容、媒介、受众、效果、情境、动机等分析模式,借鉴了叙事理论和口头程式理论,运用数据统计、文献分析、田野调查等实证方法,分析包公传播的社会环境,传播规律左右着包公文学的文体形式、主题选择和叙事结构及叙事策略。

[129]何登焕编辑:《永昌宝卷》,永昌县文化局印,甘出准016字,总0156号,2003年。

[130]王奎、赵旭峰:《凉州宝卷》,武武威天梯山石窟管理处编印,甘出准063字,总561号,2007年。

[131]徐永成:《金张掖民间宝卷》(3),甘肃文化出版社,2007年。

[132]相传宋朝包拯错断颜查散,颜查散被铡后,冤气不消,死尸不倒,肚子乱鼓,并从脖子里伸出一只脚,表示颠倒了天理,包公惊异,复查此案,终于昭雪了冤案。人们为了提醒当官的不要自以为是,草菅人命,就创造了独角兽舞。表演方法是:一人手提灯笼在前引路,扮演独角兽者双手朝上,抓一只大鞋从一条大裤筒里伸出来,好像脖子长了一只脚,腰里系一件上衣,做假胳膊假手,肚子上画一个假脸,利用呼吸时的一起一伏,作出各种神怪表情,绕圈表演。寓严肃悲怆的主题于风趣幽默的舞蹈之中,很能启发人们的联想。

[133]叶舒宪:《文化与文本》,中央编译出版社,1998年,第153页。

[134](匈)格雷戈里·纳吉:《荷马诸问题》,广西师范大学出版社,2008年,第90页。

[135](英)奈杰尔·拉波特,乔安娜·奥弗林:《社会文化人类学的关键概念》,华夏出版社,2009年,第272页。

[136]李昉:《太平广记》卷152,中华书局,1961年,第1093页。

[137]尹虎彬:《古代经典与口头传统》,中国社会科学出版社,2002年,第159页。

[138](美)约翰·迈尔斯·弗里:《口头诗学:帕里—洛德理论》,朝戈金译,社会科学文献出版社,2000年,第109页。

[139]李昉:《太平广记》卷382,中华书局,1961年,第3048页。

[140](俄)弗拉基米尔·雅可夫列维奇·普罗普:《故事形态学》,中华书局,2006年,第164页。

[141]王奎、赵旭峰:《凉州宝卷》,武武威天梯山石窟管理处编印,甘出准063

字,总561号,2007年,第174—175页。

[142]王奎、赵旭峰:《凉州宝卷》,武威天梯山石窟管理处编印,甘出准063字,2007年,第218页。

[143]徐永成:《金张掖民间宝卷》(3),甘肃文化出版社,2007年,第875页。

[144](英)弗雷德里克·C.巴特莱特:《记忆:一个实验的与社会的心理学研究》,浙江教育出版社,1998年,第165页。

[145](美)阿尔伯特·贝茨·洛德:《故事歌手》,尹虎彬译,中华书局,2004年,第178页。

[146]欧阳哲生:《胡适文集》第4卷,北京大学出版社,1998年,第369页。

[147]弗雷德里克·C.巴特莱特:《记忆:一个实验的与社会的心理学研究》,黎炜译,浙江教育出版社,1998年,第107、112页。

[148](法)弗朗索瓦丝·勒莫:《黑寡妇》,商务印书馆,1999年,第36页。

[149](法)弗朗索瓦丝·勒莫:《黑寡妇》,商务印书馆,1999年,第126、157页。

[150](美)奥尔波特等:《谣言心理学》,刘水平、梁元元、黄鹂译,辽宁教育出版社,2003年,第117页。

[151]"嫁接"原指一项生物技术。将一株植物上的枝条或芽等器官接到另一株带有根系的植物上,形成新的植株的过程,叫嫁接;这个枝或芽叫接穗;带根系的、承受接穗的植株叫作砧木。在故事嫁接中,一般来说总是存在一个占优势地位的、属于故事主体的基干情节(砧情节),另有一个或多个黏结于砧情节的、占从属地位的功能(接穗)。区分主次有利于我们确认故事的类型。

[152]弗朗索瓦丝·勒莫:《黑寡妇——谣言的示意及传播》,唐家龙译,商务印书馆,1999年,第95页。

[153]约翰·迈尔斯·弗里:《口头诗学:帕里—洛德理论》,朝戈金译,社会科学文献出版社,2000年,第99页。

总　论

目前,强调"一带一路"战略格局中的地缘政治与经济合作的博弈问题,忽视了文化及其产业在其中基础作用。

第一,西部是古代中国物质技术,疆域安全的重要利益核心区。周穆王的西游近1000年后,汉武帝刘彻从45岁到67岁的22年间,曾11次到泾川。唐代诗人胡曾的《回中》诗中写道:"武皇无路及昆丘,青鸟西沉陇树秋。欲向生前躬祀日,几烦龙驾到泾州。"隋代,隋炀帝西巡张掖,召见西域27国君主使臣,后又在洛阳设鱼龙曼筵之乐,会见西方30余国外交通商使节。唐代,西部抒发着一代代青年英豪建功立业、保家卫国的豪情壮志。近代以来,西部一直承受着巨大的战略压力。综观2000年文明史的演化,西部依然是与华夏民族的国家战略息息相关的核心区域,新丝绸之路的经济带的建设,依然要以新能源和高新技术成果为战略支撑,提升硬实力的同时,加强文化软实力的区域投射力,夯实战略攸关区的基础。

第二,"一带一路"涉及中亚、南亚内数十个国家的广泛地域,政治势力与政治格局复杂,一味地强调政治、经济手段则易形成硬碰撞。通过文化影响力来淡化地缘政治效应,逐步形成共识与相互信任,达成谅解,更易架构"一带一路"中国全方位的对外开放格局。通过物质资源的流动,形成新丝绸之路区域文化交流,促成宗教信仰、生活习俗的相互尊重和理解,借鉴吸收、凝聚共识,形成新丝绸之路的中心区——"中国—大西域"文化共同体。

第三,战略产业链整合维度。在"一带一路"的框架下,在全球整合配置产业资源,按照产业分工与整合的内在规律,合理布置产业布局与产业链布位,不断在高端、战略产业链整合中占有主动权,是有效利用战略产业链整合策略、整合产业资源、拉长产业链、做大产业规模的关键。

第四,设立专门的文化产业发展基金,加强对甘肃齐家文化、辛店文化、卡约文化、羌文化研究,加快石峁、陶寺遗址的考古研究,加强文明探源研究,对早期中国形成做深入研究。加强新疆古代多元文明融合的研究,形成新疆文化、贸易、服务中心地位的共识。试验建设西部经济自由贸易区和文化试验区,在新疆试点博彩业,吸引金融资本和人力资源。

参考文献

[1]刘莉.中国新石器时代:迈向早期国家之路[M].陈星灿,等,译.北京:文物出版社,2007.

[2]阿里·玛扎海里.丝绸之路:中国—波斯文化交流史[M].耿昇,译,.北京:中国藏学出版社,2013.

[3]安田朴.中国文化西传欧洲史[M].耿昇,译,北京:商务印书馆,2013.

[4]沙畹.中国之旅行家,伯希和,沙畹.摩尼教流行中国考[M]//冯承钧.冯承钧译著集.上海:上海古籍出版社,2014.

[5]费琅.昆仑及南海古代航行考,费琅.苏门答剌古国考[M]//冯承钧.冯承钧译著集.上海:上海古籍出版社,2014年.

[6]鲁保罗.西域文明史[M].耿昇,译.北京:中国藏学出版社,2014.

[7]色伽兰.中国西部考古记,郭鲁柏.西域考古记举要[M]//冯承钧.冯承钧译著集.上海:上海古籍出版社,2014年.

[8]沙畹.沙畹汉学论著选译[M].邢克超,杨金平,乔雪梅,译.北京:中华书局,2014.

[9]崔格尔.理解早期文明:比较研究[M].徐坚,译.北京:北京大学出版社,2014.

[10]巴菲尔德.危险的边疆:游牧帝国与中国[M].袁剑,译.南京:江苏人民出版社,2011.

[11]芮乐伟·韩森.丝绸之路新史[M].张湛,译.北京:北京联合出版公司,2015.

[12]柯嘉豪.佛教对中国物质文化的影响[M].赵悠,等,译.北京:中西书局,2015.

[13]罗兹·墨菲.亚洲史(第4版)[M].黄磷,译.北京:商务印书馆出版,2005.

[14]麦高文.中亚古国史[M].章巽,译.北京:中华书局,2004.

[15]梅维恒.绘画与表演——中国绘画叙事及其起源研究[M].王邦维,荣新江,钱文忠,译.北京:中西书局,2011.

[16]梅维恒.梅维恒内陆欧亚研究文选[M].徐文堪,编.兰州:兰州大学出版社,2014.

[17]梅维恒.唐代变文——佛教对中国白话小说及戏曲产生的贡献之研究[M].杨继东,陈引驰,译.北京:中西书局,2011.

[18]巫鸿.黄泉下的美术——宏观中国古代墓葬[M].施杰,译.北京:生活·读书·新知三联书店,2010.

[19]巫鸿.礼仪中的美术——巫鸿中国古代美术史文编[M].郑岩,王睿,编.北京:生活·读书·新知三联书店,2005.

[20]巫鸿.时空中的美术——巫鸿中国美术史文编二集[M].梅玫,等,译.北京:生活·读书·新知三联书店,2009.

[21]巫鸿.武梁祠——中国古代画像艺术的思想性[M].柳扬,岑河,译.北京:生活·读书·新知三联书店,2015.

[22]巫鸿.中国古代艺术与建筑中的"纪念碑性"[M].李清泉,郑岩,等,译.上海:上海人民出版社,2008.

[23]巫鸿.废墟的故事:中国美术和视觉文化中的"在场与缺席"[M].肖铁,译.上海:上海人民出版社,2012.

[24]爱德华·谢弗著.唐代的外来文明[M].吴玉贵,译,西安:陕西师范大学出版社,2005.

[25]张光直.考古人类学随笔[M].北京:生活·读书·新知三联书店,2013.

[26]张光直.美术、神话与祭祀[M].北京:生活·读书·新知三联书店,2013.

[27]张光直.考古学专题六讲(增订本),[M].北京:生活·读书·新知三联书店,2010.

[28]张光直.中国青铜时代[M].北京:生活·读书·新知三联书店,2013.

[29]朱学渊.中国北方诸族的源流[M].北京:中华书局,2004.

[30]阿西莫夫,博斯沃思.中亚文明史第4卷(上):辉煌时代:公元750至15世纪末——历史、社会和经济背景[M].华涛,译,北京:中国对外翻译出版公司,2008.

[31]萨法.伊朗文化及其对世界的影响[M].张鸿年,译.北京:商务印书馆,2011.

[32]辛加尔.印度与世界文明[M].庄万友,等,译.北京:商务印书馆,2015.

[33]斯坦因.西域考古记[M].向达,译.北京:商务印书馆,2013.

[34]裕尔.东域纪程录丛:古代中国闻见录[M].考迪埃,修订,张绪山,译.北京:中华书局,2008.

[35]蔡鸿生.唐代九姓胡与突厥文化[M].北京:中华书局,2001.

[36]常任侠.丝绸之路与西域文化艺术[M].上海:上海文艺出版社,1981.

[37]陈明.中古医疗与外来文化[M].北京:北京大学出版社,2013.

[38]陈淳.文明与早期国家探源——中外理论、方法与研究之比较[M].上海:上海世纪出版集团,2007.

[39]陈光祖,臧振华.东亚考古的新发现[M].台北:"中央"研究院,2013.

[40]陈寅恪.陈寅恪集·寒柳堂集[M].北京:生活·读书,新知三联书店,2015.

[41]傅起凤、傅腾龙.中国杂技史[M].上海:上海人民出版社,2004.

[42]葛承雍.唐韵胡音与外来文明[M].北京:中华书局,2006.

[43]郭淑云.中国北方民族萨满出神现象研究[M].北京:民族出版社,2007.

[44]姜伯勤.敦煌艺术宗教与礼乐文明[M].北京:中国社会科学出版社,1996.

[45]姜伯勤.中国祆教艺术史研究[M].北京:生活·读书·新知三联书店,2004.

[46]蓝琪.金桃的故乡——撒马尔罕[M].北京:商务印书馆,2014.

[47]李进新.丝绸之路宗教研究[M].乌鲁木齐:新疆人民出版社,2008.

[48]林梅村.古道西风——考古新发现所见中西文化交流[M].北京:生活·读书·新知三联书店,2000.

[49]林梅村.汉唐西域与中国文明[M].北京:文物出版社,1998.

[50]林梅村.丝绸之路考古十五讲[M].北京:北京大学出版社,2006.

[51]林梅村.松漠之间:考古新发现所见中外文化交流[M].北京:生活·读书·新知三联书店,2007.

[52]刘学堂.青铜长歌[M].兰州:甘肃人民出版社,2015.

[53]刘迎胜.丝绸之路[M].南京:江苏人民出版社,2014.

[54]吕亚虎.战国秦汉简帛文献所见巫术研究[M].北京:科学出版

[55]马健.草原霸主——欧亚草原早期游牧民族的兴衰史[M].北京:商务印书馆,2014.

[56]马建春.大食·西域与古代中国[M].上海:上海古籍出版社,2008.

[57]清华国学院.全球史中的文化中国[M].北京:北京大学出版社,2014.

[58]饶宗颐.梵学集[M].上海:上海古籍出版社,1993.

[59]饶宗颐.神话传说与比较古史学[M].北京:中国人民大学出版社,2009.

[60]荣新江.敦煌学十八讲[M].北京:北京大学出版社,2001.

[61]荣新江.华戎交汇:敦煌民族与中西交通[M].兰州:甘肃教育出版社,2008.

[62]荣新江.丝绸之路与东西文化交流[M].北京:北京大学出版社,2015.

[63]荣新江.中古中国与粟特文明[M].北京:生活·读书·新知三联书店,2014.

[64]荣新江.中古中国与外来文明(修订版)[M].北京:生活·读书·新知三联书店,2014.

[65]沈爱凤.从青金石之路到丝绸之路——西亚、中亚与亚欧草原古代艺术溯源[M].济南:山东美术出版社,2009.

[66]沈福伟.中西文化交流史[M].上海:上海人民出版社,2006.

[67]沈济时.丝绸之路[M].北京:中华书局,上海:上海古籍出版社,2010.

[68]苏秉琦.中国文明起源新探[M].沈阳:辽宁人民出版社,2009.

[69]王晖.古史传说时代新探[M].北京:科学出版社,2009.

[70]王青.西域文化影响下的中古小说[M].北京:中国社会科学出版社,2006.

[71]王炳华.丝绸之路考古研究[M].乌鲁木齐:新疆人民出版社,2010.

[72]王炳华.西域考古历史论集[M].北京:中国人民大学出版社,2008.

[73]温翠芳.唐代外来香药研究[M].重庆:重庆出版社,2007.

[74]向达.唐代长安与西域文明[M].石家庄:河北教育出版社,2007.

[75]邢义田.立体的历史——从图像看古代中国与域外文化[M].北京:生活,读书·新知三联书店,2014.

[76]宿白.考古发现与中西文化交流[M].北京:文物出版社,2012.

[77]徐庄,傅起凤.中国古代幻术[M].北京:中国国际广播出版社,2012.

[78]许倬云.西周史(增订本),[M].北京:生活,读书·新知三联书店,1993.

[79]叶舒宪,古方.玉成中国——玉石之路与玉兵文化探源[M].北京:中华书局,2015.

[80]叶舒宪.中华文明探源的神话学研究[M].北京:社会科学文献出版社,2015.

[81]叶舒宪.比较神话学在中国[M].北京:社科文献出版社,2016.

[82]余太山.古代地中海和中国关系史研究[M].北京:商务印书馆,2012.

[83]余太山.古族新考[M].北京:商务印书馆,2012.

[84]余太山.塞种史研究[M].北京:商务印书馆,2012.

[85]余太山.西域通史[M].郑州:中州古籍出版社,2013.

[86]余太山.早期丝绸之路文献研究[M].上海:上海人民出版社,2009.

[87]张维慎.沙苑子文史论集[M].北京:文物出版社,2014.

[88]张小贵.祆教史考论与述评[M].兰州:兰州大学出版社,2013.

[89]张星烺.中西交通史料汇编[M].朱杰勤,校订.北京:中华书局,2003.

[90]仲高丝.绸之路艺术研究[M].乌鲁木齐:新疆人民出版社,2008.

后 记

　　文化的影响可以向周边国家扩展,也可以向后世延续。进入21世纪,文化的传播更是没有疆界。美国国务院谋士萨缪尔·亨廷顿先后出版《变化社会中的政治秩序》(1968)、《文明的冲突与世界秩序的重建》(1996)、《我们是谁:对美国国家认同的挑战》(2004)等著作,认为一个政治体系的组织与程序的适应性、复杂性、自立性和凝聚性,是政治治理进程中的政治稳定与政治秩序的关键。在"文明的冲突"论中,亨廷顿认为在冷战后的世界,冲突的根源不再是意识形态,而是文明圈之间的文化方面的差异,主宰全球的将是"文明的冲突"。

　　近年,我主要关注文学人类学和比较文学,比较文学法国学派特别注重从实证角度揭示不同民族文学之间的影响关系,注重跨文明交往比较的视域。结合"文明冲突"和"文明交往"论,从比较文学的角度,国内学者方汉文等倡导"比较文明学",正是这一思路的延续。从大传统的角度,"比较文明学"其实就是东西文明交往、传播、影响的组成部分。

　　中国这个曾经无比辉煌的文明体国家,在世界秩序几经流转的当下,又一次站在了新世界的十字路口。在过去500年的世界话语体系的形成中,以美国为代表的西方文化战略通过"普世伦理""人权""全球化""现代性"等观念和话语的创造性转化,隐藏其后殖民文化的面相,静悄悄地建构着"世界秩序"。在这样的世界秩序内,中华文明从早期的"孔教乌托邦""满大人"到"黄祸""东亚病夫"再到今天的"中国威胁论",中国成为西方话语体系中的"他者"。

后 记

对连续不断的中华文明的发生和认同起过关键作用的"玉石之路",被西方看作是以丝绸和瓷器为贸易对象的"丝绸之路"。法国汉学家朱利安先生感慨说:"我们正处在一个西方概念模式标准化的时代。这使得中国人无法读懂中国文化,因为一切都被重新解构了,中国古代思想正在逐步变成各种西方概念,其实中国思想有它自身的逻辑。"(朱利安,1996)所以,如何清醒地形成逻辑清晰的话语体系,养成行之有效的中国话语,是今后很长一段时间,中国真正崛起所不得不面对的系统性问题,也是中国崛起难以绕开的关键关节,他涉及了新世界秩序的重建的重大理论问题。

"王母桃花千遍红,彭祖巫咸几回死"。20世纪,汤因比(Arnold J. Toynbee),这位来自西方英国的哲学家,与日本的池田大作,展开了东西方文明的对话。研究过世界范围内26个文明兴衰经验的史学理论家汤因比认为:在过去500年,西方文明从物质开始,建立了世界体系。但是在未来500年,人类将面临重建世界体系的挑战。西方的精神资源已经枯竭,必须要寻找到新的思想资源。从这个意义上说"一带一路"战略对中华文明的历史地位而言,不仅仅是经济政治之路,更是文化战略之路。如何讲好中国故事,使中国话语成为新世界体系的关键,完成重建世界体系的光荣使命,是摆在我们面前的重大理论和现实问题。这里面有如何阐释儒教的问题,还有马克思理论中国化的问题,中国道路以及国家治理现代化的问题。

我很早就搜集了部分比较文明和中西交通的书籍和史料,发表过几篇相关的文章,指导研究生做过这方面的选题,由于目前学术研究领域学科划分的局限,系统的思考较少。2015年4月,陕西师范大学"一带一路"智库项目启动,我对以往几个关注点进行了梳理,拟定了一个提纲,按照系统性的要求,对各部分做了很大篇幅的补充修订,经过反复修改提升,形成书稿。

需要说明的是:

原计划《外科学之路：丝绸之路与世界医药的交流与分野》《西域"一目国""断头术"与中国艺术》《李珣与唐代西域的外来文明》三章内容，限于篇幅没有收入。

下编第一章《李贺与唐代外来文明》是和王天觉共同完成的，收入本书时由我做了补充修订。下编第二章第二部分《三种〈张四姐大闹东京宝卷〉的表述的变异》，第三部分《三种〈张四姐大闹东京宝卷〉叙事方式的比较》是由研究生张钦完成，收入本书时，我做了补充完善。

由于丝绸之路研究涉及西域史地、中西交通、外来宗教、文明交往等学科领域，要利用口头、文献、考古、图像等材料。同时，该领域大家云集，成果众多。撰写过程中，书稿对时贤的成果都有概括归纳和引用，我在文中都已标注。另外一直跟踪中国文学人类学研究会组织实施的九次"玉石之路"文化考察活动，对最新调研成果也有借鉴。

我过去的学术研究成果，多是在文献梳理和田野调查的基础上完成的，以智库的形式，为"一带一路"战略拾遗补阙还是初次尝试。智库的要求是要有利于话语体系建设，有利于推进区域、城乡、物质文明与精神文明等协调发展，推进文化成果传播共享，能为国家战略布局提供更多更好的政策建议。一方面我之前的思考和关注多在交叉地带，和国家文化战略布局还有一定的距离；另一方面作为"智库"，和纯粹的学术撰写略有不同，既要总结归纳已有的成果，研究思考又要有当下意识和问题意识。由于是初次尝试，惴惴和惶恐自不待言。

最后，由于时间紧促，书中定会有各种错漏，知我罪我，亟待方家！

2016年夏至大唐故都

启夏门三谛楼

李永平